数字教材助力培养高阶思维的数学教学应用探索

刘　洁　许绮菲　主编

中国大百科全书出版社

图书在版编目（CIP）数据

数字教材助力培养高阶思维的数学教学应用探索 /
刘洁，许绮菲主编 . -- 北京：中国大百科全书出版社，
2024.5

ISBN 978-7-5202-1541-1

Ⅰ . ①数… Ⅱ . ①刘… ②许… Ⅲ . ①中学数学课—
教学研究 Ⅳ . ① G633.602

中国国家版本馆 CIP 数据核字（2024）第 087293 号

出　版　人：刘祚臣
责任编辑：张恒丽
责任校对：刘敬微
责任印制：邹景峰
出版发行：中国大百科全书出版社
地　　　址：北京市西城区阜成门北大街 17 号
邮政编码：100037
网　　　址：http:// www.ecph.com.cn
印　　　刷：北京新生代彩印制版有限公司
字　　　数：260 千字
印　　　张：20
开　　　本：710 毫米 ×1000 毫米　1/16
版　　　次：2024 年 5 月第 1 版
印　　　次：2024 年 5 月第 1 次印刷
书　　　号：ISBN 978-7-5202-1541-1
定　　　价：88.00 元

本书编委会

主　编　刘　洁　许绮菲

副主编　陈　蕾　王桢宇

编　委　（按音序排列）

　　　　陈　珏　陈延艳　高　畅　高妍馨

　　　　韩　琰　黄　迎　李　婧　李雪晴

　　　　任佳祎　孙海洋　王　芳　徐广会

　　　　张　舒　赵诗萌

序 言

信息技术与数学课程教学融合不是一个新生事物，从一开始信息技术的工具性、演示功能，到信息技术与数学课程教学的整合，再到信息技术与数学课程教学的深度融合，反映了信息技术应用于数学课程教学的时代变迁。尤其当今数字化时代，在学科课程教学中深度融入信息技术，是建设教育强国、推进教育数字化、赋能教育高质量发展的时代要求，在一定程度上影响了数字赋能教育高质量发展。

2004—2022 年，教育部相继出台中小学教师信息技术应用能力标准、提升工程等文件。2023 年《基础教育课程教学改革深化行动方案》要求深入推进教育数字化，促进信息技术与数学课程教学的深度融合。因此，深入开展相关理论和实践的研究，已是一件非常迫切的事情。令人欣喜的是，北京市第一七一中学数学教研组在信息技术和数学教学融合方面进行了极有意义的尝试：他们以课题为引领，在教学实践中研究，以实践的结果引导研究的改进和调整，不断总结经验，对落实数字赋能教育高质量发展起到了积极的引领作用。

北京市第一七一中学数学教研组自 2021 年起依托"十四五"市级规划课题《人教数字教材优化初中数学课堂教学的行动研究》及北京市教育学会课题《人教数字教材助力培养几何高阶思维的研究》，尝试将数字教材丰富的数字化教学资源和互动功能与数学教学深度融合，创设情境激发学生兴趣，开展多种形式的探究活动，进而提升学生的高阶思维能力，从而达到优化学生学习的目的。本书是这两项课题结题成果的汇总，汇集了 11 篇教学论文和 11 篇教学设计。此外，还增加了 1 篇文章——新课标视域下"备授评一体化"平台教学需求研究。北京市第一七一中学数学教研组在与人教智慧教学平台的深度合作过程中，形成了信息技术与数学教学融合的教学案例，走在教学变革的前沿。数学学科的核心素养对教师的备课和授课提出了更高的要求，借助于人教智慧教学平台，教师在教学中运用"备教授一体化"的教学平台理念，设计双边的教学活动，融合平台的备课资源，给学生提供丰富的活动素材，引导学生在数字情境中进行探索。

北京市第一七一中学数学教研组教师提供了诸如《二次函数的图象与性质》《勾股定理》《平方差公式》《丰富多彩的正方形》《平行四边形的性质》《指数函数的概念》《等比数列》《平面解析几何明细课》《高斯函数零点问题》等教学设计，试图在了解数字教材的功能优势、基本使用原则的基础上进行融合教学设计，再通过教学试用优化改进教学活动任务单的设计。这是一项非常有意义的尝试，是将数字教材适用于实践教学，推动信息技术与数学教学深度融合的有益尝试，也是发挥数学教研组团队力量，集体研讨、共同发展和进步的教学实践尝试。

根据时代要求，信息技术的融合已成为中学数学课程教学过程中不可或缺的手段。学生在观察、测量、计算、推理、验证、数据分析的过程中需要合理利用信息技术，优化师生教学活动，开展多种形式的探究活动，促进学生高阶思维能力的发展，逐步形成学生终身发展所需要的数学核心素养。人教智慧教学平台集合了多媒体数字教材，含有音频、视频、动画等。教师引导学生倾听、观察和阅读数字教材并进行相应练习，通过这种互动式数字教材，在一定程度上支持师生互动、生生互动以及教师、学生与数字教材之间的互动，帮助实现学生数学学习过程中需要的一些操作活动，分层施教，引导对话、交流、分享等成为必要的教学方式。教师借助于数字平台中的数字教材，在平台上找寻自己的备课资源，兼容多类型资源，调用数字教材及其内嵌的资源，包括自动生成课件、简化备课流程、支持多种形式交流、实现互动多元化以及评价的数据化等。在这些方面，北京市第一七一中学数学教研组进行了积极的、有益的尝试。

　　总之，基层一线教师的行动研究是课题研究的实施阵地。希望这本成果集在之后的教学实践中，继续引领北京市第一七一中学数学教研组借助课题研究推动教师的专业成长、促进学生更好发展，并有更多、更好的研究成果涌现。

2024 年 1 月 16 日

目 录

第一章

数字教材提升学生数学高阶思维的研究

一、研究背景

2023年初，习近平总书记在中共中央政治局集体学习会议上强调"切实加强基础研究，夯实科技自立自强根基"精神，通过开展创造教育，在教育"双减"中做好科学教育加法，激发青少年好奇心、想象力、探求欲，培育具备科学家潜质、愿意献身科学研究事业的青少年群体的途径和方法。教育部等18个部门联合印发《关于加强新时代中小学科学教育工作的意见》，明确提出通过3—5年努力，在教育"双减"中做好科学教育加法的各项措施全面落地。基础教育阶段是"孵化"学生科学精神、创新素质的决定性阶段，进一步加强中小学科学教育，既有现实紧迫性，也有前瞻性。

2012年3月，教育部发布了《教育信息化十年发展规划（2011—2020年）》，指出实施教育信息化的意义在于"以教育信息化带动教育现代化"。信息时代基础教育课程改革是以教育信息化推动教育现代化。探索信息技术与学科教学的深度融合创新应用，是教学变革的重要方向和任务，以高阶思维能力的培养为方向。中小学数字教材利用信息技术在课程和教学中的内容呈现、信息传播、师生交互等方面的独有优势，在提高教学效果和效率、体现先进教学理念、引导教师和学生改革教学、学习方式等方面具有重要价值，是信息技术与学科教学深度融合创新应用的重要途径。

党的十八大报告提出：全面实施素质教育，深化教育领域综合改革，着力提高教育质量，培养学生创新精神。

为深入了解学生数学学习的基本情况，分析来自学生方面影响教学质量和学习质量的相关因素和表现，主要是从五个维度进行：对数学和数学学习的认识、对数学的兴趣和态度、数学课堂上的学习表现、数学同伴关系和数学学习情感体验。调研后发现学生普遍存在数学学习兴趣较低、数学学习动力不足、数学思维能力偏弱的情况，其中习惯被动式接受知识，缺乏高阶思维贯穿的深度学习尤为突出。

高阶思维的培养依赖于学生的主动参与、主动探究、主动思考和主动建构。调查结果显示，在课堂上能够主动提出自己的见解并主动回答问题的学生占比仅为 22.98%；在知识学习过程中，当与老师的解答思路不同时，只有 0.40% 的学生会主动站起来向老师和同学表达自己的思路。缺乏批判意识、不敢质疑也是影响思维发展的重要因素。

二、国内外相关研究现状述评

（一）国内外高阶思维的研究现状

高阶思维的概念是从美国教育心理学家 B. S. 布鲁姆等的学习理论中得来的。通过在 SCOPUS 上查找分析了解到，国外在高阶思维的研究上主要涉及三个方面：（1）对高阶思维本体理论的研究，主要在理论层面上剖析高阶思维如何培养，以及相应的教学资源如何开发和设计。（2）对培养的效果进行的研究，也就是对高阶思维的评价方面。这部分研究所占比例最多，主要涉及测量工具的建构与使用，以及对使用效果进行分析。（3）技术环境对学习者高阶思维培养的支持研究，认为技术在分析、综合和评价等高阶目标中提供有利条件，实现高阶思维的培养。

在中国，黎加厚最早提出培养高阶思维能力的问题设计方法。他认为信息化教学设计的关键就是问题的设计，为此提出了培养高阶思维能力的问题设计的方法。此外，钟志贤也提出，发生高阶学习是发展高阶思维的主要途径，并提出了高阶学习的五大特性。因此，越来越多的研究人员将高阶思维与基础教育的具体学科进行结合，来探究高阶思维培养的方式，通过分析学科性质和课程标准将高阶思维进行描述和表征，来确定高阶思维的培养方式和评价方法。

（二）高阶思维能力培养策略的研究分析

关于数学高阶思维能力的培养策略，马云鹏等进行了相关的研究，主要教学策略归纳如下。

1. 高阶思维能力的培养要以数学核心教学内容为载体，分析提炼最关键和最本质的问题，用少量主题的深度覆盖代替所有主题的表面覆盖，使得学科中的关键概念得以理解。

2. 创设有效的问题情境，引发学生的认知冲突；同时要通过情境创设激发学生的求知欲，提升课堂参与度。

3. 围绕认知冲突，开展深度探究活动，引导学生在关键问题的引领下循序渐进，在深入探究的过程中不断提出新的问题，直到触及学习内容的本质，最终解决认知冲突。

（三）在高阶思维能力培养过程中信息技术手段的作用研究分析

技术作为认知工具可以表征知识、拓展看问题的视角、支持协作学习，可以作为设计和分析的工具，学习者需要投入高阶思维才能正确使用认知工具，如评价分析信息、贯通观点、产生新知识、运用复杂思维解决问题或表征知识。因此，钟志贤认为要重视技术作为认知工具在促进学习者高阶思维能力发展方面的作用。魏俊杰从教和学两个方面分析了技术的作用。信息技术能够帮助创设真实的、有趣的生活情境，激发学生兴趣，促进学生思考。人机互动能够提升学生的参与度，提供目标导向，促进小组合作，辅助经验建构。

无论是理论还是实践层面，均认为信息技术手段能够辅助培养学生的高阶思维能力。

（四）数字教材的教学应用研究现状分析

作为信息化教学环境中的核心教学资源，数字教材能够支持教师进行教学内容重组和多种教学活动的创新。在数学学科方面，高艳玲进行了基于数字教材的主题探究教学实践，她利用数字教材的资源和功能优势，引导学生整合数学与生活、数学与其他学科进行主题探究，运用数学的思维方式进行思考，增强学生发现问题、提出问题、分析问题和解决问题的能力。任小平提出了融入数字教材数学课堂四驱学习教学方法，其核心是提高课堂效率，给学生更多的思考空间，引导学生形成高阶思维的能力。也有部分教师在基于深度学习的单元教学设计中结合数字教材进行了实践探索。

但总体来说，数字教材实践应用方面的研究尚待深入，具体如下：（1）缺乏对数字教材价值的深度挖掘。大部分的实践研究都认为数字教材能够为教学锦上添花，很少认为数字教材能够雪中送炭。（2）对学生的学关注不足。由于硬件设施的限制，数字教材的教学应用研究多关注于教师的教，对学生的学关注不足。（3）数字教材的功能和优势能够为教与学的变革提供技术支持，但基于数字教材进行高阶思维能力培养的实践研究还远不够深入。

三、核心概念界定

（一）高阶思维

综合国内外对高阶思维的研究，人们比较认同将布鲁姆的认知目标分类（2001年版）的后三个层级（分析、评价、创造）作为高阶思维能力。

在中国，钟志贤对高阶思维深入、系统的研究影响深远。依据布鲁姆（2001年版）认知目标分类学和钟志贤对高阶思维的定义及构成研究，将高阶思维界定如下，高阶思维是人们在解决劣构问题时所表现的"分析""评价""创造"和"批判性思维"的"综合性"思维形式。高阶思维能力是高阶思维的外在体现，高阶学习是培养高阶思维能力的途径，本书把学生高阶思维的发展界定在如果学生发生高阶学习过程，体现出高阶学习的过程特征，则认为学生发展了高阶思维。

（二）数字教材

数字教材是以数字形态存在的教学材料或其中的一个子类，本书中数字教材指第三代人教数字教材。它是面向中小学师生，依据国家课程标准，以传统纸质教材为蓝本，针对信息化环境中教与学的新需求，以提高教学和学习效果，发展学生核心素养为目标，利用互联网、数字媒体、大数据等技术手段，融教材、数字资源、学科工具、应用数据于一体的立体化教材，具有基础逻辑性、富媒体性、交互性、关联性、个性化、智能化等特点。数字教材的使用依托于人教智慧教学平台进行。人教智慧教学平台2.0是面向中小学师生、教研员及教学管理者，以人教数字教材为核心，集教材配套教学资源、全学科精选题库、教学应用及学科教学工具于一体的数字化教学平台，提供学科教研、备授课、课堂互动、作业测评及教学管理等功能，满足课前、课中、课后等多种教学场景应用。

四、研究目标及内容

本研究依托北京市第一七一中学教育集团的师资、生源、软硬件环境等资源进行。其目的是为了激发学生的学习兴趣、培养学生的高阶思维能力，针对性提升北京市第一七一中学学生高阶思维能力的实际需求，全面改进教学质量，落实育人目标，在教育"双减"中做好科学教育加法；其次，也希望通过研究获取利用数字教材助力培养学生数学高阶思维能力的策略，为其他教师提供有借鉴价值的经验，为数字教材的教学应用提供实践范例。

（一）研究目标

从中学几何学习中存在高阶思维活动占比较低的现实问题出发，尝试将数字教材丰富的数字化教学资源和互动功能与几何教学深度融合，创设情境激发学生兴趣，开展多种形式的探究活动，促成高阶学习过程的发生，提升学生的高阶思维能力，从而达到提升学生几何学习水平的目的。

（二）研究内容

1. 通过学生章节及期末考试数据分析、问卷及对教师进行调研访谈，梳理出几何部分教学的难点内容，确定研究主题。

2. 根据确定的研究主题，在充分了解数字教材的功能优势、基本使用原则的基础上进行融合教学设计，再通过教学试用优化改进教学活动任务单的设计。

3. 按照教学活动任务单开展多种形式的探究活动，激发学生的学习兴趣，引导学生主动参与、思考、发现和建构，促成其高阶学习过程的发生和高阶思维的形成。以课堂观察、案例分析等定性手段和学生考试数据分析等定量手段对实验结果进行评判。

4. 总结第2点和第3点，提炼数字教材助力提升学生几何高阶思维的应用策略。

5. 汇总研究过程中数字教材的应用情况，梳理数字教材在提升学生几何高阶思维能力方面的应用技巧、方法与策略，为数字教材交互探究资源的优化提供建议。

五、研究方案

（一）理论基础

1. 教育目标分类理论

初始布鲁姆教育目标分类理论在认知域包括六个类别，分别是知识、理解、应用、分析、综合和评估。除应用外，其余五个类别都包含了不同的子类别。理论上，这些类别是按照从简单到复杂、从具体到抽象的顺序进行排列，强调累积性的层次概念。从教学的角度来说，六个类别对学生的要求越来越高。

修订版的布鲁姆教育目标分类由初始的一个维度修改为两个维度：知识维度和认知过程维度，前者用于协助教师区分"教什么"，后者旨在促进学生保留和迁移所学的知识。

修订版的知识维度包括四个类别：事实知识、概念知识、程序知识和元认知知识。修订版中的认知过程维度包括六个类别：记忆、了解、应用、分析、评估、创造，一般认为分析、评估和创造为高阶思维。

修订版的布鲁姆教育目标分类表格包括两个维度：纵轴是知识维度，横轴是认知过程维度。两个坐标轴的交汇处形成单元格，单元格中的填空内容即为针对某类知识学生应该达到的认知层次。换一个角度理解该表格，纵轴是教师的责任，即教师要讲解的知识的类别，自上而下知识的复杂度越来越高，第一层中的"事实知识"或许为直接来源于课本的知识点；而横轴则是学生的责任，即针对该层知识点对学生的要求。综上所述，布鲁姆教育目标分类二维表知识分类明确，认知过程明确，角色明确，故在制订教学目标和教学计划时应用性很强。

2. 思维型教学基本原理

思维型教学的五个基本原理：动机激发、认知冲突、自主建构、自我监控、应用迁移，它们之间的关系如图 1-1 所示。动机激发支撑认知冲突、自主建构和自我监控；认知冲突促进学生思维的发生，表现为有待于解决的问题；学生作为学习主体，在与问题的互动中进行自主建构；自主建构过程中，学生需要对建构过程中所应用到的知识、方法、探究过程进行反思、评估，也就是自我监控；学生将所学习的知识、方法和态度应用到新的情景中以完成应用迁移。

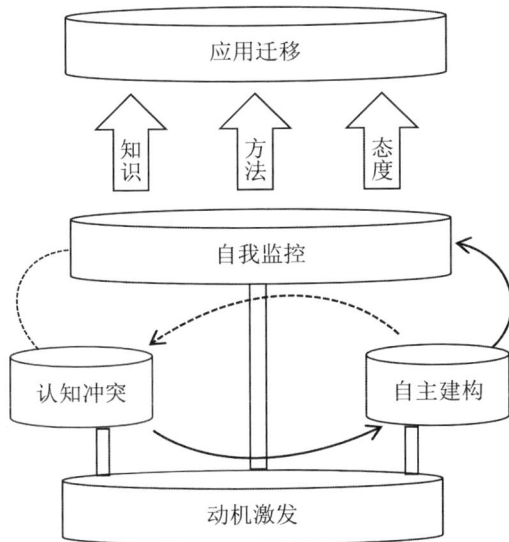

图 1-1　思维型教学基本原理之间的关系

动机是非智力因素之一，是其他非智力因素的前提与基础，是推动学生主动学习和积极思考的动力。课堂教学中，教师要设置良好的教学情境，基于教学情境提出符合学生认知水平的问题，从而激发学生的内在学习动机，调动学生的学习积极性，使其产生强烈的求知欲，保持积极的学习情感和态度。

思维结构是静态结构与动态结构的统一，动态性是思维结构的精髓，思维型课堂教学目标即发展和完善学生的思维结构。教师要依据课堂教学目标，联系学生已有的知识技能、思维经验，设计可以使学生产生认知冲突的情境，以此激发学生的积极思维，引导学生在问题解决过程中学会知识、领悟方法、发展能力，实现认知结构的建构。

自主建构包括认知建构和社会建构，认知建构主要指学生思维结构的发展和完善，社会建构侧重建构的环境。课堂教学中，要求重视课堂互动。课堂互动是课堂教学中最基本、最主要的人际关系，也是一种常用的教学方式。从课堂互动的内容来讲，有思维互动、情感互动和行为互动。根据思维结构模型，在思维型课堂教学中，三种互动的关系是：情感互动是基础，行为互动是表现，思维互动是核心。

（二）创新之处

通过数字教材的实践应用研究，聚焦学生高阶思维能力的培养，优化学生的数学学习，能够提升教学质量、落实育人目标。

从教学实际需求出发，利用数字教材的资源和功能优势解决教学中的问题，可以形成数字教材教学应用的系统性应用经验，为数字教材的应用推广提供可行性策略。

以行动研究为主要研究方法，从教学的实际问题出发，在真实的教育教学过程中，持续反思，不断改进，直至问题解决，获取教学质量提升的实践经验。

（三）研究过程

1. 研究方法

本次研究主要是以解决教学实际问题为目的，拟订计划付诸行动，通过文献研究法、问卷调查法、数据分析法开展相关调研，梳理初中数学教与学的现状和需求、聚焦中学几何教学的难点内容，确定数字教材应用研究的内容主题;通过观察测评获取过程性结果,在结果分析的基础上进行反思调整,直至问题解决,形成解决问题的方案或经验策略。所以本研究主要采用行动研究法,同时利用文献分析法了解相关研究现状,进行理论学习;利用观察法、调查法、个案研究法获取过程性评价结果;利用归纳推理法总结提炼数字教材助力培养学生几何高阶思维能力的教学应用策略。

2. 研究路径

如图 1-2 所示。

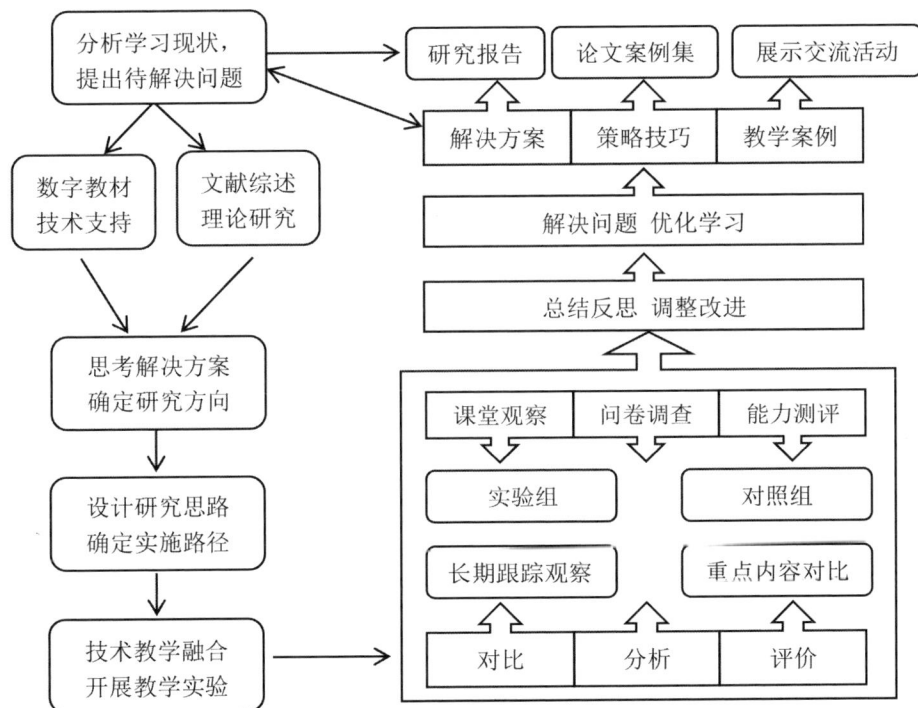

图 1-2 研究路径

六、研究结论

研究从中学几何学习中存在高阶思维活动占比较低的现实问题出

发，尝试将数字教材丰富的数字化教学资源和互动功能与几何教学深度融合，创设情境激发学生兴趣，开展多种形式的探究活动，促成高阶学习过程的发生，提升学生的高阶思维能力，从而达到提升学生几何学习水平的目的。在培养高阶思维能力的视域下，教师借助数字化教学资源进行融合创新应用时，一定要先明确教学目标，然后分析理解数字化资源的内容和设计思路，再对教学内容进行筛选和统筹，统整设计教学活动，使数字化教学资源在合适的时机出现并针对性地解决问题，只有这样才能充分发挥资源的价值，提高资源的应用效率，实现数字化资源对高阶思维能力培养的助力作用。

（一）师生认可并有信息技术辅助教学的需求，几何部分图形变换模块及二次函数性质是师生共认的教学难点

在查阅文献、学习相关理论、深度理解数字教材功能和内容的基础上，以分析章节及期末考试数据、设计问卷调研及师生访谈的形式开展相关调研。调研结果显示，师生认可并有信息技术辅助教学的需求，几何部分图形变换模块及二次函数性质是师生共认的教学难点。

教师调研主要采用全面调查的方式：面向北京市东城区七、八、九三个年级数学教师展开调查。调查采用自己编制的问卷，从教师的基本信息（性别、年龄、学历、所在学校的类别）和专业情况（职称、教龄、骨干）等方面收集信息，把教师使用信息技术辅助教学的情况（实践困难、突破有效、辅助工具、遇到困惑）作为调查的主要内容，对信息技术辅助教学的认识和需求也做了统计。

调查共收到有效样本 309 份。结果显示，女教师所占比例比男教师高 66%；约有 76% 的教师来自完全中学，各年龄段教师、高级教师与一级教师占比均衡；59% 的教师教龄在 15 年以上，本科学历约占

75%，市区级骨干或学科带头人占 35%；78% 的教师参与过相关数学课堂教学评比活动，具有使用信息技术的能力。

教师认为函数是教师在教学实践中最为困难的内容，其次是几何相关教学内容，其中有 71.52% 的教师认为几何变换相对困难，几何变换是教师认为最适合应用信息技术辅助教学的内容。在讲授这两部分相关内容时，教师更愿意使用信息技术辅助教学，以帮助突破教学的难点。

在平时教学过程中，80% 以上的教师经常使用 PPT、几何画板、图形计算器等辅助教学课件。在备课过程中，60% 以上的教师会使用 PPT和动画，40% 以上的教师会使用微课，实验操作、小程序等其他软件也是教学中经常用到的。90% 以上的教师都希望通过辅助教学资源去有效地激发学生的学习动机，使其保持数学学习的热情。教师经常性地利用 PPT 辅助教学，但只有 30% 的教师利用平板电脑或图形计算器辅助教学。如果有一款将 PPT、几何画板、图形计算器、微课、动画、小程序、实验操作等功能融为一体的电子教材，估计 90% 以上的教师都会选择使用。

学生调查选取北京市第一七一中学九年级 18 个教学班共 717 名学生参加，调查工具采用自己编制的问卷，主要从学生的基本信息、数学教学内容、数学课堂学习、数学学习习惯、数学学习方法和策略、数学教师的表现等方面进行调查。其中重点调查了数学课堂学习、数学学习习惯、数学学习方法和策略等。问卷还特别关注了教师对数学学习方法的指导和作业布置的情况。

调查结果显示，从整体上讲，数学学习对于学生而言还是偏难的，60% 以上的学生认为函数、圆、几何变换这三个板块内容较难学。这三个板块虽然隶属于代数及几何模块，但都与图形的变换有关。大多数同学虽然觉得困难，但是仍然对数学学习有信心，有将这些板块的内容弄明白的愿望。60%以上的学生认为有些问题太抽象，想象不出来。

合作研讨的学习方式在初中数学课堂教学活动中比较常见，但合作之后小组发言的人数和次数都不多，至少有半数以上学生一周发言次数不超过两次，说明合作探究的效果和意义没有得到全体的体现。有40%左右的学生经常有机会在全班同学面前用实物投影或在黑板上展示讲解自己的答案。

基于以上对师生的调研，教师和学生对于教与学的难点匹配，集中于函数、几何变换板块内容。学生对教师的认可度较高，有学好相关内容的愿望，半数以上学生认为信息技术辅助工具有助于理解课堂内容。大部分教师具备使用信息技术的能力，认可利用信息技术辅助工具帮助学生理解课堂内容，便于开展数学探索、数学发现、数学应用，有利于加大学生互动参与度，使学生有更多动手操作展示的机会，促进数学学习。

根据教师及学生问卷分析结果，课题组确定以几何板块的图形变换相关内容及二次函数为样板研究内容，在充分了解数字教材的功能优势、基本使用原则的基础上，进行融合教学设计，再通过教学试用优化，改进教学活动任务单的设计。教学过程中采取手持Pad发现学习，深度融合人教数字教材资源，充分利用数字教材中模拟动画、交互探究、练习反馈资源及信息化工具，引导学生思考、探究，使"思维可视化"，实现数与形的完美结合，鼓励学生动手操作，尝试数学实验过程，提升学生的课堂参与度，充分发挥学生的主体地位，促进学生高阶思维的形成。

（二）打造深度融合课堂样板，挖掘数字教材教学资源以及互动功能

根据确定的研究主题，在充分了解数字教材的功能优势、基本使用原则的基础上，在专家指导下进行融合教学设计，核心组成员再通过教学试用优化，最终完成教学活动任务单的设计，打造了融合教学设计样板课。学生手持 Pad，利用人教智慧教学平台进行发现学习。教学过程将数字教材丰富的数字化教学资源以及互动功能与教学深度融合，充分利用数字教材中模拟动画、交互探究、练习反馈资源及信息化工具，例如 GGB 软件，使"思维可视化"，实现数与形的完美结合。

样板课《平面镶嵌》是人教版八年级上册第十一章《三角形》的最后一节内容，属于综合与实践的内容领域，是在介绍了三角形的概念及性质，多边形的内角和、外角和公式的基础上进行的，再次体现了多边形内角和公式在实际生活中的应用。

本节课精心设计学生的学习活动，抓住核心内容，挖掘核心内容的数学本质及蕴含的教育价值，确定学生思考的关键问题，并进一步转化为有逻辑、有情境、有支持的系列课堂教学活动。课上教师主要引领学生经历了抽象概括平面镶嵌的概念、特点，明确研究的路径，具体展开有关单一图形的平面镶嵌问题等学习活动，这些活动符合学生的认知特点，引导学生在观察、猜测、实验、计算、推理、验证等过程中建立数学理论，在运用数学知识解决问题的过程中增强应用意识，加深对数学的理解，在回顾和反思过程中领悟数学的本质与思想方法，提高思维能力。通过学习，让学生经历从实际问题抽象出数学问题，建立数学模型，综合应用已有知识解决问题的过程，加深对相关知识的理解，提高思维能力。帮助学生感悟数学方法，逐步形成创新能力，培养核心素养。

　　课堂实践中，学生利用手持 Pad 进行探究式学习，充分利用了数字教材中《镶嵌实验室》这一交互探究的数字化资源，便捷地选择图形，拖拽到合适的位置，旋转适当的角度，与其他的图形拼在一起进行观察，并组织语言表达自己的发现。数字教材为学生的自主探究提供了工具，使"思维可视化""操作简单化""任务系统化""探究进阶化"。教学中合理有效地利用数字资源或工具，有效地辅助了学生的探究活动，助力学生突破学习难点。数字资源的应用也大大激发了学生的学习兴趣，鼓励学生动手操作，尝试各类图形的平面镶嵌实验过程，为学生提供展示的舞台，有效地提升了学生的课堂参与度，充分发挥了学生的主体地位，同时逐步深入的探究活动帮助学生提升了高阶思维能力，发展了几何直观，达到了优化学生数学学习的目的，培养了学生勇于探究的科学精神。

　　本节课准确把握课程目标、课程内容、学业质量的要求，以教学目标的达成为依据，结合本课的教学内容，建立目标多元、方式多样、重视过程的评价体系，在关注"四基""四能"达成的同时，特别关注关键能力、核心素养的相应表现。以学生自评、生生互评、教师评价的方式全面考核和评价了学生核心素养的形成和发展。

　　二次函数是师生共同认为的教学难点，虽然属于代数模块，但是需要依托函数图象研究函数的性质，怎样合理选择特殊二次函数进行探究；怎样将看到的"形"与之前所学的函数图象建立联系；如何从特殊情况下抽象概括出一般形式具有的性质；如何通过自主探究进行深度学习等都是教师困惑的问题。在本课题研究过程中，也有意识地挑选《二次函数 $y=a(x-h)^2+k$ 的图象和性质》一节打造样板课。本节课通过回顾前几节课研究函数的一般经验，进一步对二次函数的图象和性质进行探究，获得研究函数性质的方法：（1）寻找与已知函数之间的关系。（2）分析解析式，观察图象，归纳函数特征。（3）通过从特殊到一般的顺序进行探究，从知识层面上升到方法层面。通过以小组为单位，利用数字教材资源等信息工具，探究新的函数的特征，引导学生思考、探究，鼓励学生动手操作，尝试数学实验过程，提升学生的课堂参与度，充分发挥学生的主体地位，促进学生高阶思维的形成。

本节课依托人教智慧教学平台，通过关键问题设置，引导学生自主绘制函数图象并探究二次函数的图象和性质。探究过程中，鼓励学生积极思考，大胆验证，并注意探究过程的科学性与合理性。利用人教数字教材提供的信息资源工具，通过作图、观察、分析、合作、归纳等探究方式，使学生体会数形结合和类比的数学思想，发展学生的几何直观。学生充分利用数字教材中丰富的数字化资源和互动功能，通过动手操作、画动态图等方式，观察总结函数的图象和性质；在归纳概括一般性质时，通过数形结合，以及形与数的转化，发展几何直观。通过体会从特殊到一般的探究方法、动手操作、自主探究、合作探究等多种方式培养学生勇于探究的科学精神。

（三）样板课模式融入日常教学，提升学生几何高阶思维能力

样板课的打造与展示进一步深化了组内教师对于借助人教智慧教学平台培养学生几何高阶思维的认识，两节样板课的不断研磨与改进过程是课题组全体成员不断提升的过程。课题组成员将样板课教学模式融入日常教学中，不断提升应用策略，六节课均被收录于人教数字教材。

如陈延艳执教的人教版数学八年级下册第十八章的第一课时《平行四边形的性质》，其主要内容是学习平行四边形的概念和性质。平行四边形是"图形与几何"领域中重要的几何图形之一，它不仅具有丰富的几何性质，而且在日常生产与生活中具有广泛的应用。本节课是在学生小学学习的基础上对平行四边形的进一步认识，综合了平行线和三角形的相关知识，培养了学生的推理能力，是全等三角形知识的延续和深化，也为学生后续学习矩形、菱形、正方形等知识奠定了基础。

本节课整体把握教学内容，凸显几何图形研究的一般思路方法，始终遵循从数学知识的发生发展过程和学生的认知规律出发构建研究问题的思路，凸显了对几何图形研究的一般思路方法，即"观察—发现—猜想—验证—证明—应用"，教学思路清晰、逻辑性强，重视知识的形成过程，发展了学生的核心素养。课堂实施中重视体现"以生为本"的教学理念，落实"四基"，发展数学思维，注重以问题为引领，合理有效地设计学习活动，引导学生深度思考，充分经历知识形成和发展的过程，发挥数学学科的育人价值。

本节课注重信息技术与数学教学的融合，助力学生高效学习。采用复习旧知导入新课的方法，引导学生通过梳理等腰三角形的研究思路，自然形成了本章研究的主线，即平行四边形的定义、表示—性质和判定—特例—联系和应用。这样的设计既发挥了先行组织者的作用，又让学生明确了学习的目的和方向，培养了学生抽象概括的能力。在平行四边形性质定理的探究环节，突出丰富的多层次的活动，从亲自动手画平行四边形到对性质的研究，反复经历"观察—发现—猜想—验证—证明"的过程，并将特殊到一般、归纳猜想、转化与化归等数学思想方法贯穿于探索与求知之中，促进学生知识和方法的迁移和提升，充分体现了研究方法的一般性，培养了学生的画图能力、推理能力；

在课堂小结环节，引导学生从知识、方法、思想等多个角度进行充分交流，既实现了对平行四边形知识本身的巩固，更加深了学生对几何研究一般思路方法的理解和掌握，培养了学生反思交流的能力。

又如韩琰执教的《丰富多彩的正方形》。本节课选自人教版八年级下册第十八章，是在学完特殊的平行四边形后的一节实验与探究课，主要内容是进一步研究正方形的特殊性质。这节课教学设计没有拘泥于教材的设计，而是从数学实验的视角引导学生完整地经历确立对象、规律发现、问题解决的思维过程，经历从特殊到一般、静态到动态的理解问题的本质。在韩老师的引导下，整个实验过程中，学生有着较为清晰的实验目的，并进行了规范操作，尤其重视数学化的分析和结论的表达，发展了数学核心素养。

本节课精心设计了一系列的问题情境，如当向学生展示了正方形地砖后，教师引导学生在观察的基础上思考，能研究什么内容？这么多正方形应该如何进行恰当分类？边长为 2 的 9 个正方形，有没有哪个是具有特殊位置的正方形？观察 4 个与中间正方形重叠面积为 1/4 的正方形，从位置上看，与中间正方形有什么关系，你能得到什么猜想？如何一般化你的猜想？如何验证和证明猜想，等等。通过对这些问题的思考，学生积极主动地参与探究活动，发展了数学思维能力。

课堂中教师引导学生利用手持 Pad 进行实验探究学习，学习过程恰当地融合了人教数字教材资源，充分利用了数字教材中的交互探究等数字化资源，为学生的自主探究提供了工具，使"思维可视化"；动画资源将动态的旋转过程直观化，让学生的探究从特殊拓展到了一般，助力学生提出猜想。教师还利用人教智慧教学平台的截图功能，将探究所需图片推送给学生，实现快速发放问题。教师能即时观察到学生探究的过程，快速获得学习效果的反馈。教学中，教师合理有效地利用了数字信息工具，辅助学生进行探究活动，突破教学难点。通过创设情境激发学生兴趣、鼓励学生动手操作，尝试数学实验过程，为学生提供展示的舞台，各个教学环节精心设计，有效地提升了学生的课堂参与度，充分发挥了学生的主体地位，同时多种形式的探究活动帮助学生提升了高阶思维能力，发展了几何直观，达到了优化学生数学学习的目的，同时培养了学生勇于探究的科学精神。

（四）梳理系统性应用经验，持续反思形成论文

课题研究从教学实际需求出发，以行动研究为主要研究方法，从教学的实际问题出发，在真实的教育教学过程中，持续反思，不断改进，直至解决问题，获取教学质量提升的实践经验。利用数字教材的资源和功能优势解决教学中的问题，形成数字教材教学应用的系统性应用经验，为数字教材的应用推广提供可行性策略。

陈蕾《基于数字教材的函数探究课实践》一文认为信息时代基础教育课程改革将以教育信息化推动教育现代化，探索信息技术与学科教学的深度融合创新应用，是教学变革的重要方向和任务，对于落实课程标准、优化教学效果也有着重要的作用。以初中数学二次函数的探究学习为例，融合数字教材进行教学实践；为挖掘数字教材的资源和功能，对教学效果进行观测分析，进行持续反思改进；探索数字教材与学科教学深度融合创新应用的行动路线，有针对性地解决现存问题，优化课堂教学，优化初中学生的数学学习。

韩琰《借助智慧教学平台构建初中数学融合课堂的探究》一文基于"双减"等教育政策的出台，对教师的信息化教学能力提出了新要

求的背景，探讨借助智慧教学平台，通过创建"在线教室"以及利用平台的工具，提升融合课堂的教学质量和效果的策略。

徐广会《高阶思维培养视域下的数字教材教学应用策略》一文在论述数字教材适切性的前提下，通过两个课例得出基于高阶思维能力培养的教学活动最典型的特征是通过以知识（问题）为主线组织教学素材，构建课程。教师教学时，一方面通过一系列有针对性的提问，让学生充分暴露思维误区，形成认知冲突；另一方面借助多种教学资源（工具），精准有效地解决冲突。在这样层层推动的过程中，学生对知识的认知和理解不断深入，直至把握本质，使高阶思维能力得到锻炼和提高。这一过程中，数字化教学资源承担的职责是与传统的教学素材一起组建课程，帮助教师在适当的时机以适当的方式创设情境、辅助探究或进行知识演示，弥补传统教学的不足，突破现实的局限，解答学生的疑问并将其思维水平提升到更高的层次。适当的时机、适当的方式是由一节课的目标定位和活动设计决定的。同时提出了以培养高阶思维能力为目标，教师应用数字教材资源（工具）教学时需要关注的几点：配合出效果，不要用数字化资源完全代替实物的实验探究；适用很关键，要注意资源之间的差别，对于不同设计形式的资源，教师应加以区分，用其解决不同的问题，才能更好地开展教学活动；准备要到位，开展探究前的分析铺垫不能简略。

（五）总结提炼数字教材助力素养提升的教学策略，录制培训资料辐射引领

参与研究的教师在实践基础上主要从各个素养的内涵和表现、数字教材助力形成和发展素养的理论研究及教学策略这三个方面来分析、总结提炼数字教材助力素养提升的教学策略，录制培训资料助力人教数字教材的深度使用。

总之，数字教材的使用，让课堂结构从以教师为中心变成了以学生为中心，学生的学习从被动接受变成了主动探究，学生从观察者变成了操作者、探究者和发现者。课堂学习方式的转变有力地推动了核心素养的发展。

第二章

新课标理念引领核心素养视域下初中数学数字教材的教学应用研究

《义务教育课程方案和课程标准（2022年版）》（以下简称新课标）聚焦中国学生发展核心素养，培养学生适应未来发展的正确价值观、必备品格和关键能力，引导学生明确人生发展方向，成长为德智体美劳全面发展的社会主义建设者和接班人。新课标强化了课程育人导向，基于义务教育培养目标，将党的教育方针具体化、细化为本课程应着力培养的核心素养，体现正确价值观、必备品格和关键能力的培养要求；明确提出了各学科的核心素养，并对教师开展核心素养导向的教学和评价提出了要求和建议。

新课标对数学教学提出了新的要求。学生的学习应是一个主动的过程，认真听讲、独立思考、动手实践、自主探索、合作交流等是学习数学的重要方式。学生在真实情境中发现和提出问题，利用观察、猜测、实验、计算、推理、验证、数据分析、直观想象等方法分析问题和解决问题；促进学生理解和掌握数学的基础知识和基本技能，体会和运用数学的思想与方法，获得数学的基本活动经验；培养学生良好的学习习惯，形成积极的情感、态度和价值观，逐步形成核心素养。这就要求课堂中应当合理利用现代信息技术，发挥数字教材是信息技术时代的核心资源作用，提供丰富的学习资源，设计生动的教学活动；在解决实际问题的过程中，创设合理的信息化学习环境，提升学生的探究热情，开阔学生的视野，激发学生的想象力，提高学生的信息素养；深度融合信息技术，为落实课程标准助力。

北京市第一七一中学自2021年起依托"十四五"市级规划课题《人教数字教材优化初中数学课堂教学的行动研究》及中国教育学会课题《人教数字教材助力培养几何高阶思维的研究》尝试将数字教材丰富的数字化教学资源以及互动功能与几何教学深度融合，创设情境激发学生兴趣，开展多种形式的探究活动，促成高阶学习过程的发生，提升学生的高阶思维能力，从而达到优化学生学习的目的；在充分了解数字教材功能优势、基本使用原则的基础上，进行融合教学设计，再通过教学试用优化，改进教学活动任务单的设计；总结提炼数字教材助力核心素养达成的应用策略，梳理数字教材的应用技巧、方法与策略，为数字教材的交互探究资源优化改进提供建议。

文中将就新课标课程理念解读、数字教材落实课程理念的具体体现、数字教材助力核心素养的教学策略三方面，结合在日常教学中数字教材的运用经验，探讨新课标课程理念下初中数学数字教材的教学应用。

一、新课标课程理念的解读

新课标课程理念明确指出立德树人的根本任务，明确了数学课程的育人价值。它致力于实现义务教育阶段的培养目标，即使人人都能获得良好的数学教育，不同的人在数学上得到不同的发展，逐步形成适应终身发展需要的核心素养。数学在形成人的理性思维、科学精神和促进个人智力发展中发挥着不可替代的作用。数学素养是现代社会每一个公民应当具备的基本素养。数学教育承载着落实立德树人根本任务、实施素质教育的功能。义务教育数学课程具有基础性、普及性和发展性。学生通过数学课程的学习，掌握适应现代生活及进一步学习必备的基础知识、基本技能、基本思想和基本活动经验；激发学习数学的兴趣，养成独立思考的习惯和合作交流的意愿；发展实践能力和创新精神，形成和发展核心素养，增强社会责任感，树立正确的世界观、人生观和价值观。

数学为人们提供了一种认识与探究现实世界的观察方式。通过数学的眼光，人们可以从现实世界的客观现象中发现数量关系与空间形式，提出有意义的数学问题；能够抽象出数学的研究对象及其属性，形成概念、关系与结构；能够理解自然现象背后的数学原理，感悟数学的审美价值；能够形成对数学的好奇心与想象力，主动参与数学探究活动，发展创新意识。即会用数学的眼光观察现实世界。在义务教育阶段，数学眼光主要表现为抽象能力（包括数感、量感、符号意识）、几何直观、空间观念与创新意识。

数学为人们提供了一种理解与解释现实世界的思考方式。通过数学的思维，人们可以揭示客观事物的本质属性，建立数学对象之间、数学与现实世界之间的逻辑联系；能够根据已知事实或原理，合乎逻辑地推出结论，构建数学的逻辑体系；能够运用符号运算、形式推理等数学方法，分析、解决数学问题和实际问题；能够通过计算思维将各种信息约简和形式化，进行问题求解与系统设计；能够形成重论据、有条理、合乎逻辑的思维品质，培养科学态度与理性精神。即会用数学的思维思考现实世界。在义务教育阶段，数学思维主要表现为运算能力、推理意识或推理能力，可以使学生初步养成讲道理、有条理的思维品质，逐步形成理性精神。

数学为人们提供了一种描述现实世界及在现实世界中交流的表达方式。通过数学的语言，人们可以简约、精确地描述自然现象、科学情境和日常生活中的数量关系与空间形式；能够在现实生活与其他学科中构建普适的数学模型，表达和解决问题；能够理解数据的意义与价值，会用数据的分析结果解释和预测不确定现象，形成合理的判断或决策；形成数学的表达与交流能力，发展应用意识与实践能力。即会用数学的语言表达现实世界。在义务教育阶段，数学语言主要表现为数据意识（或数据观念）、模型意识（或模型观念）、应用意识。

课程理念涵盖以下几个方面。

（一）确立核心素养导向的课程目标

核心素养是在数学学习过程中逐渐形成和发展的，不同学段发展水平不同，也就是说核心素养是需要在长期培养中逐步形成和发展的。课程目标以学生发展为本，就是要了解学生数学认知的发展进程，思考评价改革创新的方向；以核心素养为导向，则是要理解核心素养表现，读出教学内容背后蕴含的素养。

（二）设计体现结构化特征的课程内容

数学课程内容是实现课程目标的重要载体，我们不仅要知道教学内容是什么，还要深刻理解背后的本质与关系。课程内容选择，既要关注学科、社会，也要考虑学生学习数学"四基"与核心素养的习得方式，即理解、掌握、形成、积累和发展。对于课程内容组织，教师把握教材内容结构是发展学生核心素养的重要条件之一，要做到三个"重视"，处理好三个"关系"。课程内容的呈现要求注重知识与方法的层次性和多样性，适当考虑跨学科主题学习，适当体现选择性等，这些都是教学过程中可以进行创新的关注点。

（三）实施促进学生发展的教学活动

主要描述的是如何发挥教师"教"的作用。有效的教学活动是学生学与教师教的统一，学生是学习的主体，教师是学习的组织者、引导者与合作者。对于具体如何实施，课标中强调"要促进学生理解和掌握数学的基础知识和基本技能，体会和运用数学的思想与方法，获得数学的基本活动经验等"。

（四）探索激励学习和改进教学的评价

对于教学评价，我们需要重点关注两个方面：一是评价贯穿教学始末；二是学习评价改革应多元化、多样化，促进学生自主学习。

（五）促进信息技术与数学课程融合

在信息技术与数学课程的融合方面，强调信息技术的合理利用，而融合的方向是促进数学教学方式的改革。

二、数字教材落实课程理念的具体体现

初中数学数字教材根据数学学科高度抽象、逻辑严密、应用广泛等学科特点，以新课标为指导，围绕人教版初中数学纸质教材的知识体系和编写意图，从教师的备、授课与学生的预习、复习需要出发，结合学生的年龄特点和认知规律，重点构建分解知识重难点、创设交互探究环境、提供问题解决方法、拓展知识领域等全套数字资源体系，其中特色资源为探究交互类的工具型资源及数学知识分析讲解的视频资源。

美国教育心理学家 R.M. 加涅认为学习是一个有始有终的过程，这一过程可分成若干阶段，每一阶段需进行不同的信息加工。在各个信息加工阶段发生的事件，称为学习事件。学习事件是学生内部加工的过程，形成了学习信息加工理论的基本结构。教学就是由教师安排和控制这些外部条件构成的，而教学的艺术就在于学习阶段与教学阶段的完全吻合。加涅认为教师是教学活动的设计者和管理者，也是学生学习效果的评定者。一个完整的学习过程是由动机阶段、领会阶段、习得阶段、保持阶段、回忆阶段、概括阶段、作业阶段、反馈阶段八个阶段组成的。在每个学习阶段，学习者的头脑内部都进行着信息加工活动，使信息由一种形态转变为另一种形态，直到学习者用作业的方式做出反应为止。教学程序必须根据学习的基本原理来进行。有效的教学要求教师根据学生的内部学习条件，创设或安排适当的外部条件，促进学生有效地学习，以实现预期的教学目标。

　　基于这一认知，初中数学数字教材具有三个学科特点：（1）通过优质模拟动画将抽象的数学知识直观、形象地呈现出来。（2）为学生创设探究的数学环境，使得数学实验成为可能。（3）嵌入 GeoGebra软件（GGB 软件），预设与开放结合，使深度学习成为可能。这三个特点决定了在课堂教学中适切性明显优于纸质教材。

　　数字教材提供与纸质教科书完全一致的、原版原式的教材内容，满足教科书阅读、学习需求，为信息化环境中的教学提供基础支撑。数字教材针对教科书不同栏目和教与学各环节，分别设计了知识演示、探究交互，提供数学实验和探究工具，助力知识理解，开展探究；有教学、重难点批注、测试评价、互动习题（页面作答）等资源形式，重点构建培养学生学习数学兴趣、提供解决数学问题的方法；还有知识分析讲解与拓展的视频资源，支持学生进行自主学习、个性化学习，助力开展混合式教学。

　　数字教材是以纸质教科书为逻辑支架，打造结构化的资源体系，有助于把握知识的联系，支持教师整体把握教学内容，设计具有结构化特征的课程内容。

　　数字教材的设计理念有助于落实新课标的课程理念。数字教材以生为本，具有权威性、系统性、基础性的特点，融合应用数字教材，可以帮助教师进行教学创新，有效地落实核心素养导向的课程目标。例如在形成和发展抽象能力、几何直观、空间观念、推理能力、数据观念、模型观念、应用意识、创新意识、运算能力等方面，数字教材都提供了有力支持。

　　抽象能力主要是指通过对现实世界中数量关系与空间形式的抽象，得到数学的研究对象，形成数学概念、性质、法则和方法的能力。能够从实际情境或跨学科的问题中抽象出核心变量、变量的规律及变量之间的关系，并能够用数学符号予以表达；能够从具体的问题解决中概括出一般结论，形成数学的方法与策略；感悟数学抽象对于数学产生与发展的作用，感悟用数学的眼光观察现实世界的意义，形成数学想象力，提高学习数学的兴趣。

数字教材提供知识演示或探究动画，如数轴的概念，直观地呈现抽象的数学过程，帮助学生理解概念；提供函数图象的动态演示，或特定条件的图形，学生动手探究，通过改变图形的形状把握变化中的不变，发现规律，助力抽象能力的培养。

几何直观主要是指运用图表描述和分析问题的意识与习惯。能够感知各种几何图形及其组成元素，依据图形的特征进行分类；根据语言描述画出相应的图形，分析图形的性质；建立形与数的联系，构建数学问题的直观模型，利用图表分析实际情境与数学问题，探索解决问题的思路。几何直观有助于把握问题的本质，明晰思维的路径。

数字教材提供以下资源，助力学生几何直观素养的发展：（1）提供交互动画，演示函数图象的生成过程，突破手动画图的局限性。（2）提供满足一定条件的可改变形状的图形，突破实物图形的特殊性，提供一般化的演示。（3）对于抽象的数学规律，如完全平方公式，提供几何证明方法，以形助数，数形结合，帮助学生用几何的方法理解代数的知识。（4）用几何图形直观地呈现问题的多种解答思路，助力问题的分析和解决。

空间观念主要是指对空间物体或图形的形状、大小及位置关系的认识。能够根据物体特征抽象出几何图形，根据几何图形想象出所描述的实际物体，想象并表达物体的空间方位和相互之间的位置关系；感知并描述图形的运动和变化规律。空间观念有助于学生理解现实生活中空间物体的形态与结构，是其形成空间想象力的经验基础。

数字教材针对空间观念的培养，有较多的数字资源：（1）以交互动画的形式呈现图形，帮助学生直观地感受图形的位置、大小等信息，助力学生发现图形元素之间的关系。（2）提供图形生成过程的动态演示，助力学生理解运动变化的过程、想象空间物体的形状和大小。（3）提供三类基本图形运动的演示，助力学生理解三类运动的基本特征，会用图形的运动认识、理解和表达现实世界中相应的现象。（4）提供可任意旋转角度的立体图形或者立体图形的展开图，帮助学生从不同角度观察物体。

推理能力主要是指从一些事实和命题出发，依据规则推出其他命题或结论的能力。理解逻辑推理在形成数学概念法则、定理和解决问题中的重要性，初步掌握推理的基本形式和规则；对于一些简单问题，能通过特殊结果推断一般结论，理解命题的结构与联系，探索并表述论证过程，感悟数学的严谨性，初步形成逻辑表达与交流的习惯。推理能力有助于学生逐步养成重论据、合乎逻辑的思维习惯，形成实事求是的科学态度与理性精神。

数字教材为辅助学生推理能力的发展，有以下支撑资源：（1）提供知识的多种推理方法或解题思路，尤其是以几何的方法进行代数的推理，如完全平方公式的几何推导，提升学生多角度分析问题的能力。（2）提供复杂问题的动态演示，让学生在一般化的情形中分析问题、解决问题。

数据观念主要是指对数据的意义和随机性有比较清晰的认识。知道数据蕴含着信息，需要根据问题的背景和所要研究的问题确定数据收集、整理和分析的方法；知道可以用定量的方法描述随机现象的变化趋势及随机事件发生的可能性大小。数据观念的形成有助于学生理解和表达生活中随机现象发生的规律，感知大数据时代数据分析的重要性，养成重证据讲道理的科学态度。

数字教材提供多种数学实验工具，如抛硬币、掷骰子等，以大数据帮助学生理解概率。此外还提供数据分析工具，学生可以根据需要选择不同的形式来分析数据，呈现规律，体会数据分析的重要性。

模型观念主要是指对运用数学模型解决实际问题有清晰的认识。知道数学建模是数学与现实联系的基本途径；初步感知数学建模的基本过程，从现实生活或具体情境中抽象出数学问题，用数学符号建立方程、不等式、函数等表示数学问题中的数量关系和变化规律，求出结果并讨论结果的意义。模型观念有助于学生开展跨学科主题学习，感悟数学应用的普遍性。

针对模型观念，数字教材主要是提供探究工具，帮助学生开展合作探究、发现规律、建构模型。如 GGB 软件，可以绘制函数图象，探究函数与方程不等式的关系；再如镶嵌实验室，可以提供结构化的问题解决思路。

应用意识主要是指有意识地利用数学的概念、原理和方法解释现实世界中的现象与规律，解决现实世界中的问题。能够感悟现实生活中蕴含着大量的与数量和图形有关的问题，可以用数学的方法予以解决；初步了解数学作为一种通用的科学语言在其他学科中的应用，通过跨学科主题学习建立不同学科之间的联系。应用意识有助于学生用学过的知识和方法解决简单的实际问题，养成理论联系实际的习惯，发展实践能力。

创新意识主要是指主动尝试从日常生活、自然现象或科学情境中发现和提出有意义的数学问题。初步学会通过具体的实例，运用归纳和类比发现数学关系与规律，提出数学命题与猜想，并加以验证；勇于探索一些开放性的、非常规的实际问题与数学问题。创新意识有助于学生形成独立思考、敢于质疑的科学态度与理性精神。

针对应用意识和创新意识的培养，数字教材主要是提供真实情境和探究工具，如镶嵌实验室，学生可以用工具提供的三角形、正方形等图形创造出新的镶嵌图案；如轴对称和旋转的绘图工具，学生可以根据自己的创意，轻松设计和绘制美丽的图案。在这样创作的过程中，学生进一步理解图形的变化，深度理解所学的知识，同时也能应用知识解决问题，发展创新意识。

运算能力在小学和初中阶段都有涉及，其内涵主要是指根据法则和运算律进行正确运算的能力。能够明晰运算的对象和意义，理解算法与算理之间的关系；能够理解运算的问题，选择合理简洁的运算策略解决问题；能够通过运算促进数学推理能力的发展。运算能力有助于学生形成规范化思考问题的品质，养成一丝不苟、严谨求实的科学态度。

数字教材利用信息技术，提升学生的运算能力主要体现在以下两个方面：借助情境动画中的动态的变化过程，让学生更直观地感受数学运算；通过快速地呈现出大量的具体的数字运算的例子，再把数的运算进行一般化处理，感悟数学结论的一般性。

三、数字教材助力核心素养培养的教学策略

在课程标准中，多次提及信息技术。新课标基本原则部分第 5 条指出："要积极探索信息技术背景下学习环境与方式的变革"。课程理念部分第 5 条指出："要促进信息技术与数学课程融合"。教学建议部分第 5 条指出："注重信息技术与数学教学的融合，重视大数据、人工智能等对数学教学变革的推动作用，改进教学方式，促进学生学习方式的转变。建议教师利用信息技术对教学资源进行综合处理，丰富教学场景，加强线上网络空间与线下物理空间融合。"

信息技术与教学的融合体现在教学环境、教学理念、教学内容、教学活动、教学评价等教学的全流程中，融合的关键在于教师，融合的原则就是适切。要把技术能做的转变成教学需要的。

沙沙在《数字教材的边界问题分析及对策研究》一文中说到："数字教材在教学应用中最重要的作用应体现为信息化环境下的师生提供权威、科学的学习内容，全面反映课程要求，以及为教与学活动提供最基础的、具有最广泛适用性的教学策略与教学环节指导。"这是数字教材在教学应用中的独特价值与核心作用。与其他数字化课程资源更注重教学的个性化相比，数字教材强调的则是信息化教学环境中课程对全体学生的共性学习要求。

北京市第一七一中学在实践基础上总结提炼出数字教材在初中数学教学中助力核心素养达成的应用策略。

（一）重视情境创设，建立与生活的联系

新课标在强化情境设计和问题提出中指出：要注重发挥情境设计与问题提出对学生主动参与学习活动的促进作用，使学生在活动中逐步发展核心素养。数学教材重视情境素材的育人功能，如体现中国科学家贡献的素材可以帮助学生了解和领悟中华民族独特的智慧，增强文化自信和民族自豪感；注重情境的多样化，让学生感受学科在现实世界的广泛应用，建立起学科与生活之间的联系，体会学科的价值；为学生提供广泛的素材资源，拓展视野，如介绍数学文化及发展前沿等，反映数学在自然与社会中的应用，展现数学发展史中伟大的数学家。

例如在学习有理数时，数字教材提供数字资源，演示了数的形成和发展历程，还有算筹的具体介绍，帮助学生认识到中国是最早使用负数的国家，增强文化自信。在学习平行四边形的概念时，教师可以利用数字教材提供的情境交互动画，帮助学生理解平行四边形的联系，

也可以让学生自己寻找生活中与平行四边形有关的物品，从中抽象出平行四边形。教师将学生搜集的素材整理后在课堂上播放展示，增强学生的参与感，让学生对数学与生活的联系有更深刻直接的认识。

利用信息技术，教师可以对资源进行综合处理，丰富课堂教学场景，增加沉浸感、互动感和体验感，从而激发学生数学学习兴趣和探究新知的欲望。学生在真实的体验中学习、探究，感悟数学的应用价值，发展核心素养。

（二）丰富教学方式，积累基本活动经验

新课标教学建议指出要丰富教学方式，改变单一讲授式教学方式，注重启发式、探究式、参与式、互动式等，探索大单元教学，积极开展跨学科的主题式学习和项目式学习等综合性教学活动。根据不同的学习任务和学习对象，教师可以选择合适的教学方式或多种方式相结合，组织开展教学；通过丰富的教学方式，让学生在实践、探究、体验、反思、合作、交流等学习过程中感悟基本思想、积累基本活动经验，发挥每一种教学方式的育人价值，促进学生核心素养的发展。

教师利用数字资源，开展数学实验，绘制简单的几何图形，或对函数图象、几何图形的变化过程进行演示，可以帮助学生将抽象的知识直观化，促进学生理解数学概念，建构数学知识，发展空间观念。

例如在演示函数图象的动态生成过程时，数字教材中设计了探究活动——绘制二次函数 $y=ax^2$ 的图象。学生学习二次函数的时候，是第一次接触图象为曲线的函数，这个是学习的难点。教师在设计教学活动时，要避免直接告知学生结论，而是要设计一系列的动手探究活动，让学生经历知识被发现的全过程，指出学生的思维误区，然后再化解误区，形成正确的认知。

探究活动设计了三个步骤：（1）请学生仿照一次函数图象的画法，

绘制二次函数 $y=x^2$，$y=-x^2$，$y=2x^2$，$y=-2x^2$ 的图象。（2）展示学生作品。学生通常会在列表描点连线绘制函数图象的环节出现问题，因为取点数量有限，可能会连成折线。（3）利用数字教材资源演示二次函数 $y=ax^2$ 图象的形成过程，帮助学生完成从直线函数图象到曲线函数图象的过渡，发展学生的几何直观，并为其抽象能力和推理能力的发展提供基础。

又如展示勾股定理的多种证明方法这一教学内容设计时，数字教材中设计了探究活动——勾股定理的证明。探究步骤设计如下：（1）教师引导学生从特殊的直角三角形入手，通过测量和计算形成初步的猜想，再从特殊到一般，推广到一般的直角三角形，进而提出猜想，即在任意直角三角形中均成立。（2）利用实物学具，通过剪拼等操作，获得初步的证明思路。（3）借助数字资源的动态演示，理解赵爽弦图的证明思路，完成勾股定理的证明。（4）补充勾股定理的多种证明方法，进行拓展延伸。（5）在理解勾股定理的基础上，欣赏美丽的"勾股树"，从更高的角度感悟勾股定理的价值和作用。

再如利用专业数学作图软件开展自主探究时，数字教材中设计了探究活动——研究新函数的图象和性质。

数字教材嵌入专业数学作图软件，使知识预设与及时生成双轨并行，使得数据更精准，图形更准确，动态变化更形象，有助于培养学生的作图和读图能力。学生利用手持 Pad，打开数字教材中的 GGB 软件，可以根据自己的想法快速绘制任意函数的图象，可以探究函数与方程、不等式的关系，或者探究新函数。绘图工具的嵌入可以形助数，化抽象为直观，发展学生的空间观念和抽象能力。

例如在研究新函数的图象和性质时，教师可以让学生先观察函数解析式，根据解析式的特征推断函数的性质，然后再利用 GGB 软件绘制函数图象，观察图象，进一步总结函数性质。在此基础上，借助绘图软件分析函数之间的平移或对称关系，从而将未知函数转化为已知函数。

（三）开展多元评价，促进教与学的进阶

评价维度的多元化，要以核心素养的测评为导向，以学业质量标准为依据，建立目标多元、方式多样、重视过程、促进人人发展的评价体系。课程目标应当体现学生的数学基础知识、基本技能、基本思想和基本活动经验，分析和解决问题的能力，以及情感态度价值观。因此，对学生的评价也应包含以下几个方面：坚持以核心素养为导向，恰当评价学生的基础知识与基本技能，关注学生的思维过程，关注学生的情感态度价值观。

如考查轴对称概念时，教师应关注以下几个方面：（1）学生是否理解轴对称的概念。（2）学生能否建立数学知识与实际问题的联系。（3）学生能否正确运用知识解决问题。（4）学生能否对结果进行验证，获得最优的解决方案。

数字教材提供多种类型和层级的检测资源，可以帮助教师直接考查基础知识，以游戏化的方式寓评于乐，也可以是通过将军饮马这种实际问题，来考查学生的知识应用和解决问题的能力，或者是教师设计表现性评价任务，让学生利用数字资源设计美丽的图案，教师可以更全面地了解学生的素养水平。

（四）线上线下融合，促进学生自主学习

注重信息技术与数学教学的融合，还体现在促进学生的自主学习上。新课标指出注重信息技术与数学教学的融合，促进自主学习。数字教材旨在加强线上网络空间与线下物理空间的融合，突破传统数学

教育的时空限制，丰富学习资源，为学生自主学习创造条件。

核心素养是在数学学习过程中逐渐形成和发展的，而数学的学习不只在课堂中，更应该延伸到课堂外，数学教材基于网络平台，除了提供课堂互动外，还可以用于自主学习和亲子互动学习。

数字教材按照教材课时划分，提供了全套的课时讲解的视频微课，学生可以根据自己对知识点的掌握情况，在课余时间通过播放课时讲解视频、运用其他学习资源进行个性化学习，在自主学习中发展核心素养。

综上所述，数字教材以课程标准为指导，以纸质教科书为蓝本，借助于技术手段，融教材、资源、工具于一体，提供教学评一体化平台，有效地助力学生核心素养的发展。北京市第一七一中学的研究工作在师生认可并需要信息技术辅助教学的前提下，通过打造深度融合课堂样板，挖掘数字教材教学资源和互动功能。样板课模式融入日常教学，提升学生的几何高阶思维能力；梳理系统性应用测量，持续反思形成论文的路径，深度挖掘数字教材价值，在关注教师教的同时特别关注了学生的学，在课堂中利用数字教材开展高阶思维活动，推进了新课标理念引领核心素养视域下对初中数学数字教材教学的应用研究。

第三章

数字教材助力初中数学核心素养培养的应用研究

第一节　抽象能力的培养

从新课标第四学段（七—九年级）的学业质量描述中明确看到抽象能力在初中阶段的具体表现：能从生活情境、数学情境中抽象概括出数与式、方程与不等式、函数的概念和规则；能从具体的生活与科技情境中抽象出函数、方程、不等式等数学表达形式等。以下从三个方面阐述数字教材助力抽象能力培养的教学应用探索。

一、数字教材助力抽象能力培养的理论研究

根据抽象能力的内涵和表现，我们知道数学抽象能力的培养要深入到具体的学习活动中去，教师对教学方法的选择要立足于对学生学习数学的心理认知特点和规律的把握。数学情境的创设、问题的驱动、过程的展开，要调动学生各种认知心理活动的参与，让学生在活动中进行观察、辨识、分类、抽象、概括、符号化等数学活动，在多样化的活动中积累经验，让学生不断地从一个到一类，从形式到本质，从其他学科到数学，最后立足于符号表征、系统化、结构化，使他们的数学抽象能力得以发展。

在数学中，抽象是思维的基础，只有具备了一定的抽象能力，才可能从感性认识中获得事物（事件或实物）的本质特征，从而上升到理性认识。这既是一个获取知识的过程，也是一个研究的过程，这个过程对于所有学科的学习都是非常重要的。

数学抽象具有不同的阶段性。简约阶段、符号阶段、普适阶段是

数学抽象的三个基本阶段。简约阶段,即把握事物的本质,把繁杂问题简单化、条理化,并能够清晰地表达;符号阶段,即去掉具体的内容,利用概念、图形、符号、关系表述包括已经简约化了的事物在内的一类事物;普适阶段,即通过假设和推理建立法则、模式或者模型,并能够在一般意义上解释具体事物。

基于以上的分析和研究,不论是在概念教学、解题教学、数学建模中,还是在数学实验、综合与实践的项目化教学中,都要让学生经历多角度、多维度的抽象思维活动,积累各种有关数学抽象的基本活动经验(例如形象化、直观化、具体化、类比化、具象化等)。解决各种问题的过程,都需要学生用数学的眼光观察现实世界,从而选择不同的解决问题的办法,进一步提炼解决问题的基本方法和基本思想,这样有助于学生形成一般性问题思考的方法与习惯,对于学生核心素养发展的影响较大。

抽象能力的形成过程是数学知识积累消化和数学思维能力不断提升的过程,积极引导学生进行抽象思维能力训练,有利于学生思维结构的完善,最终达成抽象能力的培养。只有在学科教学中深度构建关于抽象能力的教学生态,才能有效、科学地发展学生的抽象能力。

数字教材(初中)以新课标为指导,以教育部 2012 年(部分为 2013 年)审定的人教版《义务教育教科书·数学》(七一九年级)为蓝本,注重信息技术与教育教学的深度融合,借助数字技术呈现纸质教科书的内容,配置数字化学习资源和学习工具,为师生改进教学模式和学习方式提供基础内容支持。

数字教材针对纸质教科书内容,提供多层次、示范性的学习素材。围绕教学重点和难点,通过优质模拟动画,将一些抽象的数学知识直观、形象地呈现出来，注重体现知识的形成过程。

基于以上特点，教师在数学教学中应合理利用数字教材，发挥数字教材助力学生抽象能力培养的作用。

二、数字教材助力抽象能力培养的教学策略

（一）直观呈现情境，助力概念构建

数学概念是现实世界中空间形式、数量关系及其本质属性在思维中的反映，是科学抽象的结果，正确理解数学概念是学好数学知识的前提。在初等数学里，一般都是通过实例抽象概括出数学概念，再以定义形式表达。将要研究的对象从现实情境或数学问题中分离处理，然后考察被研究对象某一方面的性质或属性，从而形成数学概念、性质、法则和方法。这个就是抽象能力的简约阶段。

以学习数轴概念为例，教材为了让学生形成数轴的概念，举了一个实例（图3-1）。

> **问题** 在一条东西向的马路上，有一个汽车站牌，汽车站牌东3m和7.5m处分别有一棵柳树和一棵杨树，汽车站牌西3m和4.8m处分别有一棵槐树和一根电线杆，试画图表示这一情境。
>
> 如图1.2-1所示，画一条直线表示马路，从左到右表示从西到东的方向，在直线上任取一个点O表示汽车站牌的位置，规定1个单位长度（线段OA的长）代表1m长。于是，在点O右边，与点O距离3个和7.5个单位长度的点B和点C，分别表示柳树和杨树的位置；点O左边，与点O距离3个和4.8个单位长度的点D和点E，分别表示槐树和电线杆的位置。

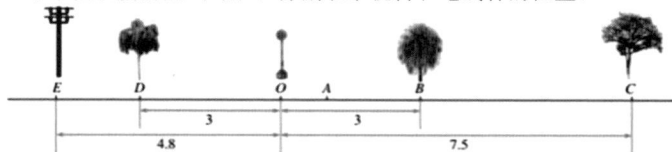

图1.2-1

> **思考** 怎样用数简明地表示这些树、电线杆与汽车站牌的相对位置关系（方向、距离）？

图3-1 教材中数轴概念的实例

通过数字教材生动、形象的演示，我们可以清晰地了解到它的抽象过程：（1）利用汽车站牌东 3m 的柳树与汽车站牌西 3m 的槐树的方向及距离相等的数量关系，通过抽象得到所画图形需要表示相反意义的两个量，即图形需要规定正反两个方向。（2）利用柳树与槐树的方向关系及距离相等的数量关系，通过抽象得到所画的图形应该为直线，进而抽象出直线要有正方向及原点。（3）利用汽车站牌西 3m 和 4.8m 处分别有一槐树和一根电线杆距离的不等数量关系，抽象出如何在规定正方向的直线上画出两个不等的量，即需要单位长度。

通过以上的抽象过程，就形成了数轴的概念。

在这个过程中，我们看到数字教材根据纸质教材提供的内容，直观呈现情境，同时凸显出概念的要素，助力学生对于信息的提取，从而概括出数轴的概念。出现了数轴的概念之后，学生很容易将实例与抽象的数轴概念联系起来，在这个知识的形成过程中，数字教材助力了学生对于概念的构建。

（二）动态展现过程，感悟性质法则形成

能够从实际情境或跨学科的问题中抽象出核心变量、变量的规律及变量之间的关系，并能够用数学符号予以表达，即从真实的情境中找到数学概念，然后从被研究对象中抽取或建构若干构成要素之间的数量关系或空间位置关系，舍弃无关特征，寻找其共性、本质所在，并用语言描述出来，这个对应抽象能力的符号阶段。

在研究点的平移过程中坐标的变化规律时，课程要让学生在学习怎样正确表示物体的位置变化后，从物体的移动变化中感受到学习用坐标表示平移的重要性。理解平移用坐标表示的必要性，掌握如何用教学语言表述平移，体会表述平移应明确平移的两个要素——方向和长度。从具体的案例中发现点的坐标平移的规律，激发学生探求新知的欲望。通过探究原理、发现问题、找到规律，学习用数学语言表达现象，感受用数学语言来准确表述现象特征的方式，体会文字语言、图形语言、符号语言三种数学语言的互译过程。以往我们的教学通常是让学生自己动手画一画，然后观察得到结论；如果我们可以利用数字教材中的资源，这节课可以做如下的设计。

在本堂课中，老师巧妙地设计了生活中汽车方阵的问题，然后引导学生将问题具象化为点的平移问题，这样就确定了研究对象；然后做了一些特殊点的某个方向的平移，让学生感悟点的平移与坐标的关系。由于是同时操作，此时也可以通过几个简单的例子抽象概括出点的平移过程中坐标的变化规律，任务完成，然后就可以利用坐标规律解决问题了（图3-2）。但在此情景中，学生只是观察者，知识的被动接受者，感官上虽然认同，实际上很难从这几个特殊的平移例子中得到坐标规律，因此老师接下来就让学生自己利用数字教材资源，自己探究点的平移坐标的变化规律。

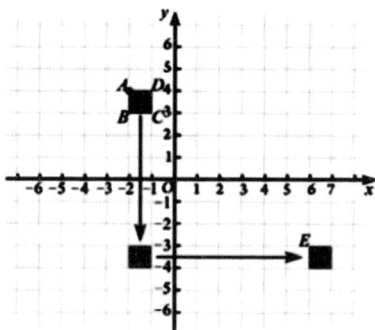

将正方形ABCD向下平移7个单位长度，再向右平移8个单位长度。

$A\,(-2,\,4)$		$A\,(-2,\,-3)$		$A\,(6,\,-3)$
$B\,(-2,\,3)$	向下平移	$B\,(-2,\,-4)$	向右平移	$B\,(6,\,-4)$
$C\,(-1,\,3)$	7个单位长度	$C\,(-1,\,-4)$	8个单位长度	$C\,(7,\,-4)$
$D\,(-1,\,4)$		$D\,(-1,\,-3)$		$D\,(7,\,-3)$

图3-2　点的平移与坐标的关系

在探究过程中，虽然教师并没有告诉学生每个方向应该多找几个点进行尝试，但学生们可以根据平移方向的不同进行分类，然后任意设置点的位置，设置平移的方向和平移的距离，来观察点的平移过程中坐标的变化规律。学生在利用数字教材资源进行自主探究的过程中，把他们对点的平移中坐标的变化规律的疑问在这个操作和探究的过程解决了，他们思维得到的结论就是最接近真相的结论。正是这个过程，让学生准确、快速地从一个个具体的实例中抽象出了坐标的变化规律，由此可见，数字教材资源起到了动态展现过程，助力学生感悟法则的形成，促进学生抽象能力发展的作用。

函数性质的本质是变化中的不变性（规律）。章建跃曾指出，"图形的性质是指图形运动变化中不变的特征、关系、规律；代数性质是指运算中的不变性"。由此可以抽象出任何一个研究对象的性质均是指运动变化中的不变性规律。也就是说，具有共同特征的对象是数学抽象的起点。

一次函数、二次函数和反比例函数是初中阶段数与代数领域的内容，这三类函数对高中函数的学习起奠基作用。函数的研究方法一脉相承，因此在学习过程中，需要从函数这个整体出发，利用一般观念建构知识、统领思想、内化方法、强化观念。正比例函数是学生接触的第一类函数，对其学习具有启蒙的意义，也对后续函数的学习具有重要的奠基作用。

学生初次学习函数及其性质，对 y 随 x 的增大而怎样变化的理解有难度，数字教材在这里为我们提供了相应的资源。通过对资源的了解，在学习正比例函数的性质时，教师借助数字教材的教学资源，教师或学生通过动手改变正比例系数，引导学生观察变化过程中不变的特征，理解函数性质的本质，为后续研究一次函数、二次函数和反比例函数的性质提供思路（图 3-3）。

正比例函数的图象及其性质

拖动直线 $y=kx$ 绕原点 O 旋转，然后拖动点 A 在直线上移动，从而观察正比例函数图象的变化。

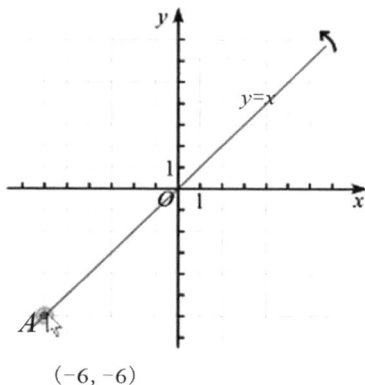

图 3-3　正比例函数的图象及性质视频截图

（三）还原思考过程，助力形成方法与策略

除了抽象出基本的数学概念和规则、命题和模型之外，更为重要的是抽象出数学思想方法，这是学生学习数学之后真正伴随其一生的宝贵财富。数学思想方法作为数学的精髓，蕴含在数学知识的形成、发展与应用过程中，是数学知识在更高层次上的抽象与概括，对应着数学抽象能力的普适阶段。

在正比例函数的性质的案例中，教师有函数整体的意识，在正比例函数、一次函数、二次函数和反比例函数的学习过程中，不断地引导学生进行总结、反思和提升，发现函数之间的整体性和关联性，感悟转化与化归，提炼形成研究函数的一般方法，这是更高层次的抽象与概括。

在讲授勾股定理内容的时候，很多教师都会采用由特殊到一般的探究思路，找一些特殊边长的直角三角形，如3，4，5；6，8，10；5，12，13，等等，从数的角度让学生归纳出两条直角边的平方和等于斜边的平方。有的教师也会直接利用拼图游戏得到结论。

在设计如何引导学生发现一般的直角三角形中"两条直角边的平方和等于斜边的平方"这个猜想的时候，利用数字教材的资源，让学生先了解毕达哥拉斯发现勾股定理的情境，然后动态演示毕达哥拉斯的思考过程，这样学生在数学家特殊图形特殊方法的启发下，抽象总结出"正方形面积""正方形网格"这样的关键词，为开启验证猜想的探究过程提供了思路（图3-4）。可以看到，在数字教材的助力下，学生们受到启发，经过探究得到了解决问题的方法。

图中三个正方形的面积有什么关系?等腰直角三角形的三边之间有什么关系?

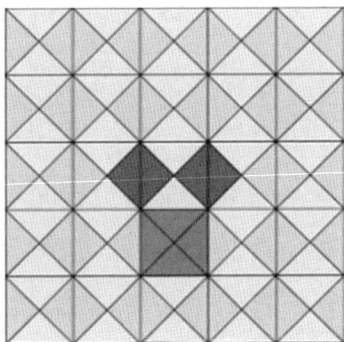

图3-4 探究两条直角边的平方和等于斜边平方的视频截图

通过以上分析，我们可以深刻地体会到数字教材注重信息技术与教育教学的深度融合，借助数字技术呈现纸质教科书的内容，配置数字化学习资源和学习工具，为师生改进教学模式和学习方式提供基础内容支持。数字教材针对纸质教科书内容，提供多层次、示范性的学习素材。围绕教学重点和难点，通过优质模拟动画，将一些抽象的数学知识直观、形象地呈现出来，注重体现知识的形成过程，而这些资源在我们的课堂教学中不同程度地为学生抽象能力的发展提供了助力。

在抽象能力发展的不同阶段中，数字教材均有着助力作用。简约阶段是抽象的起点，数字教材可以呈现问题情境，助力概念建构；符号阶段是抽象的难点，数字教材提供探究工具，助力学生发现规律；普适阶段是抽象的延伸，数字教材帮助学生进行类比、拓展和延伸，帮助形成系统化、结构化的数学思想和方法。

基于以上分析，数字教材的使用让课堂从以教师为中心变成了以学生为中心，学生的学习从被动接受变成了主动探究，学生从观察者变成了操作者、探究者和发现者。课堂学习方式的转变有力地推动了核心素养的发展。

三、数字教材助力抽象能力培养的教学建议

张孝达在《全日制义务教育数学课程标准（实验稿）解读》一书的序言中提出：要给我们所有学生"一双能用数学视角观察世界的眼睛"。数学眼光之所以这么重要，是由于数学眼光始终聚焦抽象的数量关系和空间形式，在这个意义上，可以把数学眼光理解为我们熟悉的数学抽象，但还不能完全等同于数学抽象。相比之下，数学眼光相当于数学抽象的门槛，没有数学眼光，就走不进数学抽象的大门。因此教师在设计教学活动的时候，要注意以下几点。

（一）创设以学习者为中心的学习环境，凸显学生的学习主体地位

由于数学课程的内容和要求是丰富多样的，相对应的具体教学方式也应该丰富多样。数学知识的获得，需要数学抽象，因此在创设的真实情景时，如活动化、游戏化、生活化的学习设计等，都应

以学生作为学习的主体，才能够很好地培养学生的数学抽象。因此利用数字教材的相关资源，如函数的探究、图形性质的探究、法则的探究等，都可以根据条件创设探究学习的氛围，助力学生抽象能力的培养。

（二）重视问题的真实情境

真实情境（或现实情境、问题情境）本来就是数学课程的组成部分，学生的喜欢、好奇、探索、发现等都与真实情境有关，没有真实情境就不会有真正的数学眼光，学生也没有机会理解抽象，更谈不上学会抽象。因此教师可以借助数字教材中的真实情境资源，助力学生数学抽象的培养。

（三）设置合理的问题驱动学生的学习兴趣，在探究活动中促进抽象能力的培养

美国数学家 P. 哈尔莫斯说过："问题是数学的心脏。"使学生有疑问才是成功的教学。"疑"可以激发学生的好奇心，引发学生的学习兴趣。有意识地将"疑"设在新知的矛盾冲突中，能使学生的学习心理始终处于最佳状态，在学习活动中逐步形成一种强烈而又稳定的问题意识，始终保持一种怀疑和探究的心理。为此，课堂教学中要把"提出问题""质疑"提升到学生权利的高度，要把"问题意识"作为一个学习习惯来培养。因此在学习新知的课堂中，教师通过设置合理的问题，激发学生的探究兴趣，当问题和已有的知识经验出现矛盾冲突时，教师要善于营造自然、和谐、民主的探索氛围，采取小组合作、主动探究等多种方式学习，此时可以利用数字教材资源助力矛盾的解决，使学生获得解决问题的方法策略，从而达到助力学生数学抽象能力的培养。

抽象能力的养成不是被动接受的结果，需要在老师的引导下，由学生自己通过亲身实践、独立思考、一点一点积累。学生需要在一个相对开放的学习环境中，通过自己的努力，一次次从问题情境中提炼数学对象，一次次地交流与表达，发现性质法则、归纳出方法策略，最终形成数学抽象能力。老师们在设计自己的课程时，可以结合实际需要，合理利用数字教材资源助力学生抽象能力的培养。

第二节 几何直观的培养

小学阶段几何课程内容还不成体系，主要从整体、直观的层面上认识、处理与图形有关的问题。由于生活中图形形状和图表信息随时可见，因此学生已具备了一定的直观经验，所以小学阶段主要以观察、实验、测量等方式，帮助学生将这种经验提升到以几何图形为对象的直观经验，从而形成具有数学特征的几何直观，为初中阶段几何直观的发展奠定感性经验基础。进入初中阶段，学生的直观思维逐步过渡到以演绎推理为主的逻辑思维，几何直观也从基于操作经验的感悟逐步过渡到基于概念的推理，形成初步的、理性的几何直观。因此，初中阶段几何直观的具体表现形式为：（1）能通过尺规作图、折纸、剪拼等操作活动，感知图形的结构特点。（2）会利用图形表示、理解和解释几何概念和命题，进行几何推理。（3）能通过变换坐标表示图形的运动与性质，感悟数形结合的思想。（4）运用图表工具表示、分析问题情境中的数量关系，构建模型，解决问题。

一、数字教材助力几何直观培养的理论研究

培养学生的几何直观可以从以下三个方面进行。

（一）在直观感知中培养学生的几何直观能力

学生掌握知识一般是从感性到理性的过程，在教学过程中，教师应恰当地运用直观手段使知识具体化、形象化。

（二）在动手操作中培养学生的几何直观能力

实验是几何直观性教学的重要组成部分，可以帮助学生逐步形成

概念。教师应精心设计，安排演示实验或学生动手实验。

（三）在数形结合中培养学生的几何直观能力

数形结合重点是数学问题几何化，即以形解数。教学中应注意培养学生数形结合思想，让学生胸中有图，见数想图。

初中生正处于身心发展的关键期，但他们缺乏足够的生活经验，对几何图形缺乏直观体验，在一定程度上限制了学生逻辑思维能力的发展。数字教材中提供了丰富的具有实物直观、符号直观和图形直观的图景体验，凸显数学语言的规范性，为学生奠定直观基础。互动习题类动画紧贴教科书练习、习题，借助不同形式互动处理及反馈机制，为学生提供自我反思与评价的机会，促使学生形成良好的数学学习习惯。实际操作类视频——对教科书中的尺规作图、画函数图象等问题采用真人示范操作，为学生自主学习提供相应的学习材料。数字教材中还构造了大量可交互数学实验环境，拓宽教学途径，为学生提供了自主思考和动手探究的空间，增强学生的空间感知能力，激发学生学习的兴趣，促进课堂数学活动的开展和有效性，提升课堂教学的效率。数字教材中嵌入专业作图软件——GGB软件，知识预设与及时生成双轨并行，使得数据更精准、图形更准确、动态变化更形象，有助于培养学生的作图和读图能力。教师可以使用GGB软件自主制作或修改内嵌的 *.ggb 文件作为个性化的资源存储在个人空间中，从而实现了探究活动、数学实验及个性教学基于专业数学软件环境的可能。

二、数字教材助力几何直观培养的教学策略

（一）借助图景体验，感知图形结构特征，树立几何直观意识

"几何"是指图形，"直观"是一种直接的感知、整体把握。徐利治认为，几何直观是借助于见到或想象出来的几何图形的形象关系，

对数学研究对象（空间形式和数量关系）进行直接感知和整体把握。下面介绍如何应用数字教材提供的多样性资源实施教学的探索。

在《轴对称》这一章中，数字教材提供了大量的图景资源，同时使教科书上六张静态图片动起来，让学生更好地体会轴对称的含义，体会数学来源于生活。在教学过程中，可以先引导学生对静态图片进行观察，发现轴对称图形的共同特征，鼓励学生用规范语言进行描述后，再展示动态图形，帮助学生形成对轴对称图形的直观感知。结合数字教材中提供的真人剪纸视频，还可以设计动手操作环节，发挥学生的想象力，让其亲自动手制作一个剪纸作品，通过好玩且易操作的剪纸活动，使学生进一步感知轴对称图形的结构特征。

（二）培养作图能力，注重三种语言转化，建立几何直观基础

作图是培养学生空间想象力、几何直观能力的重要途径，有助于帮助学生寻找解题思路，迅速、高效地解决数学问题。学生作图能力可通过以下方式进行培养。

第一，图形转化能力的培养。即阅读题干后，能够将题干中的逻辑关系、数量关系等信息利用图形反映出来。在教学中主要遵循以下三个步骤：（1）建立图形与文字的关联，将文字信息反映在图形中。（2）建立图形与表象的关联，将心中所想直接反映到示意图中。（3）建立图形与想象之间的关联，将具体问题抽象化，以简洁明了的要素展示题干内容，建立数学与图形之间的联系。

第二，读图识图能力的培养。教学建议包括：巩固数学概念；提升数形结合意识；及时指导与评价，学生在对图形做出解读之后，教师需要对学生是否读懂、读全、读准、读透进行评价。

第三，评价作图能力的培养。教师应为学生创造交流共享的机会，使学生在交流中掌握作图的完整性、准确性和逻辑性，了解不同的作图技巧，明白自己作图的失误之处，有助于学生在原有作图基础上稍作修改与调整，逐步提高作图能力。

下面对《等腰三角形的性质》和《三角形内角和定理》两节课应用数字教材实施教学的探索进行介绍。

借助数字教材中提供的丰富资源，在探究等腰三角形的性质时，可以先引导学生观看剪纸动画，通过观察等腰三角形的形成过程，明确边角的相等关系，大胆猜想，使学生对等腰三角形的性质形成初步的感知；然后，鼓励学生尝试用尺规作等腰三角形，再观看真人演示的作图视频，明确作图方法。在此可以进一步追问，是否还有其他作等腰三角形的方法？小组交流相互启发，通过对所作等腰三角形进行测量、剪、折等操作验证猜想，最后完成等腰三角形性质的推理证明。随后还可以继续探究轴对称图形的特征及作图问题，构建局部的演绎体系。教师要注意引导学生准确描述作图过程及结论，规范证明过程的书写，培养学生图形语言、符号语言和文字语言的转化。

探究三角形内角和定理时，可采用先让学生独立思考，再小组讨论汇总，最后班级展示交流的方式完成，数字教材中呈现了多种证明方法，凸显辅助线添加及文字描述，培养学生构图和三种语言转化的能力。

（三）注重数形结合，构建数学直观模型，发展几何直观能力

数形结合活动是培养学生几何直观的有效途径，教学中应着力于三个方面：（1）融合基础知识教学，培养学生思考意识，将数形结合思想融入数学基本概念的教学，是有效运用数形结合思想的策略，既可以帮助学生更好地理解概念，又可以强化学生运用数形结合思想思考问题的意识。（2）融合知识记忆任务，培养学生理解能力，初中数学中的许多知识点都具有多变的特性，许多公式可以相互转化，这样的特性为学生记忆、区分、理解造成较大的困难。教学时可引导学生应用数形结合思想来梳理知识，以此增强自身对知识、概念的理解，增强记忆能力。（3）融合实际生活案例，培养学生应用素养，生活案例在中考试题中占据了较大的比重，这是新课标对学生数学实际应用能力要求的体现。要想提升学生的数学实际应用素养，教师就需要引导学生尝试用数形结合的思想去分析、理解实际生活的案例，以此让学生的思维得到更好的发展。下面将通过几个教学案例来展示数字教材助力培养学生数形结合，发展几何直观能力的应用探索。

数轴和平面直角坐标系可以为数形结合提供逻辑基础，并为数形结合创造更多的机会。数轴是实数的几何模型，通过数轴建立了数和点、数和距离（线段长度）之间的对应关系，这样就可以利用点的位置关系来描述数的大小关系。在有理数的加法教学过程中，可以结合数字教材提供的演示素材设计如下环节：（1）创设问题情境，归纳有理数加法类型，引导学生从有理数加法的分类出发，聚焦研究重点。（2）利用数字教材动画资源，引导学生借助数轴关注结果的符号和绝对值，将有理数加法转化为正数加减，突破难点，发展学生几何直观能力。

再来看这样一个问题，正方形 $EFGH$ 的四个顶点分别位于正方形 $ABCD$ 的四条边上，当点 E 位于何处时，正方形 $EFGH$ 的面积最大？几何图形面积的最值问题，考查学生观察想象和逻辑推理能力，通过几何构图，不宜发现变化规律，因此很多学生面对此类问题感觉难以下手。针对这一问题，数字教材中提供了交互平台，学生可以拖动点 E，观察变化过程，思考、探究问题本质，构建出二次函数模型，再利用二次函数的最值来解决几何图形面积的最值问题，增强学生的模型意识，发展学生直观思维。

下面以二次函数 $y=a(x-h)^2+k(a\neq0)$ 的图象及性质的一节实录课来进行展示，本节课是在数字教材的支持下完成的一节非常具有特色的探究式学习。

首先，教师通过复习回顾，明确本节课研究的目标及方法。接下来，引导学生利用手持 Pad 进行探究式学习，此过程深度融合了数字教材资源及 GGB 软件，为学生自主探究提供工具，渗透数形结合思想，发展学生的几何直观能力。

然后，利用数字教材快速切换、随机展示的功能开展小组学习成果展示，为学生提供展示的舞台。教师点评、演示、提升，进一步借助数字教材的交互平台引导学生完成从特殊到一般的探究过程，使"思维可视化"，突破教学的难点，提升学生的几何直观能力。

最后，利用数字教材中的交互练习和互动课堂，实现了评价问题的快速发放和问卷的回收，及时获得学习效果的反馈。

（四）利用图表分析，探索解决问题思路，拓展几何直观思维

新课标要求，教师在开展数学教学活动时，一定要重视对学生能力的培养，尤其是学生独立解决问题的能力。首先，提高学生对问题的观察和分析能力。教师要对学生审题能力的培养加以重视，引导学生寻找规律，分析解题思路，从而促进学生分析能力的提升。第二，提高学生对知识迁移的使用能力。数学知识之间层层递进，存在关联，因此在教学过程中要不断完善学生的知识结构，引导学生学会知识迁移，将所学知识融会贯通，从而提高其解决问题的能力。第三，提高学生对问题本质的洞察能力。在探究新知识前，应对已学的相关内容进行回顾，寻找新知识与已学知识之间的关系，形成网络链，以便学生在解答数学题目时能够充分地应用。第四，提高学生解决问题的创新能力。可以多采用问题情境来激发学生学习兴趣，通过开放性问题，培养学生发散思维，鼓励学生多角度思考，不断探索最快捷、最简单的解题思路。第五，提高学生对问题结论的猜想能力。课堂上要让学

生多思考，鼓励学生大胆猜想和表达，以此提高学生的推理能力。值得注意的是，对数学问题结论的猜想，要具有真实性和创造性，要能够根据实际问题来进行灵活的调整。

概率问题中所有事件的罗列常常运用列表法和画树状图法进行记录和呈现，特别是在解决三步概率问题时，可以借助数字教材中的视频资源和操作实验平台，引导学生进行探究，凸显树状图的直观性，感受几何直观的优势。

统计领域的问题常常离不开对图表的使用，而图表也正是几何直观能力在该领域最重要的工具。因此在学习本章时，可以在课堂教学中渗透课题学习活动，借助数字教材中插入的绘制条形图与扇形图的实验平台，设计学生动手操作绘制图表环节，观察分析每一种图表特定的作用和优势。感受图表在解决问题中的直观性，拓展学生的几何直观思维。

三、数字教材助力几何直观培养的教学建议

主要有以下三个方面。

1. 数字教材中有丰富的图文素材、演示类动画及拓展内容，备课过程中教师可以充分利用这些资源，改进几何教学，节省时间，深化对几何性质的猜想、讨论、证明，培养学生的几何直观。

2. 数字教材为教学提供了相应的交互平台或数学探究小环境，辅助学生活动的开展，为学习几何概念和结构创造了环境，为运用几何直观解决问题提供便利。教学过程中可以精心设计学生活动环节，提高学生自主探究能力，加深学生对几何图形及其规律的理解。

3. 数字教材中嵌入 GGB 软件，教师可以充分利用嵌入软件，自主设计制作课件，为学生提供探究实验的环境；学生可以通过拖拽的功能，依照自己的目标与想法操作几何对象，以便观察存在于其中的性质或关系，习得较为完整的几何知识。

第三节　空间观念的培养

　　空间观念是义务教育阶段数学核心素养的重要组成部分，是学生理解现实生活中空间物体的形态与结构、形成空间想象力的经验基础。学生通过概念的理解和解释、规则的选择与运用、问题的发现与解决等学习活动，经历操作、观察、想象、比较、综合、抽象分析等过程，形成认识空间物体或图形的形状、大小及位置关系的必备数学品格和数学关键能力。义务教育阶段是学生空间观念培养发展的重要时期，从小学到高中的整个学习阶段来看，小学初步接触再到高中基本成型，初中阶段是巩固基础的过渡期，因此对于初中生而言，拥有良好的空间想象力和空间感是极为重要的。以下从三个方面阐述数字教材助力培养空间观念的教学应用探索。

一、数字教材助力空间观念培养的理论研究

　　课程内容是核心素养形成的载体，教学活动是核心素养形成的路径。核心素养的形成取决于课程内容和教学活动的有机结合。实践中有些知识具有教育性，有些知识缺少教育性，而事实上知识能否产生教育性，除了知识本身的属性，还取决于教育的方式和方法。能力只有在需要能力的活动中才能得以培养，素养只有在需要素养的活动中才能得以形成。学习应是实践行动、体验、感悟的过程，没有个体真实、完整、深刻的活动及体验，相应的素养就无法形成。活动是素养形成的必经路径、程序、过程、环节，所以对活动也必须提升到与内容标准一样的高度来对待。

　　新课标将空间观念在不同学段的培养和发展要求做了进一步的划

分。在第一学段要求形成初步的空间观念，在第二、三学段空间观念进一步形成，第四学段（初中阶段）要求发展学生的空间观念。在初中阶段，学生已经拥有了一定的抽象能力，在核心素养的表现上，主要集中在观念上。所以，根据新课标的要求，初中是培养学生空间观念这一核心素养的关键时期。老师们普遍能够积极地响应新课标要求，较为重视学生空间观念的培养，认识到发展空间观念对于学生现阶段数学学习以及未来空间思维发展的重要性。但由于缺乏相应的培养方法、设备条件及学生个体化差异等原因，多数初中教师表示在实际教学实施中存在困难。大多数学生空间观念虽然已经基本形成，但是发展水平较低，尤其是空间想象能力较弱，难以在复杂问题与相应的数学思想方法之间建立良好的内在逻辑关系。而数字教材中含有丰富的教学资源、展示平台，贯穿于整个初中阶段几何教学的各个章节，可以为培养学生的空间观念提供丰富的资源和环境。

数字教材中蕴含着丰富的图片素材和演示类动画，如生活中的对称现象和由长方体找出其中的平面图形相关内容，展示了现实世界中含有与空间几何图形相关的图片和视频，在空间和图形的相关教学中，有利于培养学生用数学的眼光去观察世界，从而认识到现实世界中蕴含着很多与数学有关的情境，培养学生发现问题、提出问题的意识。

数字教材中的图片素材和演示类动画和演示技术也可以将原本抽象的概念转变为更加生动直观的图片和图象进行展示，能够加强教学的直观性，提高学习的趣味性，从而有效地提高课堂教学的质量和效果。

数字教材中提供的实验平台和探究工具也能够为几何课堂教学活动提供交互平台和环境，激发学生学习的兴趣，让学生积极主动地参与课堂学习，让抽象难懂的数学结论得到方便、充分的实验验证，促进课堂数学活动的有效开展，提高学生的逻辑思维能力，从而促进其空间观念的发展，以"出入相补法"证明勾股定理为例（图3-5）。

勾股定理的证明

能否利用这五个图形拼成一个正方形？拖动、旋转下面的图形试一试。

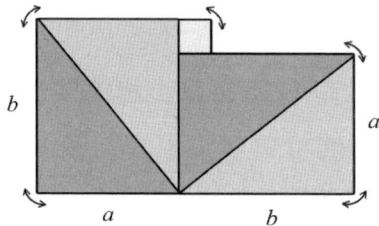

图3-5 "出入相补法"证明勾股定理视频截图

数字教材中的智慧教学平台也可以很方便地与学生互动，展示学生的学习成果和实验过程及成果，使几何学习更加生动直观，更加有利于学生空间观念的建立。

二、数字教材助力空间观念培养的教学策略

（一）联系生活实际、抽象几何图形、感知空间观念

空间观念首先表现为"抽象"和"想象"，即舍弃物体的其他属性，而对其形状、大小和位置等几何形态进行概括而得到的"形象"，能从比较复杂的图形中分解出基本的图形。在这里，空间观念主要是指物体在人脑中留下的概括的几何形象。要把握几何图形的本质，还需要一定的抽象思维，这里的空间观念主要是伴有抽象思维的形象思维。

对空间实物的表征一般有三种方式：一是具体的实物或模型；二是经过数学化的直观图形；三是前两者的内化结果——表象。无论哪种形式都含有大量的视觉信息，如形状、大小、颜色等。因此，要求学生对这些信息进行筛选与处理，排除无关的信息，聚焦物体的空间形式与度量关系，用平面图形给出直观表示等。所以，在空间观念的教学中除了利用教材中的资源外，应尽可能地倾向于现实生活中与图形相关的形象与问题，最大限度地联系学生的生活实际经验。下面针

对这部分内容介绍一下数字教材的应用探索。

在《几何图形初步》一课中，数字教材中通过分享情景视频将抽象的几何图形与现实生活中常见的几何物体相结合，针对教科书提及的相关数学知识，以演示动画的方式，做进一步的补充说明，有效地为学生创设良好的学习情境，寓学习于生活；有效地拉近学生与数学学习之间的距离，激发学生的学习兴趣；也可以有效地帮助学生将学习的空间观念知识传递到生活中去，这不仅仅会对学生的学习产生积极的影响，也是社会发展不可或缺的一部分。

在《平行四边形性质》第一课时引入平行四边形概念时，教师首先请学生拍摄与平行四边形有关的生活图片，使用数字教材的画廊功能，插入数字教材，课堂上进行展示分析，让学生真切地感受到生活中存在的平行四边形，从中发现问题和规律，抽象出平行四边形概念，进而用最直观的方式促进了学生空间观念的建立。

下面这个视频截图是使用数字教材的演示动画，对"正方体最短路径问题"习题的解答，这个题目是针对"基本事实：两点确定一条直线"的一个应用（图3-6）。

正方体最短路径问题

如图，一只蚂蚁要从正方体的一个顶点A沿表面爬行到顶点B，怎样爬行路线最短？如果要爬行到顶点C呢？说出你的理由。

如图，由于"两点之间，线段最短"，因此，蚂蚁要从顶点A爬行到顶点B，只需沿线段AB爬行即可。

如果要爬行到顶点C，有三种情况。若蚂蚁爬行经过面AD，可将这个正方体展开，在展开图上连接AC，与棱a（或b）交于点D_1（或D_2），蚂蚁沿$AD_1 \to D_1C$（或$AD_2 \to D_2C$）爬行，路线最短，类似地，蚂蚁经过面AB或AE爬行到顶点C，也分别有2条最短路线。因此，蚂蚁爬行的最短路线有6条。

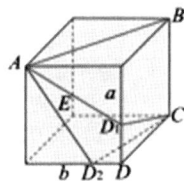

图3-6 "正方体最短路径问题"习题的解答视频截图

这种典型例题的动态展示可以让学生直接观察到图形展开与折叠的过程，帮助学生从不同角度观察，感知空间图形，获取感性经验，直观并深刻地解决问题。

（二）引导观察比较、抽象方位关系、形成空间观念

空间观念的培养需要将空间图形与图形语言和抽象思想相结合，使其成为一种有效的沟通方式，这需要有效地运用视觉、图象、空间认知等相关理论知识，从而能够用简单易懂的方式来表达抽象概念。在几何学中，空间观念和逻辑推理之间也存在着紧密的关系。而几何推理又离不开一个完整的几何知识系统。当一个人在几何推理的时候，他所能看到的不仅仅是一种形状，还是拥有一定性质的几何概念，比如直线、三角形、四边形、圆等，以及它们之间的关系，比如平行、垂直、相等、相似等。这些几何概念之间相互关联，构成了一个完整的几何推理系统，可以帮助人们更好地理解和思考几何问题。在几何推理的过程中，他会利用这些几何概念和性质去探索、解释、检验和确认空间和图形的特点、关系和规律，而这正是空间观念的支撑。他可以通过这些几何概念来理解物体之间的关系，以及它们之间的变化规律。

让学生认知空间图形最好的方式就是让学生学会观察。观察是基于数学核心素养下培养学生空间观念的重要前提。在此基础上，现实世界中的测量活动也有助于空间观念的建立。接下来通过几个数字教材的实例介绍一下数字教材对于这部分的应用探索情况。

数字教材《投影与视图》第二节《三视图》有两段视频，第一段：什么是立体图形的三视图？（图 3-7）。第二段：由三视图还原几何体——五棱柱（图 3-8）。借助数字教材的 3D 演示动画，根据物体的三视图还原出原立体图形，再次认识三视图，对学生空间想象能力的

培养提供帮助。

三视图

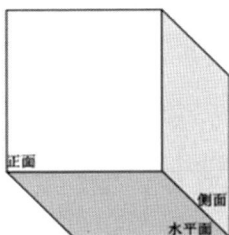

如图，我们用三个互相垂直的平面（例如墙角处的三面墙壁）作为投影面，其中正对着我们的平面叫做正面，下方的平面叫做水平面，右边的平面叫做侧面.

图 3-7　什么是立体图形的三视图？视频截图

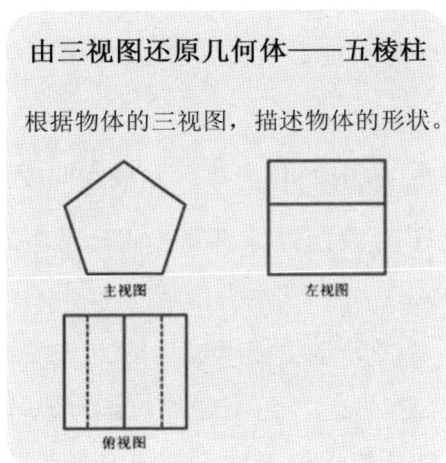

图 3-8　由三视图还原几何体——五棱柱视频截图

老师要引导学生学会从不同的角度对物体进行观察，从而形成良好的空间观察能力。而借助数字教材的资源进行展示可以非常方便、直观地建立模型与视图之间的联系，并对简单三维图形的内部构造有一定的了解，从而深刻地解决问题，数字教材为培养学生的空间感和想象力提供了非常有效的方式。

在学习《平行四边形性质》第一课时，借助数字教材的交互动画辅助探究功能，在平行四边形这一前提下，学生任意拖拽，改变平行四边形的形状，系统测量边长、角的度数，对数据进行比对分析，探究平行四边形性质。

由于现实世界中的测量活动一般都是在三维空间中进行的，而三维空间的理解是空间观念的重要表现形式，因此测量活动的开展有助于学生空间观念的形成与发展。学生可以通过测量自己所画的图形对猜想得到的结论进行测量验证，但是学生动手画出的图形数量有限，可以利用数字教材的探究动画资源进行实验，可以任意改变图形的形状，生成无数图形，获取大量的观测数据，帮助学生快速发现规律，提出猜想。数字教材中的探究工具，让学生通过实验、观察、作图等方式，对各种情况进行验证并进行展示，为学生空间观念的形成提供了有力的工具支撑。

（三）描述图形运动、探究变化规律、发展空间观念

美国教育家 D.H. 克莱门兹等研究表明，学生的图形构造能力可以划分为以下六个层次：（1）学生只能操作单一的图形，而不能把它们组合成更大的图形。（2）学生能用试误的方法按照要求或根据模型把一些简单的图形组合在一起，但不能通过运动从不同的角度去考查图形，他们所看到的只是整体的形状，而不是图形之间或图形部分元素之间的几何关系。（3）学生能把一些具有简单性质的图形连接在一起，但仍不能有预见地去构造新的几何图形。（4）学生能有预见、有意识地去构造新图形，能根据角度的大小或者边的长短去选择合适的图形，能自由地旋转和翻折图形，以适应不同的位置，能镶嵌复杂的图案，并初步形成对称的概念。（5）学生能有意识地合成图形，能充分认识和运用图形的合同（全等）关系（如知道两个全等的三角形可以构成

一个平行四边形）。（6）学生可以创造性地构造出新的图形或图案，能利用各种几何变换进行平面图形的镶嵌。

图形运动是图形位置的延伸，在初中阶段，图形的运动主要涉及平移、旋转和轴对称三种。图形的运动也是发展学生空间观念的重要途径。教学时，可以通过组织有趣的活动引导学生在熟悉的生活情境中，认识平移、旋转和轴对称的现象，感知图形的运动和变化规律，发展空间观念。

下面的视频截图是数字教材《轴对称》课后一个应用信息技术的探究类问题，借助数字教材的交互动画辅助探究功能，学生动手实验操作，探究轴对称的性质，即轴对称图形对应点所连线段与对称轴的关系（图 3-9）。

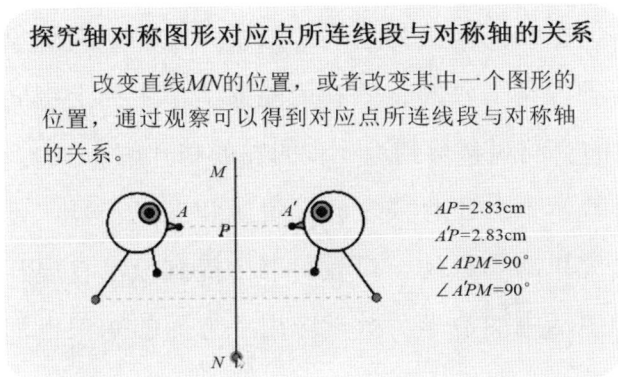

图 3-9 实验探究轴对称的性质视频截图

学生动手进行实验操作可以感知到图形的对称关键在于根据对称轴的位置确定关键点的对称点的位置。通过使用探究工具进行测量获得的实验数据可以感知轴对称运动的特点和变化规律，进而得到轴对称的性质，发展空间观念。学生能够从平移、旋转、轴对称的角度欣赏自然界和生活中的图案，在此基础上，还可以引导学生从图形的运动角度尝试创作和设计，进一步发展空间观念。数字教材在这方面也有着丰富的教学资源和互动探究工具。

在《旋转》的第一节中，借助数字教材的交互动画辅助探究功能，学生进行动手操作，选择不同的旋转中心、不同的旋转角度设计出很多美丽的图案，从而能更深刻地体会。

在《轴对称》一章的教学活动中，利用轴对称设计图案——万花筒，借助智慧教学平台的交互动画辅助探究功能，能够实现学生动手设计，利用轴对称的性质形成美丽的图案。

空间想象力是在丰富的空间感知基础上逐步形成的想象能力，是对空间观念的进一步发展。空间想象力依赖于空间感知，需要学生对几何形体特征和图形运动的规律有充分的认识。借助于信息技术，借助于数字教材提供的探究资源教学，能够克服在实际教学缺乏实施手段和实验工具的困难，能够为老师们激发学生的空间想象力提供教学环境支撑。智慧教学平台的有效利用能够给学生插上空间想象的"翅膀"，使学生的空间观念得到进一步的发展和升华。

数字教材教学平台还有很多教学资源和探究工具，可以为教学提供指导性的研究思路和方法。对教科书中提到但没有展开阐述的数学家、数学史和生活中的数学、数学应用等方面的知识也都给出了大量的补充性的拓展。

三、数字教材助力空间观念培养的教学建议

在养成空间观念核心素养的过程中教师需要仔细理解学生可能的真实心理活动过程，选择从简单实物或图形，逐渐到比较复杂的实物或图形，要低起点、小台阶，循循善诱；还需要特别注意学生之间心理的个性差异，一点一滴地帮助学生，引导学生萌生或定型空间观念，养成空间观念的核心素养。

基于数字教材助力培养空间观念的教学策略的分析，下面给出帮助学生养成空间观念的四条教学建议：（1）联系生活实际，感知空间观念。（2）引导观察比较，形成空间观念。（3）借助动手操作，完善空间观念。（4）激活丰富想象，发展空间观念。

培养学生的空间观念可以使学生更好地认识和探究现实世界，通过空间观念的培养也可以更好地发展学生的想象力和创造力。因为空间观念是培养学生形成创新精神的首要因素，所以日常的教学中应该重视培养学生的空间观念，希望老师们可以在几何教学中找到更多、更合适的资源和工具让学生更好地融入课堂，可以让其通过观察、动手操作等去理解图形和图形的性质、体会数学的思想方法，并从中培养自身的空间想象力，发展自身的空间观念。

第四节　推理能力的培养

新课标把推理作为核心素养在数学学科中的主要表现之一，并且区分了小学阶段与初中阶段的要求。

在小学阶段，学生需要形成推理意识和符号意识。进入初中阶段后，逐步由意识发展为推理能力。因此小学阶段的推理是不自觉的感受，需要学生能做出判断，给出结论，初步养成讲道理的习惯，但是难以客观地回溯结论成立的原因。而初中阶段的数学课程逻辑体系相对完整，有了定义，设置了可以作为推理起点的基本事实，也介绍了命题、定理与证明的含义，要求学生能够在理解概念的基础上，初步掌握命题及演绎推理的基本形式，并运用数学推理解决问题。高中阶段则明确提出了逻辑推理的三种基本形式：归纳推理、类比推理与演绎推理。

可以发现，从推理意识到推理能力再到逻辑推理，既体现了核心素养发展的连续性，又体现了发展的阶段性。

一、数字教材助力推理能力培养的理论研究

为了培养学生的推理能力，应做到以下几点。

（一）把推理能力的培养渗透贯穿于初中学习的全过程

在概念形成过程中，让学生经历观察、发现、抽象、概括等思维过程，引导学生有条理地描述概念的定义；在命题教学中，引导学生分析条件、结论，以及条件和结论间的逻辑关系，命题的多种表现形式；在证明过程中，遵循证明的规则，遵守推理的形式。在学生预习、课题教学、复习小结等各个环节都要求学生的语言和思维追求重论据、有条理、

合逻辑，有意识地侧重对学生推理能力的培养。

（二）发挥不同推理形式在数学活动中相辅相成的功能，提高学生的思维品质

在命题教学和问题解决教学中，教师要善于对数学素材进行加工，能让学生经历猜想—证明式的探索过程，引导学生经历发现结论、证明结论的全过程，使学生通过观察、实验、比较、分析、抽象概括、形成猜想、推理证明等多种活动，在交流讨论的过程中，捕捉并揭示学习材料中蕴含的数学本质、规律，不断提升逻辑思维品质。

（三）从单元整体设计视角引导学生学会合乎逻辑地思考

合乎逻辑地思考是指按照一定的思维规律，有目标、有依据、有条理、前后一致、清晰、连贯、系统地思考。传统学习安排更多的侧重知识与技能的落实，缺乏整体的规划，所以建议以主题为统领规划单元整体学习任务。

（四）关注数学活动中的反思，引领学生觉察其中的推理形式，感悟推理价值

学生的推理表现在数学学习的全过程中，尽管学生经历了数学学习活动，但对自己思维过程中的推理不一定能说得清楚，需要教师引导学生在学习活动后，对思维过程进行反思梳理，说出或者画出思维脉络，审视自己思维活动中的内在逻辑，考查它们的合理性。

2023 年 5 月，教育部印发《基础教育课程教学改革深化行动方案》的通知，提出"推进数字化赋能教学质量提升"的重点任务，强调数字化技术要满足"促进教学更好地适应知识创新，素养形成发展等新要求"。在此背景下，技术对于逻辑推理素养的培养需从高阶认知层面出发，考虑如何将数字化技术深度赋能认知来培养该素养，将数字化技术的赋能价值拓宽纵深。

当前从数字教材技术赋能认知的视角下，对培养推理能力的作用主要体现在以下三个方面：第一，创设学习环境，如提供探究工具或平台，助力学生发现知识联系，提出猜想；第二，表征知识结构，如通过多种方法，结构化图式呈现知识关系进行概念推理；第三，辅助训练问题解决，如以互动练习或游戏，让学生与技术工具产生互动，不断调整或创造推理策略，完成支线推理任务，提升推理能力。

上述三个方面也可以理解成技术为教学提供了学习环境、学习内容、学习过程以赋能认知。数字教材可以达到辅助教师数字化教学的需求，从而达到培养学生推理能力的目的。

二、数字教材助力推理能力培养的教学策略

（一）引导观察发现，生成抽象概念，构造推理基础

概念、判断、推理是逻辑思维的三个基本形式。严格的数学推理要建立在数学概念的基础之上，明确了概念的内涵与外延后，才能研究这个概念有哪些性质、与其他概念之间有什么关系，从而形成有确定条件与结论的命题，而推理的主要功能就是确定这些命题的真假。因此，在形式逻辑中，概念是判断与推理的基础，教师在教学过程中应关注概念的定义及基于概念的推理。

数字教材可以提供多种形式的学习资源，帮助学生理解抽象的概念、提炼概念的内涵。如在学习全等形的定义时，概念中"完全重合"的含义是学生理解的难点，数字教材将静态的图片设计成了动画的形式。通过动态的演示，直观呈现"完全重合"，帮助学生从运动变换的角度理解全等形的概念，并能够由此出发进行类比推理，得出全等三角形的概念，为后续研究全等三角形的性质和判定奠定了基础。

在进行全等形的教学时，教师可以先让学生选择数字教材中的动态演示，学生观察发现图形通过翻折、平移和旋转变换前后两个图形的特点，从而总结活动经验，得出全等形的定义。随后教师还可以让学生类比全等形的定义，尝试给出全等三角形的定义。

再如，在二次根式概念的学习中，最重要的是理解二次根式的本质，但由于概念描述比较抽象、条件比较多，学生在学习初期容易思考不全面，从而出现概念错误的情况，学生需要在"正例"和"反例"中进行辨析、思考，进而提炼出概念的本质。数字教材充分考虑教学的需要，设计了概念辨析的交互动画（图3-10），辅助教学活动，帮助学生理解二次根式概念的内涵，积累了应用数学概念进行判断及推理的经验。

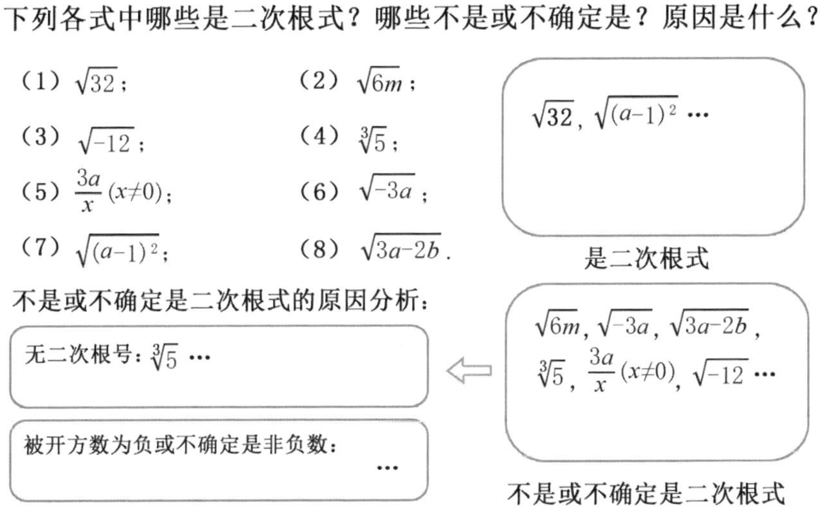

下列各式中哪些是二次根式？哪些不是或不确定是？原因是什么？

（1）$\sqrt{32}$；　　　　（2）$\sqrt{6m}$；

（3）$\sqrt{-12}$；　　　（4）$\sqrt[3]{5}$；

（5）$\dfrac{3a}{x}$ $(x\neq0)$；　　（6）$\sqrt{-3a}$；

（7）$\sqrt{(a-1)^2}$；　　（8）$\sqrt{3a-2b}$.

不是或不确定是二次根式的原因分析：

无二次根号：$\sqrt[3]{5}$ …

被开方数为负或不确定是非负数：…

$\sqrt{32}$，$\sqrt{(a-1)^2}$ …

是二次根式

$\sqrt{6m}$，$\sqrt{-3a}$，$\sqrt{3a-2b}$，$\sqrt[3]{5}$，$\dfrac{3a}{x}$ $(x\neq0)$，$\sqrt{-12}$ …

不是或不确定是二次根式

图3-10　二次根式概念辨析视频截图

在教学过程中，学生先动手操作，通过二次根式的定义判断哪些式子是二次根式，哪些不是。提交答案后系统会进行批阅，如果出现选择错误，学生还可以继续修改答案，直至分类正确。随后，学生可以继续对不是二次根式的式子明确原因，从正解和误解两个角度进行辨析，巩固二次根式的定义及其代数性质，发展代数推理能力。

（二）化数为形，生成运算法则，提升逻辑推理

初中代数学习需要对小学所学数域进行扩充，小学阶段获得的某些数的关系、运算法则都可以推广到初中代数运算。但由于初中运算对象由数变为式，由具体变为抽象，因此学生在学习时常常无法将其与已有的知识构建出联系，认知层面无法得到提升。学生如果达不到知其然知其所以然，则对知识的认知就只能停留在记忆阶段，无法达到理解及应用。面对新的法则与公式只能选择死记硬背，不能理解其中的逻辑，从而出现知识的混淆，要么产生记忆错误，要么记住了却不会用。

代数推理的抽象性决定了其教学的困难。数字教材中的部分资源将代数问题化数为形，通过图形直观地进行了法则及公式的推导，辅助学生进行学习，加深理解。

如在整式的乘法和因式分解这一章，学生会集中学习到多条运算法则及公式，容易产生公式混淆。教材中为这些运算法则提供了几何背景，旨在通过数形结合，培养学生多角度思考问题的习惯，增进学生对乘法公式的理解与记忆。但由于不同学生的阅读能力和想象能力差距较大，在实际问题背景下，部分学生会产生新的问题——阅读理解。数字教材将静态的图片设计成了动画的形式，通过动态演示直观呈现"分割面积"，辅助了学生对实际问题的理解，进而增强了学生对乘法公式的记忆，提升了学生对抽象法则的理解。学生通过几何证明和代数推理证明的比较，感受几何与代数内在的统一性；通过动态操作，对面积进行切割，再根据面积公式进行几何推理，辅助理解代数推理过程，最终获得运算法则。

在教学中，教师可以在引出教学主题时使用该动画，突出整式乘法的实际意义；也可以将几何推理作为验证多项式乘多项式法则的依据，让学

生体验用几何方法来证明代数结论的过程；还可以在讲授完多项式乘多项式法则之后，将几何推理作为一个数学法则在实际生活中的应用问题。

这种演示类动画对于因式分解的学习更加适用。对式子进行因式分解时，需具备一定的逆向思维能力。因此与整式乘法相比，因式分解的学习更为复杂，也更为抽象。学生通过对数字教材的动态拼接过程进行观察（图3-11），发现三个矩形面积之间的关系，再通过几何方法进行推理，从而获得结论。数字教材辅助学生进行了图形拼接，验证了公式，形成了方法。这一过程不仅增强了学生对于整式乘法与因式分解关系的理解，更提升了学生数形结合的意识。

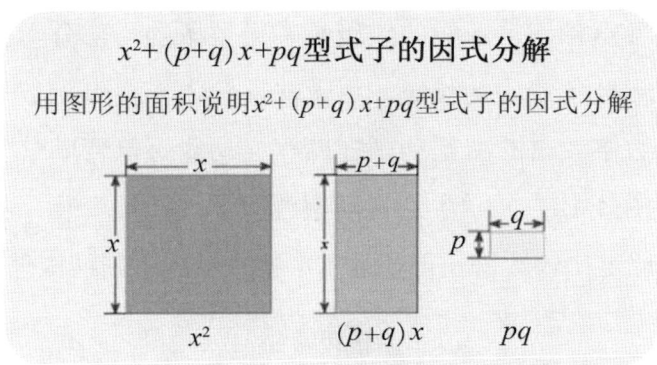

$x^2+(p+q)x+pq$ 型式子的因式分解

用图形的面积说明 $x^2+(p+q)x+pq$ 型式子的因式分解

图 3-11　对式子进行因式分解视频截图

在整式乘法与因式分解一章中，使用数字教材的动画进行几何方法证明，其主要目的可以归结为：促使学生对这些图形各部分面积之间的关系进行思考，发现公式与面积之间的内在联系，进而感受几何与代数内在的统一性；通过图形引发的思考来加强学生学习的主动性和探究性；提升系数认知维度，静态理解数量关系、动态想象图形拼接、抽象思维梳理数量关系，螺旋式提升代数推理和几何推理能力。

（三）支持自主探究，形成公理体系，发展逻辑推理

数学的演绎推理需要在一个逻辑系统下进行，首先给出研究对象的定义，再通过公理规定研究对象之间必须满足的基本关系，然后再推导出各种各样的命题、定理，这就是所谓的公理化思想。目前各国几何课程都采用了不完整公理体系，即构建一些局部的演绎系统作为教学内容。

数字教材中的资源能够帮助学生理解基本事实，还能突出推理起点，帮助学生明确推理结论。

首先，学生应认识到公理或基本事实是推理的出发点。几何公理虽是"不证自明"的，但是也是从周围自然界抽象出来的。如垂线段最短这一基本事实，学生学习垂线段最短时正处于七年级，刚刚接触几何证明，公理化体系还没有建立，抽象能力还比较欠缺，直线外一点与直线上各点相连，形成的线段是有无数条的，部分学生不能想象如何比较这无数条线段的长短，更无法理解如何找出无数条线段中最短的一条。数字教材的交互动画辅助探究功能可以帮助学生理解这一基本事实（图3-12）。学生通过观察线段的连续性变化，将抽象的问题直观化。通过比较数值获得了基本事实，发展了归纳推理能力。

垂线段最短

P为直线l外一动点，PO垂直l于点O，点A_1为l上一动点。

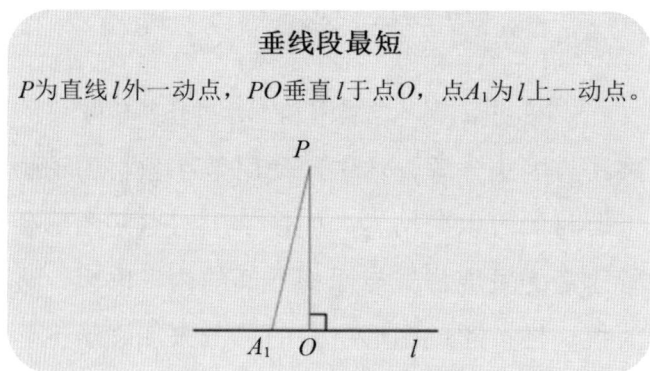

图 3-12 探究垂线段最短视频截图

在进行垂线段最短的教学时，教师可以先让学生进行自主探究，学生可以通过改变直线上点 A_1 的位置，度量线段 PA_1 与线段 PO 进行比较大小，也可以通过改变直线外点 P 的位置，来检验是否直线外任意一点都有垂线段最短的推论。学生通过观察、操作、实验发现图形中的几何结构与度量规律，抽象出基本事实。

其次，学生应能够从一些事实和命题出发，依据规则推出其他命题或结论。学生能够知道推理的关键要素，即有推理的起点、要依据规则、要推出其他命题或结论。

在进行平行四边形性质教学时，教师常会让学生通过观察和度量的方法，先对平行四边形的对边、对角数量关系进行猜想。但画出的验证猜想的例子较少，学生会产生疑问，换一个平行四边形后猜想是否仍成立？数字教材的交互动画解决了这一问题，辅助了学生进行自主探究，通过拖动图形形成连续性变化。学生在变化中进行观察，发现平行四边形对边与对角的关系，并通过归纳推理提出猜想。此外，学生可以通过动画在运动过程中进行观察，意识到这一变化过程中，哪些条件是不变量，可作为后续演绎推理的起点，积累逻辑推理的经验。

学生可先动手操作，改变平行四边形的大小。通过数字教材的实时度量功能，可观察到两组对边相等，两组对角相等。学生通过观察、实验，发现图形中的几何结构，提出有意义的数学猜想，不断提升逻辑思维品质。

通过验证活动，学生发现运动变化中的不变条件是图形始终为平行四边形，因此学生在后续进行推理时，选择了以平行四边形的定义，即对边平行作为推理论证的起点，并运用已具备的平行的性质及全等三角形的相关知识储备，证明了结论，得出了平行四边形的性质。

无论是代数问题，还是几何问题，解决问题或者形成命题的路径大体是一致的，都是先基于特殊情况成立的结论，通过归纳或者类比推断一般情况下类似结论成立。对于推出的结论正确与否，则需要进行严谨的数学证明。通过上述论证过程使学生感受归纳推理、类比推理在发现数学结论上的优势，体会演绎推理在数学证明中的作用。

三、数字教材助力推理能力培养的教学策略

推理能力有助于学生逐步养成重论据、合乎逻辑的思维习惯，形成实事求是的科学态度与理性精神。对于推理能力的教学，我们总结了几条建议供参考。

（一）数字教材可以辅助教师对概念的教学，可以帮助学生理解抽象的概念

概念、判断和推理是逻辑思维的三个基本形式。逻辑推理的对象是命题，命题中又蕴含概念定义，因此严谨的逻辑推理是建立在数学概念之上的。重视数学概念的教学有利于学生推理能力的培养。

（二）数字教材的使用可以使学生体验由特殊到一般的研究过程

不是所有的推理都是具有逻辑的，有些推理是通过经验和感觉形成的，这种推理往往是由特殊结果推断一般结论的过程，学生需要经历这样的过程，才能形成发现问题、提出问题的能力，培养勇于探索的精神。

（三）数字教材的使用可以帮助学生找到推理的起点，梳理演绎推理的思路

除了发现和提出问题外，学生更需要通过演绎推理验证自己提出的问题，经历分析问题和解决问题的过程，形成批判的科学精神。所以几何课程是训练推理与证明能力的主要工具。

（四）数字教材的使用可以辅助教师进行代数推理的教学

培养学生的推理能力不能只依赖于几何证明题。推理存在于学习的各个领域当中，因此推理能力是在数与代数、图形与几何和统计与概率的学习过程中逐步形成的，教师在教学中也应增强对于代数推理的教学。

第五节　数据观念的培养

随着信息科技的发展，我们已经进入大数据时代。大数据带来的信息风暴正在变革我们的生活、工作和思维，开启了一次重大的时代转型，对人类认知和与世界交流的方式提出了全新挑战。数据和人们的生活息息相关，需要人们针对数据做出合理决策，这就要求人们具备一定的数据观念。在大数据时代中，生活离不开以数据观念为明显标志的公民素养，"用数据说话"既是这个时代的特征，又是全社会的共识，还是新时代公民的基本素养。其核心是通过对数据的分析来探索事物发展的特性和规律，以达到解决相应问题的目的。数据是信息的载体，数据观念是义务教育阶段数学核心素养的重要表现，是在从事统计活动的过程中体现出来的一种意识和习惯，其核心是通过数据分析、解决问题。

从系统地学习描述统计的基本概念，初步了解抽样的意义，到比较完整地实施具有现实意义的统计活动，学生需要在统计的问题解决过程中发展数据观念。初中阶段，学生需要在不同的情境中从数学的角度发现和提出问题，综合运用数学和其他学科知识，从不同角度寻求分析问题和解决问题的方法，形成数据观念。以下从两个方面探讨数字教材助力初中数据观念的培养。

一、数字教材助力数据观念培养的理论研究

数据观念是学生终身学习和面对未来生活的关键能力。在中国的学生发展核心素养框架中，数据素养体现了"理性思维""批判质疑""信

息意识""问题解决"等核心素养的关键成分,是众多核心素养共同关注的认知能力,是培养学生核心素养的重要内容。学生通过学习一些简单的统计知识,掌握一些简单的统计方法,感悟统计的意义,了解统计的思想,逐渐形成数据观念。

数字教材的引入,为课堂提供了更多的可能。在统计与概率的数字教材部分,有着丰富多彩的互动资源、图文资源、视频资源等。帮助学生理解学习的重难点,激发学习兴趣,有利于开展自主性和探究性学习。另外,这些资源还可以支撑情景创设、知识探究、教学实验、巩固练习等多个教学环节,有效地辅助教师教学。

我们可以从新课标的第四学段,即七—九年级的学业质量描述中明确看到数据观念在初中阶段的具体表现:初中阶段统计与概率领域包括"抽样与数据分析"和"随机事件的概率"两个主题,学生将学习简单的获得数据的抽样方法,通过样本数据推断总体特征的方法,以及定量刻画随机事件发生可能性大小的方法,形成和发展数据观念。"抽样与数据分析"强调从实际问题出发,根据问题背景设计收集数据的方法,经历更加有条理地收集、整理、描述、分析数据的过程,利用样本平均数估计总体平均数,利用样本方差估计总体方差,体会抽样的必要性和数据分析的合理性;"随机事件的概率"强调经历简单随机事件发生概率的计算过程,尝试用概率定量描述随机现象发生的可能性大小,理解概率的意义。统计与概率领域的学习,有助于学生感悟从不确定性的角度认识客观世界的思维模式和解决问题的方法,初步理解通过数据认识现实世界的意义,感知大数据时代的特征,发展数据观念和模型观念。

具体包含以下几个方面:感悟样本数据的意义和随机性,体会样本与总体的关系;体会抽样的必要性,能够通过实例了解简单随机抽样过程;进一步感悟统计活动的随机性;理解平均数、中位数、众数的意义与区别，能计算中位数、众数、加权平均数，知道它们是对数据集中趋势的描述；体会刻画数据离散程度的意义，知道极差、方差都是描述数据离散程度的统计量；感悟统计图表的意义，解释数据中蕴含的信息；初步感悟分布的意义，知道分布是描述和预测随机现象规律的重要工具；初步感悟随机事件的概率的意义。

二、数字教材助力数据观念培养的教学策略

（一）通过活动，突出数据处理的基本过程，建立数据观念

在《数据的收集、整理与描述》的第一节课《统计调查》中，数字教材中设置了小游戏的方式，让学生动手操作，感受简单随机抽样的随机性（图3-13）。

简单随机抽样方法

用简单随机抽样的方式，从1—10这10个数中，随机抽取3个。请点击上面的纸牌，抽到的号是：2，5，3。

图3—13 简单随机抽样视频截图

通过动手操作，大大增加了学生学习的趣味性。此处的资源像一个小游戏，让学生体会抽样的过程和操作方法。在抽样的过程中，每一个个体被抽到的概率都是相等的。同时，在动手操作的过程中，学生也能体会到：样本是总体的一部分，样本结果带有随机性。

在《数据的收集、整理与描述》一章，数字教材中设计了主题为"用简单随机抽样方法估计全班同学的平均身高"的活动。这部分数字教材资源中，设计了一个学生可以自主操作的界面，学生可以在这个界面中

输入本班学生人数、本班每名学生的身高,便于做进一步的研究(图3-14)。

用简单随机抽样方法估计全班同学的平均身高

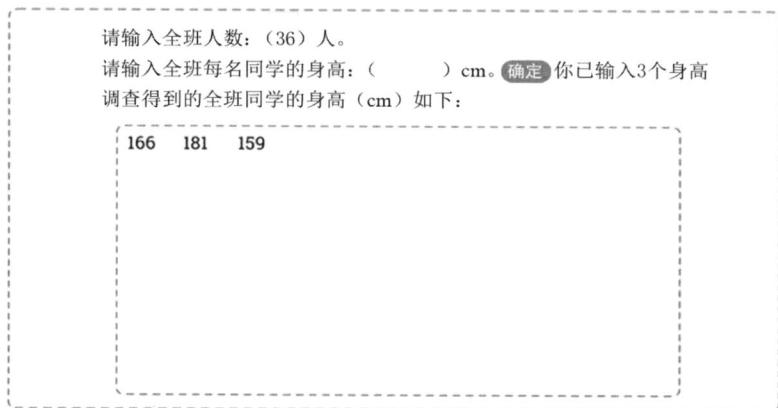

请输入全班人数:(36)人。

请输入全班每名同学的身高:( ) cm。**确定** 你已输入3个身高

调查得到的全班同学的身高（cm）如下:

166   181   159

图 3-14   用简单随机抽样方法估计全班同学的平均身高的自主操作界面

这个数学活动和前面的练习有所不同,这些数据需要学生自己收集,再对数据进行进一步处理。数字教材这部分的设计包括输入数据、随机抽样和得出结论。学生通过输入所需数据、点击相应按钮完成活动内容。在抽样这一环节,学生能通过动画演示,充分体会简单随机抽样的随机性,如图 3-15 所示。

用简单随机抽样方法估计全班同学的平均身高

全班30名同学的平均身高为169cm（精确到个位）,根据本班人数准备相同数量的小纸片,这些小纸片没有明显差别,将调查得到的全班每名同学的身高写在不同的小纸片上,然后把所有的小纸片放在一个纸盒里,充分搅拌盒中的纸片,随意抽取15张纸片作为一个样本。

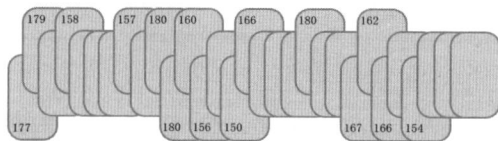

179 158   157 180 160   166   180   162

177   180 156 150   167 166 154

抽到的身高（cm）为:177,179,158,157,180,180,160,156,150,166,180,167,162,166,154。

样本的平均身高为166cm（精确到个位）

图 3-15   用简单随机抽样方法估计全班同学的平均身高视频截图

我们可以看到，在抽样时，数字教材给出的方法很好地确保了抽样的随机性。

（二）以统计思想为主线，强调统计量的意义，强化数据观念

统计中常常从总体中抽取样本，通过分析样本数据来估计和推测总体的情况，用样本估计总体是统计的基本思想。这一基本思想贯穿了本节始末，即教科书在每节都注意体现用样本估计总体的思想，研究如何用样本的集中趋势和波动程度估计总体的相对情况，使学生对抽样的必要性、样本的代表性、用样本估计总体的可行性，以及不同的抽样可能得到不同的结果等有更多的体会。

对用于分析数据的统计量，如平均数、中位数、众数和方差等，教科书强调其统计意义的理解，如反映了数据哪方面的特征，各自的特点是什么，如何利用它们获得更多的信息等。在引入时，教师要关注其必要性，例如选用真实情境，让学生思考平均数代表数据的优势和局限性，从而引入中位数和众数；在应用时，注意采用解释、比较和选择等多种方式，并在此基础上进行比较、总结，归纳出统计量各自的特点。

在《数据的收集、整理与描述》的第一节课《统计调查》中，数字教材中列举了一些生活中的实例，让学生体会抽样调查是生活中常用的统计思想，让学生感受抽样的必要性，并初步感受样本的代表性。

通过展示生活中利用抽样调查的方法进行调查的实例，可以让学生体会抽样调查的实用性。在统计中，之所以要用样本的情况去估计总体的情况，主要是基于以下两点：一是在很多情况下总体包含的个体数往往很多，不可能一一考察；二是有些从总体中抽取个体的实验带有破坏性，因而抽取的个体不允许太多。在数字教材的这部分内容中，两种情况的具体实例都有所涉及，让学生通过生活中的实例，充分感受了抽样调查的必要性和实用价值。体会到抽样调查是数据收集中的重要思想方法。

在《中位数和众数》这节课中，数字教材是这样设计的，让学生能通过实际操作，计算任意一组数据的平均数、中位数、众数。这样数字化的操作，让课堂不再是单向的、枯燥的，而是让学生能通过动手操作，真正参与其中。通过让学生动手操作，再现了平均数、中位数、众数这几个常用统计的计算过程。让学生理解平均数、中位数、众数的统计意义，会计算这几个统计量，学会用统计量来分析数据，得出结论。

（三）联系生活实际，感悟实际情境，发展数据观念

《数据的收集、整理与描述》中的第一节课《统计调查》是本章的起始课，数字教材在此处用一个通俗的实例道出了用样本估计总体的思想，展示了实际问题中抽样调查的抽样过程。通过动画演示，再现了抽样调查的抽取样本的过程。从总体的 2000 名学生中随机抽取 100 名学生，作为调查的样本。在抽取时，保证了抽样的随机性。以演示动画的方式，有效地为学生创设良好的学习情境，寓学习于生活，有效地拉近学生与数学学习之间的距离，激发学生的学习兴趣，也可以有效地帮助学生将抽样调查要保证随机性的意识传递到生活中去，让学生体会统计知识在实际生活中的应用。

在《统计调查》的实验与探究部分，数字教材中设计让书本上静态的实验动了起来，让学生更加直观地参与到实验中，动手实验。

在这个实验中，学生会体验到一种在生产和科研中经常用到的"捉—放—捉"的方法。这个方法利用了用样本估计总体的思想，实际中常用它来估计一个总体的数量。在数字教材中，分五个步骤进行实验，点击不同的步骤，学生可以非常直观地看到该步骤对应的操作和相应结果，让学生了解实验是获得数据的有效方法。

三、数字教材助力数据观念培养的教学建议

在养成数据观念这一核心素养的过程中，教师需要引导学生在不同的情境中从数学的角度发现和提出问题，综合运用数学和其他学科知识从不同角度寻求分析问题和解决问题的方法，形成数据观念。

基于数字教材助力数据观念培养的教学策略的分析，下面给出帮助学生养成数据观念的三条教学建议：（1）结合生活情境，感知数据观念。（2）强调数据处理，形成数据观念。（3）强化统计思想，发展数据观念。

初中数学"统计与概率"是发展学生数据观念的重要载体。数据观念是新课标中提出的数学核心素养表现之一，它可以概括为：掌握与统计相关的基础知识和基本技能，培养学生在社会背景下运用这些基础知识和基本技能解决问题的能力，以及质疑的意识和技能。新课标中提出要从发展初中学生数据观念的角度培育学生"会用数学的语言表达现实世界"的核心素养，初中学生的数据观念素养主要表现为：对数据的意义和随机性有比较清晰的认识，知道数据蕴含着信息，需要根据问题的背景和所要研究的问题确定数据收集、整理和分析的方法，知道可以用定量的方法描述随机现象的变化趋势及随机事件发生的可能性大小，形成数据观念有助于理解和表达生活。

培养学生的数据观念可以使学生明白，现实生活中有许多问题在做出决策和判断之前，先要做好调查研究，收集相关数据，通过数据分析体会数据中蕴含的信息，再根据数据信息反映出来的情况来做出判断、评价或决策；通过求平均数、众数、方差等多种统计量，理解数据分析的方法，并会根据问题的背景恰当、准确地选择统计量来分

析具体问题；通过数据分析体验事件的随机性，并学会从数据中发现规律。

数字教材让收集数据的过程更加便捷，让各种统计量的计算更加方便；数字教材的各种互动小活动也让统计研究的各个环节更加直观、清晰。

要培养学生数据观念，不能只是单纯记忆和机械套用公式计算几个统计量，而应当注重以生活中实际情境为载体，让学生有充足的时间，亲身经历整个事件中数据的收集、整理、分析、应用的全过程，感悟随机思想、抽样思想和统计思想，逐步培养统计观念，提高信息处理能力，养成尊重事实，用数据说话和用数据推断的思考方法、思维方式、处事态度，增强应用数学的意识，让核心素养落地，真正体现统计学对研究随机现象的学科价值。

因此，教师使用数字教材可以助力课堂，提升学生的课堂参与度，让课堂更加生动、直观。数字教材的合理运用对学生数据观念的培养大有裨益。

第六节 模型观念的培养

数学的研究对象是现实世界中的数量关系与空间形式，研究结果常常表现为具有一般意义的模式。将这些模式应用到其他学科或日常生活，就得到了各种各样的数学模型。因此，数学建模是数学应用的基本方式。

与小学数学相比，初中数学课程可以提供更多的构造数学模型的"模具"，如方程、不等式、函数、反映分布特征的统计图表等。因此，一方面，初中阶段可以开展一些简单的数学建模活动；另一方面，初中代数的许多应用问题具备了数学建模活动的部分特点，有助于学生形成与发展模型观念。

对数学建模活动的评价主要有两种途径：一是通过完整的数学建模任务，考查学生可以到达建模过程的环节以及相关的行为特征与水平；二是依据数学建模各个环节的表现特征，设置片段式的教学任务，分别考查学生在各个环节中的表现。第一种途径可以更好地反映数学建模的整体性，但有一定难度；第二种途径则可以更好地将数学建模的思想融入日常的数学教学中。

一、数字教材助力模型观念培养的理论研究

数学模型是数学与现实世界之间互动的主要媒介。一方面，在数学的研究中，人们往往通过数学化的过程，抽象出现实世界事物中蕴含的数量关系与空间形式，生成具体的数学模型，再通过符号化、形式化的过程形成具有一般意义的数学模式，构建数学的理论体系；另一方面，

各种数学理论也可以通过其实际意义，构建具体的数学模型，回到现实世界解决问题。因此，数学模型是数学与现实世界交流的基本语言。

发展学生的模型观念，可以从以下三个方面入手：（1）把握知识本质，创设真实、合适的情境是培养模型观念的基础。（2）学生经历数学建模的基本过程是形成模型观念的必经途径。（3）跨学科项目式学习是形成和发展模型观念的助力器。

一个完整的数学建模过程包括：在实际情境中，从数学的视角发现问题、提出问题、分析问题、建立模型、确定参数、计算求解、验证结果、改进模型，最终解决实际问题。数学建模过程比较充分地反映了数学核心素养，即数学观察、数学思考与数学表达。

关于中小学数学课程中的数学建模，国际上主要有两种观点：一是把数学建模看作一种特殊的数学应用活动，侧重于构建新的数学模型去解决实际问题；二是把数学建模看作一种学习与理解数学知识的教学活动，侧重于用模型思想去理解数学的各种抽象模式，包括概念、关系与结构。

因为中小学数学中的研究对象一般都有明确的现实背景，学生的学习通常都要经历从现实情境到数学概念的过程，所以在课程设置中可以同时反映这两种观点。在义务教育阶段，主要是渗透数学模型的思想，通过简单实例体验数学建模的基本过程。一方面要结合初中内容，如不等式、方程和函数等核心数学模型来培养模型思想；另一方面要通过数学应用体会基于现实问题情境抽象出数学问题的过程，形成模型意识，培养模型思想。

数字教材通过优质模拟动画，将一些抽象的数学知识直观、形象地呈现出来，注重体现在知识的形成过程中感悟模型思想；数字教材构造可交互的数学实验环境，通过互动资源、数学工具等手段引导学生主动参与，为学生提供一个自主思考和探究的空间，帮助学生在解决问题的过程中发展模型观念。

二、数字教材助力模型观念培养的教学策略

数字教材在教学中的应用能够有效地助力模型观念的培养，主要体现在以下几个方面。

（一）直观呈现模型，助力概念建构，感悟数学模型思想

主要是指在方程、不等式、函数等概念的形成过程中形成模型观念。

初中阶段的绝大多数数学概念都给出了明确的定义，而在形成概念定义的过程中，涉及数学抽象过程，也常常含有数学建模活动。正因如此，数学的核心概念中往往蕴含着数学的基本思想，要充分重视数学核心概念的发生和发展过程。

数字教材可以提供多种形式的学习资源，例如文字、图片、音频、视频等。这些不同形式的资源有助于更加直观、形象地抽象出现实世界事物中蕴含的数量关系和空间形式，生成具体的数学模式，构建数学理论体系。

例如，在引入二次函数的概念时，数字教材中首先通过生活中常见的实际问题（喷头喷出的水珠所形成的曲线、小球弹跳高度与弹跳时间的变化关系等），利用直观的模型，更形象地抽象出数量关系和空间形式，帮助学生感悟生活中的数学模型，形成模型观念。接着，再通过实际问题中抽象出的数量关系，反映两个变量的变化规律，从而形成二次函数的概念。使学生感悟到，二次函数是一种客观地反映现实世界中变量之间的数量关系和变化规律的非常重要的数学模型。

在二次函数的后续探究中，数字教材中再次利用生活中的常见情

境，例如投篮时篮球在空中所经过的路线，引入抛物线的概念，帮助学生直观感悟生活中的数学模型。

再如，在锐角三角函数概念的学习中，为了更好地理解正弦值的引入，数字教材中通过在山坡铺设水站水管问题，引导学生动手操作、观察、探究，数字教材资源中展示的模型及数据能够帮助学生更直观地发现变化过程中的数量关系，从而更好地理解正弦值引入的意义和作用。

（二）模拟动态过程，展示内涵关系，助力理解模型本质

主要是指通过选择合适的方程、不等式、函数类型，构建具体的模型解决实际问题，发展模型观念。

初中阶段培养学生模型观念的主要途径就是加强数学的实际应用。学生可以通过方程、不等式、函数研究具有一般意义的数量关系，将方程、不等式、函数应用于实际情境，得到各种具体的数学模型。解决实际应用问题是发展模型观念的有效途径。数字教材中的互动资源为学生解决问题提供探究学习资源，学生通过人机互动，自主探究，根据实际情境发现构建合适的数学模型，进一步解决实际问题。

例如，在解决行程问题中的相向而行、同向而行问题时，为了使学生能够直观得到运动过程中的数量关系，数字教材利用互动资源模拟动态过程，展示实际情境的运动过程，帮助学生选择合适的数学模型解决问题。

对于学生而言，环形跑道中的同向而行、反向而行的问题属于行程问题中的难点，主要困难是对运动过程的理解，从而无法找到整个情境中的数量关系。教材中的资源模拟了在环形跑道的运动过程，更加直观地将实际情境抽象为数学模型，以利于学生通过理解数量关系解决实际问题。

在容器注水问题中，数字教材中通过展示不同容器的注水过程，将水面高度和注水时间的变化呈现出来，从而利用函数图象反映变量之间的变化关系。

（三）支持自主探究、呈现思维过程，构建复杂问题模型

主要是指通过跨学科问题的解决进一步培养模型观念。

新课标中对跨学科的综合实践活动提出了明确要求，从而为学生感悟数学应用、培养模型观念提供了更多的机会。数字教材提供的资源有助于学生建立已知的数学知识与其他学科知识之间的联系。例如，几何中的角度与斜坡坡度之间的关系，三角形的重心与物理中的重心之间的关联等。

同时，数字教材的探究资源有助于学生通过自主探究，在跨学科的综合与实践活动中运用数学知识与方法构建有学科背景的简单模型，解决跨学科问题。

在《平面镶嵌》数学实践活动课中，数字教材利用了水立方的建筑特点引入课题，以实际生活中的平面设计、建筑物外墙设计图片等实际情境直观展示平面镶嵌的特点，引导学生从数学角度观察现实世界，从真实的情境中发现问题和提出问题，体现了跨学科的综合实践。

在通过实际情境抽象出数学问题后，引导学生思考研究问题的一般方法和研究路径，归纳从单一多边形到多个多边形镶嵌平面的研究思路，确定本节课先研究单一多边形镶嵌平面问题，也为后续进一步研究多个多边形及更复杂的平面镶嵌问题做好准备。

本节课中，学生利用手持 Pad 进行探究式学习，充分利用了数字教材中《镶嵌实验室》这一交互探究的数字化资源。

数字教材为学生的自主探究提供工具，使"思维可视化""操作简单化""任务系统化""探究进阶化"。教学中合理有效地利用了数字资源或工具，有效地辅助了学生的探究活动，助力学生突破学习难点。

数字资源的应用也大大激发了学生的学习兴趣、鼓励学生动手操作，尝试各类图形的平面镶嵌实验过程，为学生提供展示的舞台，有效地提升了学生的课堂参与度，进一步培养了学生的模型观念。

引导学生在观察、猜测、实验、计算、推理、验证等过程中建立数学理论，在运用数学知识解决问题的过程中增强应用意识，加深对数学的理解，在回顾和反思过程中领悟数学的本质与思想方法，提高思维能力。

逐步深入的探究活动帮助学生提升高阶思维能力，发展了几何直观，达到了优化学生数学学习的目的，同时培养了学生勇于探究的科学精神。

通过数字教材中的资源，学生能够初步感悟将数学模型运用于跨学科情境时需要进行简单化、形式化等抽象处理，同时体会数学的抽象性带来的广泛应用性及数学模型的简洁性，欣赏数学的审美价值。

通过以上分析可以看出，数字教材对模型观念的培养是有助力作用的，主要体现为：在核心概念发展、发生过程中，构建问题情境，直观呈现模型，培养学生的模型观念；加强数学的实际应用，从实际情境或者跨学科情境中提出有意义的问题并分析问题，构建数学模型进一步解决问题，发展培养模型观念；通过设计教学活动，引导学生自主探究构建问题模型，进一步培养模型观念。

第七节 应用意识的培养

数学教学内容源自生活，初中数学课堂的教学目标是将教学中涉及的数学知识点让学生应用于生活。学生将所掌握的数学知识进行充分应用，可以增强其数学学习的信心和主动性。生活中应用数学知识的机会和场合有很多，如在购物的时候需要计算物价，在做生意的时候需要计算利润……学生在数学学习中获取的知识会在生活中得到有效应用，因此初中阶段数学教师在教学中培养学生的数学应用意识就显得十分必要和有意义。

初中数学教师在教学中培养学生的应用意识，可以起到让数学知识为其他学科学习服务的作用，如学生在物理、计算机、化学等课堂学习中都会应用到数学知识。教师在数学教学过程中培养学生的数学应用意识，能够有效提升学生将数学知识应用于其他学科的效率。在数学课堂中培养学生应用意识的过程实现了数学知识与其他学科的完美结合，让数学知识与其他学科的学习相辅相成。

一、数字教材助力应用意识培养的理论研究

应用意识是一种跨学科的行为表现。数学学科除了可以培养一些具有学科特征、反映理性精神的核心素养（如抽象能力、推理能力、模型观念）外，在培养应用意识方面也有着不可替代的教育价值。数学具有广泛的应用性，义务教育阶段的绝大多数数学概念都直接源于现实世界，学生具有丰富的相关生活经验，综合与实践也让数学应用走进了日常的数学课堂，因此数学应用是数学学习的一种基本方式。

新课标在界定应用意识这一核心素养的表现时，既考虑到数学本身的特点，也照顾到更一般的要求。可以说，应用意识已经超出了知识与认知的范畴，包含了情感态度价值观的成分，是整个中小学数学课程与教学的基本要求。

义务教育阶段的应用意识更具有一般性，是所有学科的教学目标之一，反映了学以致用的一般教育观念。从数学学科的特征看，数学的高度抽象性带来的是应用的广泛性。数学是自然科学的重要基础，在社会科学中也发挥着越来越重要的作用，数学的应用渗透到现代社会的各个方面，直接为社会创造价值，推动社会生产力的发展。现代信息技术的发展，对数学提出了强有力的挑战，也为数学的发展创造了机遇，使数学研究与应用的领域得到极大拓展。

从中小学数学学习的过程来看，数学的应用包括两类：第一类是数学内部的应用，即用所学的数学知识与思想方法解决数学本身的问题，这种应用对数学知识的理解、技能的巩固、思想方法的感悟都是十分必要的；第二类是数学外部的应用，包括日常生活、职业场所中的应用和跨学科的应用。传统上，中国中小学数学教学比较关注第一类，因此新课标希望加强第二类，特别是跨学科的应用。

在义务教育阶段的数学学科，应用意识主要表现在以下三个方面。

（一）意识到数学是认识、理解与表达现实世界的一种基本方式

知道现实生活中蕴含着大量的与数量和图形有关的问题，可以用数学的方法予以解决；能够主动发现、提出、分析和解决现实生活中的数学问题，感悟数学思想方法的简约性、条理性与严谨性。

（二）意识到数学与现实世界有着密切的联系

知道数学中的绝大多数概念、原理和方法都源自现实世界中的模型、规律及人类的经验；反过来，现实世界中的绝大多数现象、结构、规律又可以用数学的概念、原理和方法来解释、分析与洞察。

（三）愿意参与跨学科的综合与实践活动，了解数学在其他学科中的应用

例如，知道物理中的杠杆原理可以用简单的数学公式表示，欣赏对称在艺术、建筑设计中的运用，知道海王星的发现是数学计算的结果，了解神奇的计算机和网络靠的是数学原理的支撑，等等。

从数学的发展史来看，数学源自对现实世界数量关系与空间形式的抽象，因此对中小学数学中的许多概念都可以找到它们的生活原型。可以通过将数学史融入数学课堂教学，帮助学生感悟数学与现实世界的联系及其意义；从问题解决的角度看，要培养学生的应用意识，就需要开发更多的有真实情境、有意义的数学应用问题与活动。

从某种意义上说，中小学生的应用意识比应用能力更为重要，因为中小学生能够真正解决数学应用问题的数量极少，而应用意识可以激发他们的数学学习兴趣与热情，促使他们去学习更多的数学，进而解决更多的实际问题。

在中小学数学数字教材中出现了大量的情境真实又有意义的应用题，还含有各类丰富的教学资源、课后活动等与数学问题、实际生活中的问题和跨学科有关的资源，由此可见数字教材为培养学生数学应用意识提供了丰富的资源和环境。

例如，在数字教材七年级上册第一章的引入部分，数字教材中插入了一小段视频，将数字的产生和发展与现实生活的需要联系起来，在数学产生阶段就慢慢向学生渗透学生源于生活的理念，这样，学生就能更好地将数学知识与实际问题联系起来，促进数学应用意识的培养。

　　当学生对数学的产生与发展源于生活有了一定的理解和感悟，接下来引入初中阶段新的数——负数，此时学生就能明白负数的产生一定与现实生活中新的需求有关系。数字教材中加入了未来一周的天气预报，这种例子与学生日常生活联系密切，学生不仅能很好地理解负数的意义，还能类比气温，用负数解决其他相关的实际问题。

　　数字教材除了在引入部分有与生活实际相关的例子，更是在知识点后面设置了学生活动，引导学生利用已学知识解决实际问题。例如，在学生学习了勾股定理相关内容后，数字教材中加入了利用勾股定理解决生活中出现的问题的例题，通过视频讲解，直观地为学生呈现遇到的实际问题如何抽象成数学问题，如何画出数学几何图形，当学生理解了如何将生活中的问题抽象为数学模型后，自然就学会了通过勾股定理的知识来解决实际问题，久而久之，就养成了数学应用意识。对此数字教材乘胜追击，在解决了实际问题后，会设计数学活动，为学生创设实际问题，贴近学生的生活，难度不大，但是数学应用性较强，这对培养学生会用数学的眼光观察现实世界、会用数学的思维思考现实世界有着积极的促进作用，最终发展了学生的应用意识与实践能力，会用数学的语言表达现实世界。

　　除了上述提到的，数字教材还关注到了各个细节，在讲解各类知识点时，尤其是数据那一章，尽可能地把真实的数据、真实面对的问题展现到学生面前。如图3-16所示，数据和问题都是农科院提供的较为真实的数据，要解决的问题也是农科院真正关心的问题。从情景到数据，均来源于真实生活，学生能够切身体会到数学与生活存在密切联系，很多实际问题可以转化为数学问题，而数学知识能很好地解决各类问题，数学的应用性充斥了数字教材的各个细节，对培养学生的数学应用意识有极大的好处。

问题 农科院计划在某地选择合适的甜玉米种子，其中甜玉米的产量和产量的稳定性是农科院所关心的问题，为了解甲、乙两种甜玉米种子的相关情况，农科院各用10块自然条件相同的试验田进行试验，得到各试验田每公顷的产量（单位：t）如下表所示。

甲	7.65	7.50	7.62	7.59	7.65	7.64	7.50	7.40	7.41	7.41
乙	7.55	7.56	7.53	7.44	7.49	7.52	7.58	7.46	7.53	7.49

根据这些数据估计，农科院应该选择哪种甜玉米种子呢？

图 3-16 真实数据和情景培养学生数学应用意识

数字教材中的智慧教学平台还为学生提供了互动，探究实际问题与数学知识的联系，有利于学生理解数学源于生活又服务于生活的特点，有利于学生数学应用意识的培养。

二、数字教材助力应用意识培养的教学策略

为了让更多的学生能够解决复杂的实际问题甚至能够进行数学建模，表现出比较高层次的应用意识，数学教学应该从实际出发，让理论和实际相结合去培养学生的数学应用意识。整个培养过程应该是有条理、有规划的，可划分为三个阶段：（1）从生活出发，渗透数学应用意识。（2）以实际问题为依托，培养数学应用意识。（3）回归生活中的应用，提升数学应用意识。一方面需要在教学中创设生活化情境、适当拓展课堂实例、合理选择应用题教学、多开展实践活动课、培养学生的建模思想、关注学生相关能力的发展；另一方面是在教学中调动好学生的主观能动性，让学生在动手实践或练习中亲身经历，体会数学的应用价值，培养他们的应用意识。

（一）加强生活化情境创设和课堂实例拓展

根据荷兰数学教育家 H. 弗赖登塔尔的数学教学理论，数学的教学应该建立在数学现实之上，突出强调数学与生活实际联系在一起的重要性。在教学过程中要创设生活化情景，应该要让数学生活化，注重设计生活化的问题情境和拓展一些与实际生活有关的案例。通过生活

化的教学，让学生有真实的情感体验，以便于让学生体会到生活与数学知识之间的密切联系，对知识的理解做到知其然知其所以然。

所谓生活化情境，在教学的导入阶段要从现实生活中的实际情境开始，比如说生活中的现象、问题等。这些情境的选择应该是学生在生活中能够真实感受到的。借助数学知识解决实际问题，让学生意识到数学就在自己的身边，能够有意识地去应用数学去解决实际问题。一旦数学的教学与实际生活联系在一起，学生就会自然而然地去应用数学，这对于培养学生的数学应用意识是有利的。

很重要的一点是，在新课程导入的过程中，就让学生的思维跟着情景问题的设置往应用方向发展，从情景问题教学中培养学生的数学学习思维模式。在新课引入阶段，应用知识的问题性或者应用教学游戏的形式引发学生对数学知识的好奇心，提升学生的学习主动性，在轻松愉快的学习气氛中培养学生的数学应用意识。

九年级下册《锐角三角函数》在新课引入环节，数字教材用比萨斜塔引出了求解直角三角形边长的数学问题，不断向学生渗透数学源于生活的理念。在这个过程中，学生能经历将生活中的物体抽象成数学几何图形的过程。这个例子只是数字教材众多例子中的一个代表，在几何章节，数字教材中多以此类生活中的物体引入，例如在相似三角形新课引入时，数字教材展示了生活中常见的足球、三角板等与学生生活息息相关的物品，便于学生将实际物品抽象成数学几何图形（球、三角形）等。数字教材在几何新知引入时展示实际物品，让学生在刚接触新知的时候，就体会到数学知识与生活实际存在联系，这对学生数学应用意识的培养有积极的促进作用。

除了几何章节，在代数章节和数据分析章节，新知引入时数字教材中也展示了生活实际的例子。《一次函数》章节新课引入时，数字教材中展示了学生生活中经常能接触到的行程问题和销售问题，用生活中的例子引入，学生发现常量与变量的区别和联系，有利于后续利用函数知识解决变化问题。上述所有例子都表明，无论是在代数还是几何等章节，数字教材中在新课引入时大部分均使用了现实生活中的物品、例子和问题，引导学生感悟数学源于生活，为其种下数学应用意识的种子。

（二）重视应用题教学和实践活动课

在数学学习中，数学应用题是一个建立生活与数学联系的良好载体，可以让学生经历将实际问题抽象成数学问题，再将数字和符号转化为现实问题这一过程，有利于学生看到数学知识解决实际问题的过程以及数学知识的应用价值。因此在讲解完数学知识时，应当重视应用题的练习，合理选择应用题。给纯数学练习题附以实际背景，让学生在做巩固练习的同时增强数学应用意识，不仅让学生明白数学知识在数学领域的应用价值，还可以让其体会数学知识在实际生活中的应用价值。

数字教材中常常出现生活中的问题供学生利用新学的知识点进行求解，在代数中出现的频率较高，如图 3-17 所示，拱桥和水面是生活中常见的场景，在没有学习过抛物线之前，学生见到此场景是无法求解的，但是在学习完二次函数的知识后，立刻将此题目留作巩固练习题，能够让学生体会到数学知识的应用价值。将拱桥抽象为二次函数的抛物线，即可将生活实际问题转化成数学问题，利用数学知识求解后，就能解决这一实际问题，这是数学知识在生活中应用价值的体现。

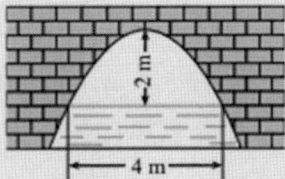

图 3-17 数字教材中求生活实际中拱桥水面宽的问题

此外还可以通过数学活动的安排提升学生的动手操作能力，让学生在动手操作数学教学活动的过程中，逐渐形成数学知识的应用意识。动手操作可以有效提升学生的数学学习基本素养，同时激发学生的数学学习热情。如图 3-18 所示是数字教材中设置的一项数学活动，让学生经历动手操作折纸的过程，推理出几何图形之间的关系，进而解决数学中的问题——黄金矩形。这是数学知识在数学领域应用价值的体现，学生能用数学知识解决数学问题，动手操作折纸，能够更好地培养学生的数学应用意识。

下面我们折叠出一个黄金矩形：
第一步，在一张矩形纸片的一端，利用图3的方法折出一个正方形，然后把纸片展平。

 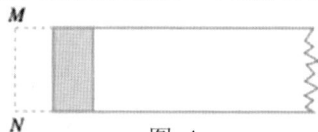

图 3   图 4

第二步，如图4，把这个正方形折成两个相等的矩形，再把纸片展平。
第三步，折出内侧矩形的对角线*AB*，并把*AB*折到图5中所示的*AD*处。

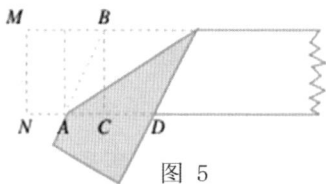 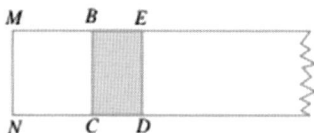

图 5   图 6

第四步，展平纸片，按照所得的点*D*折出*DE*，矩形*BCDE*（图6）就是黄金矩形。你能说明为什么吗？ （提示：设*MN*的长为2）

图 3-18　数学活动——折出黄金矩形

除了上述提到的利用代数知识解决生活实际问题和利用几何知识解决数学问题之外，数字教材在数据分析部分也设置了许多与实验、操作、生活实际联系密切的问题和任务。如图 3-19 所示，数字教材中留了估计 π 大小的任务，目的是为了解决数学中的问题，但数字教材巧妙地将其与生活相联系，引导学生利用大米进行试验，通过概率的知识进而估计 π 的大小。这是典型的数学问题与生活实际相联系的例子，很好地体现了数学的应用价值，同时培养了学生对数学知识在数学领域内及生活中的应用意识。

实验与探索

π的估计

图1是一个七等分圆盘，随意向其投掷一枚飞镖，则飞镖落在圆盘中任何一个点上的机会都相等．由于各个小扇形大小一样，因此飞镖落在红、黄、绿区域上的概率分别为 $\frac{3}{7}, \frac{2}{7}, \frac{2}{7}$，这里概率的大小是各颜色区域的面积在整个区域的面积中所占的比。

一般地，如果在一次试验中，结果落在区域D中每一点都是等可能的，用A表示"试验结果落在区域D中一个小区域M中"这个事件，那么事件A发生的概率为

$$P(A) = \frac{M \text{的面积}}{D \text{的面积}}.$$

图2是一个正方形及其内切圆，随机地往正方形内投一粒米，落在圆内的概率为

$$P(A) = \frac{\text{圆的面积}}{\text{正方形的面积}} = \frac{\pi}{4}.$$

图1

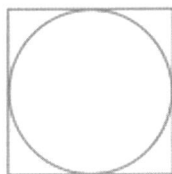

图2

由此解答下列问题：

(1)随机撒一把米到画有正方形及其内切圆的白纸上，统计并计算落在圆内的米粒数m与正方形内的米粒数n的比 $\frac{m}{n}$．

(2) $\frac{m}{n}$ 和 $\frac{\pi}{4}$ 之间有什么关系？你能用它们之间的关系估计出π的值吗？

落在圆内的米粒数m	落在正方形内的米粒数n	频率 $\frac{m}{n}$	π的估计值

(3) 为了提高π的估计精度，你认为还可以怎么做？

图 3-19 利用实际生活中的试验解决数学问题

在教学中还要培养学生关于数学知识在跨学科领域中的应用意识，数学知识的应用性十分广泛，数学作为基础学科，各种定理和结论都可

以解决跨学科领域的问题。如图 3-20 所示，数字教材中蕴含了不少与物理学科有关的知识和问题。数学学科与物理学科关系密切，数学中的知识不仅可以服务于数学领域和实际生活，还可以服务于物理学科甚至更多跨学科领域，有利于培养学生数学在跨学科领域的应用意识。

公元前3世纪，古希腊科学家阿基米德发现：若杠杆上的两物体与支点的距离与其重量成反比，则杠杆平衡。后来人们把它归纳为"杠杆原理"。通俗地说，杠杆原理为：

阻力×阻力臂=动力×动力臂（图26.2-1）

图26.2-1

图 3-20　数学知识在物理学科领域的应用

总的来说，数学的应用性十分广泛，数学知识在数学领域、实际生活以及跨学科领域中均有应用价值，可以处理各类问题。而上述例子也表明，数字教材中呈现的各种视频、图片、数学活动等均指向了数字教材对培养学生多方面的数学应用意识有着促进作用，数字教材中丰富的资料潜移默化地影响着学生的数学思维，在见识了数学知识在多领域的作用与价值后，学生慢慢养成了数学的应用意识。

（三）关注学生建模思想培养和相关能力的开发

能够将实际问题抽象为数学模型加以解决是培养学生形成数学应用意识的关键所在，所以应该培养学生的建模思想。常见的数学模型有关于三角函数、函数、方程、不等式及几何的。一旦学生能够建立出这几种数学模型，很多实际问题都可以迎刃而解，可以通过定位实际问题和数学知识的关系，进行相关数学知识的甄选来实现实际问题的数学建模。

在培养学生建模思想时，需要引导学生培养数学问题的解题能力，这方面首先需要相应的作业任务（书面或课外实践）来延伸并深化课堂上学习到的知识，最后具备对于其他学科的融合能力。

　　总而言之，培养学生的数学应用意识，应该关注学生建模思想的培养，并且注重学生相关能力的开发。数字教材中的部分任务就能很好地融合多个数学知识点，通过建立模型，培养学生通过小组合作、融合多种数学知识解决问题的能力，增强数学应用意识。图 3-21 所示的就是数字教材九年级中的一个活动任务，这个任务涉及三角形内角、三角形三边、三角函数、勾股定理等相关知识，考察了学生将实际问题抽象成数学问题、建立数学模型、动手测量探究等多种知识和技能，一个任务中包含了数学知识在数学领域和生活实际中的多方面应用，融合起来更加能够培养学生的数学应用意识，甚至是数学应用能力。

制作测角仪，测量树的高度

　　（1）把一根细线固定在半圆形量角器的圆心处，细线的另一端系一个小重物，制成一个简单的测角仪，利用它可以测量仰角或俯角（图1）；

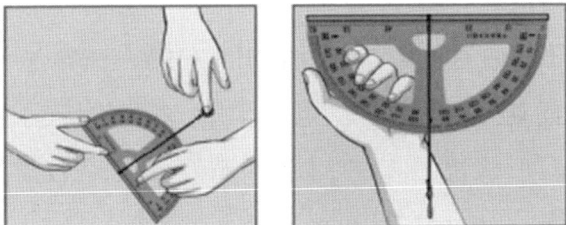

图1

　　（2）将这个仪器用手托起，拿到眼前，使视线沿着仪器的直径刚好到达树的最高点（图2）；

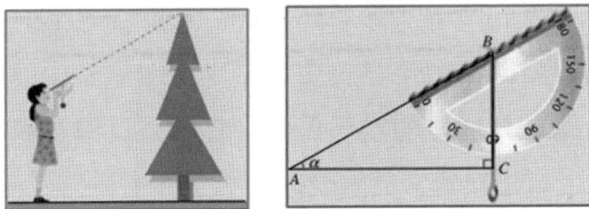

图2

　　（3）得出仰角 α 的度数；
　　（4）测出你到树的底部的距离；
　　（5）计算这棵树的高度。

图 3-21　制作测角仪，测量树的高度视频截图

三、数字教材助力应用意识培养的教学建议

基于数字教材助力应用意识培养的教学策略的分析，下面给出帮助学生养成应用意识的四条教学建议。

（一）教学融入生活元素，善于创设思考情境

为了更好地培养学生的应用意识，教师需要在数学课程中给学生加入一些生活化的教学元素，由此来拓展学生学习的广度和深度，这样的教学环境和氛围更有利于促使学生建立起生活和数学之间的关系。教师可以直接在课堂上给学生创设相应的思考情境，利用一些生活中所常见的数学话题展开思考和交流；还可以让学生在课前预习阶段就对于数学知识有一定的见解和把握，从而在课堂上更好地发挥其应用实践能力。

（二）组织课前实践活动，充分启发应用意识

课前教师可以通过组织实践活动的方式，让学生在小组互动的过程中对数学问题展开讨论。充分启发学生的应用意识，让其能够利用数学知识来解决更多的问题，激发学生对数学的好奇心。

（三）巧用课外教学资源，拓展知识强化应用

对于教师和学生来说，数学知识不仅停留在课本上，在生活中的方方面面都可以看到数学的影子。因此，教师在教学的过程中也不应该将教学的内容全部集中于教材中，可以借助信息化的教学工具巧妙收集和整理一些课外优质的教学资源。将课外资源与教材内部知识进行连接，给学生构建起教学更为全面的数学课堂。

（四）开展建模活动，培养应用意识

要想提高学生的数学应用意识和能力，就不能拘泥于教材和课堂，要对教学进行补充与延伸，组织学生开展课外实践活动。其中，数学

建模是一个不错的选择，对学生数学应用能力的培养有着极大的推动作用。教师可以组织学生开展数学建模活动，引领学生认知相关概念，在活动中助推学生数学思维的形成。这样不仅可以帮助学生对专业知识形成更加深刻的理解，还可以有效地促进学生对数学价值的认知，提高学生对数学的热爱，为其数学应用意识与能力的发展打下坚实基础。

数学源于生活，又服务于生活，有着广泛的应用价值。在平时的教学过程中，应当重视培养学生的数学应用意识，使其能够运用所学的数学知识真正地解决各种问题。

第八节　创新意识的培养

　　培养创新意识是学生自我实现的需求，是学生达成自我实现需求的有效途径，也是人类认识世界、探索世界本质的需要。具体到初中数学教育，创新是相对于学生自身而言的，即如果学生运用之前未曾用过的数学知识、数学思想、数学方法去解决新的问题，就可以看作是一种创新。培养学生的创新意识已成为当前数学教育的重要任务。

　　所谓"工欲善其事，必先利其器"，只有充分了解创新意识的内涵，特别是在数学学科背景下的创新意识的内涵，深入把握数学创新意识的结构，才能有针对性地培养学生的创新意识，为落实立德树人总目标提供科学合理的实现路径。以下从三个方面阐述数字教材助力创新意识培养的教学应用探索。

一、数字教材助力创新意识培养的理论研究

（一）创新意识的内涵

　　德国哲学家 I. 康德曾说，在任何特定的理论中，只有其中包含数学的部分才是真正的科学。创新意识的培养作为数学核心素养之一，能够使学生保持旺盛的探索欲望，产生积极的学习情感。新课标对创新意识的要求更加具体、明确，有助于人们对数学的创新意识有更深刻的理解。一般情况下，理解数学的创新意识可以从以下三个方面进行审视。

　　1. 能够激发数学的创新欲望

　　创新欲望是学生实施数学创新学习行为的动力根源。因此，教师

可以通过创设数学情境、开展数学实验和进行小组合作学习等形式激发学生对数学产生浓厚的兴趣，进而激发出创新的欲望，促使学生主动发现和提出一些数学问题，实现创新学习。

2. 能够唤起数学的创新情感

数学创新情感的本质在于数学创新的需求，学生会在数学学习过程中通过独立思考尝试解决问题，积极提高其学习数学的兴趣和热情，勇敢探索一些开放性、非常规的数学问题，并在探索的过程中获得快乐。

3. 能够拥有数学的创新观念

数学的创新观念主要表现为拥有数学的创新思想。例如，拥有类比的数学思想就会通过类比发现新的数学知识，并努力验证，进而产生创新行为。当学生拥有数学的创新观念时，就会在数学学习和现实生活中自然而然地利用数学的知识和思维方法去发现问题、分析问题和思考问题，不断地进行数学思考又会对学生的创新兴趣产生巨大影响，进而形成更强大的创新动力。

数学创新意识是一种用"求异"的数学眼光去发现问题、提出问题、分析问题和解决问题的心理倾向和思维反应。在更为狭义的层面，初中生的数学创新意识，指的是初中生参与数学活动时在创新品质、创新思维、创新方法和创新方式上的综合表现。作为教师，在课堂教学中要综合运用各种教学策略和方法，培养学生的创新意识，启发学生的创新思维，开启学生的创新欲望和创新意识的大门，从而让学生获得有效学习的直接动力，掌握正确的学习方法。通过这样的教学策略引导学生形成以下几个层次的创新意识与能力：（1）对数学现象保持好奇心，不断追求新知识，学会独立思考，学会发现问题，善于提出问题，并学会运用数学的方法研究和解决问题。（2）对数学问题具有敏感性，能够主动发现问题并提出解决方案。（3）具备探索性思维，能够主动探索新的数学知识和方法。（4）具备创造性思维，能够独立思考并提出新的数学观点和理论。

（二）创新意识的培养途径

荷兰数学教育家 H. 弗赖登塔尔的"再创造"理论，是培养学生创新意识的重要方法，即让学生经历数学知识的发现过程，在这一过程中感悟数学家们的数学思想、数学方法，培养学生的创新意识。但发展学生的数学核心素养要根据学生不同学段发展不同程度的核心素养，低年级阶段更加注重感性的认识即意识的培养，高年级阶段则更加注重理性的感悟即能力的形成。

数学创新意识的培养研究是研究者们最为关注的话题。部分学者着重对学习环境的再建构，认为创新意识应该从重建数学学习环境做起，自由、民主的课堂氛围能够较好地促进学生创新意识的发展；有的学者更注重站在学生视角，认为培养学生提出问题的能力是促进学生创新意识发展的有效途径；除此之外，培养学生创新意识还可以从激发求知欲和数学学习兴趣、通过课外获得拓展课程资源、加强对学生学法的指导、科学运用教学评价、教师应具备创新教育观念五个途径入手；张建则认为培养学生创新意识应重点关注学生的想象力、探索钻研精神、猜想质疑和挫折教育四个方面。另外，开放性问题，促进大胆猜想、归纳、类比亦是主流学者对于创新意识培养的有效路径的探究成果。除此之外，对于教师来说，还需要在教学过程中注重设计知识的再创造过程、选择适当的教学内容和讲解解题的技巧。

数字教材是集信息技术、数字资源、教育教学于一体的立体化教材，借助数字技术呈现纸质教科书的内容，配置数字化学习资源和学习工具，提供多层次、示范性的学习素材。同时，数字教材围绕教学重点和难点，通过优质模拟动画，将一些抽象的数学知识直观、形象地呈现出来，注重体现知识的形成过程，激发学生对学习的兴趣，提高课程参与度，同时也为学生们提供了一个自主探究和知识加工的契机，帮助学生们在解决问题的过程中发展创新意识。

二、数字教材助力创新意识培养的教学策略

数字教材在教学中的应用能够有效助力创新意识的培养，主要体现在以下几个方面。

（一）营造乐学情境，融合生活实际，培养创新意识

新课标指出，主动从日常生活、自然现象或科学情境中发现和提出有意义的数学问题是体现学生创新意识的重要方面。美国心理学家 J. S. 布鲁纳指出："学习最好的刺激乃是对所学教材本身产生兴趣。"因此，在课堂教学中，寻找与生活息息相关的素材，树立创新观念，构建吸引学生的学习情境是非常有必要的。数学教材将文本信息与实际生活、自然现象或科学情境巧妙地结合，以动画等形式生动呈现，进而刺激学生的好奇心、求知欲和创新意识，让学生主动接收探究、创新前的铺垫信息，使学生结合自身的认知水平和思维特点，大胆地进行创造性的思维，从而点燃他们的创新火花。

因此，课堂情境创设要联系生活实际，联系学生的生活，只有当教学与生活紧密相联时，教育才不是空中楼阁。例如，在学习角平分线与垂直平分线的性质时，数字教材创设了一个与生活实际相关的修建选址情境问题，并设置了可供学生们操作及教师展示的界面平台，充分且直观地将角平分线与垂直平分线的性质融入实际生活情境，激发学生的学习兴趣，刺激学生的好奇心、求知欲和创新意识。

再如，在二次函数的探究中，数字教材再次利用生活中的常见情境，构建了与学生息息相关且吸引学生的真实生活问题。通过动画演示投

篮时篮球在空中所经过的路线，引入抛物线的概念，激发了学生对于日常生活中所存在的数学问题的思考，产生了学习此类问题的兴趣，引导学生思考问题的本质和解决办法，从而发现和提出有意义的数学问题，提升学生的创新意识。

除此之外，在几何模块的教学中，通过融合生活空间来培养学生的创新思维是不可忽视的策略。在数学教材中，将数学问题融入人们真实且鲜活的生活事项中，将投影问题融入日常拍照的生活情境中，以此让学生切实感受到数学的有用之处，并根据实际生活来开拓学生对于同一个问题的不同思考方式，从而使学生的创新意识得到培养。

与实际生活密切相关的情境创设为问题引导，可充分调动学生学习的兴趣，也可以在设置应用环节用以解决实际问题的同时创设新问题或引导学生产出新问题。

（二）创设开放问题，鼓励动手实操，激发创新意识

新课标明确指出，创新意识的内涵之一是勇于探索一些开放性、非常规的实际问题与数学问题。因此，创设和开放性问题情境、设计学生动手操作活动与交流是启发创新意识的重要途径。

美国心理学家 J. 杜威强调在做中学，就是强调让学生去体验，让他们在实际操作中进一步提升认知。学生在具体操作的时候更容易发现问题，而发现的问题会在他们的操作中渐渐地转化，这个转化的过程就是他们不断创新的过程。操作是创新的一个手段，也让创新成为可能，同时创新也让操作不断地进行下去，甚至有了新的起色。

中国教育家陶行知也强调过动手操作在教育中的重要作用："人生有两宝，双手和大脑。"在教学中既要重视学生实践操作能力的发展，也要重视学生创新思维的发展，相辅相成，相互促进。动手操作是手脑并用的过程，是培养技能、技巧，促进创新意识的有效手段。

因此，在教学过程中要充分利用教具、学具、多媒体等方式为学生创设实践操作的机会，有意识地创设学生用数学的眼光观察现实世界的情境，在操作中探索，在交流中发现数学规律。数字教材提供了多样的开放性问题，给学生提供了更多操作和体验的机会，鼓励学生进行参与式学习，在激活学生思维的同时，也让学生的创新能力得到发展，在以下几个方面有所体现。

例如，在学习圆内接四边形的性质时，为了让学生们能够自主探究和发现圆内接四边形四个内角之间的关系及外角与内对角的关系，数字教材中利用互动资源，模拟动态过程，并为学生提供了实操的机会，学生可以通过动手改变四边形四个顶点的相对位置去感受变与不变的关系，进一步提升认知，且在获取新认知的过程中，不断发现新问题，在操作中逐渐转化为已知，创新意识逐渐提升。

又如，在探究全等三角形全等的条件时，数字教材利用动态过程展示了一个与生活实际密切相关的实验，引发学生关于全等三角形应具备条件的思考。通过直观的演示，将满足两边及其中一边的对角分别相等，但两个并不全等的三角形展现给学生。

学生在学习三角形全等的条件时，在探究两边及其中一边的对角分别相等并不能作为判定三角形全等的条件时，对其中的原理理解得并不透彻。数字教材通过动态模拟和情境构建，可以帮助学生感悟在两边及其中一边的对角分别相等的情况下构造出两个完全不同的三角形，在这种情况下的两个三角形不一定全等。教师可以借此再创设问题情境，提问学生在两边一对角的条件下是否还能构造出其他形态的三角形，鼓励学生动手实际操作，从而强化学生对三角形判定条件的理解。

再如，在探究轴对称图形时，数字教材借助学生日常生活中常见的万花筒为实际情境，将圆形等分成六个部分，每个部分都相应放入同类且等数的图形，通过拖动不同的图形在各自范围内的运动，学生能够很直观地看到轴对称图形的形成过程。此外，学生在此环节也可以进行实操，构造出不同形态的轴对称图案，充分调动学生的学习积极性，在动手操作中掌握知识技能，培养学生的发散性思维，激发学生的创新意识。

同样，在探究三角函数时，数字教材通过开放性的实际背景创设，引导学生借助所学知识主动去思考如何测量树木高度。学生们的思考过程即创新意识的形成过程，在此过程中会呈现出多种方法去解决这个问题。教材中提供的方法为制作测角仪，并将制作过程以动画形式生动展示，为学生解决问题提供了新思路，扩充了学生思维的广度。在此环节的教学中，教师可结合教材资源，鼓励学生利用此方法去实操测量树木高度，培养学生创新意识。

另外，设置开放性的练习，数字教材也为培养创新意识提供了广阔的空间。例如在探究全等三角形时，数字教材中结合所学的全等三角形知识探究新的图形的性质。教材中通过测量、折纸等方法去猜测"筝形"构成元素的性质（图3-22），通过开放式问题的呈现，引导学生动手操作并进行自主探究，在此过程中激发学生的创新意识。

用全等三角形研究"筝形"

如图2所示，四边形ABCD中，AD=CD，AB=CB.我们把这种两组邻边分别相等的四边形叫做"筝形"。请你自己画一个筝形，用测量、折纸等方法猜想筝形的角、对角线有什么性质，然后用全等三角形的知识证明你的猜想。

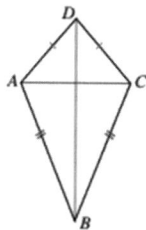

图2

图3-22　用全等三角形研究"筝形"视频截图

（三）设计自主探究，发现数学规律，启发创新意识

荷兰数学教育家 H. 弗赖登塔尔的"再创造"理论提出，让学生经

历数学知识的发现过程，在这一过程中感悟数学家们的数学思想、数学方法，培养学生的创新意识。通过探究式学习的方式，让学生自主发现数学规律和解题方法，激发他们的思辨能力和创新意识。

数字教材设计了一系列的实践活动和问题情境，引导学生主动探索和发现，将学生的注意力吸引到学习任务中来。教师在授课过程中，结合数字教材所提供的丰富素材，把要学习的知识通过一定的问题、情境或事件呈现给学生，并通过活动引起学生对学习目标的注意和兴趣。

例如，在研究圆内接正多边形时，数字教材通过设置自主探究环节，引导学生们分别计算出圆内接正六边形、正十二边形、正二十四边形的周长和面积，并根据此结果进行类比和归纳，发现其中所蕴含的数学规律（图 3-23）。以自主探究的形式呈现，让学生经历数学知识的发现过程，那么解题方法便会应运而生，从而激发学生们的创新意识。若只是给定相关公式让学生们识记，则学生无法感悟数学知识的形成过程，无法真正地内化并为自己所用，知识的获取变成了生搬硬套。

圆内接正n边形的周长和面积

已知圆的半径为R。

（1）求这个圈的内接正n边形的周长和面积。

（2）利用（1）的结果填写下表：

内接正n边形	正六边形	正十二边形	正二十四边形	...
内接正n边形的周长				
内接正n边形的面积				

观察上表，随着圆内接正多边形边数的增加，正多边形的周长（面积）有怎样的变化趋势？与圆的周长（面积）进行比较，你能得出什么结论？

图 3-23 圆内接正 n 边形的周长和面积视频截图

又如，在探究整式乘法与因式分解时，通过展示三个实例引导学生自主探究一般的规律（图 3-24）。学生需要通过观察、分析、归纳等过程对特殊例子的一般化规律进行探究，灵活运用已学的知识进行逻辑推理，证明探究所得的猜想。在此过程中，知识之间的纵向联系更加紧密，知识迁移能力逐渐增强。同时，学生在充分经历数学知识的发现过程后，了解了从特殊到一般、从一般到特殊这种探索规律、验证规律的过程，了解了从特殊到一般、从一般到特殊的数学思想方法，思辨能力和创新意识得到了提升。

数学活动

我们在过去的学习中已经发现了如下的运算规律：

$$15 \times 15 = 1 \times 2 \times 100 + 25 = 225$$
$$25 \times 25 = 2 \times 3 \times 100 + 25 = 625$$
$$35 \times 35 = 3 \times 4 \times 100 + 25 = 1225$$
······

你能写出一般的规律吗？你能用本章所学知识证明你的结论吗？（为了方便，我们约定，将三位数及三位数以上的整数数字除个位数字以外的整体看成它的十位数字。）

图 3-24　整式乘法与因式分解视频截图

除此之外，一题多解也是自主探究的呈现形式之一，是开启创新意识大门的有效方法。新课标总目标中对问题的解决要求：学生能获得分析问题和解决问题的一些基本方法，体验解决问题的多样性，发展创新意识。解决问题则是培养孩子应用意识的重要方式，是从知识的联系与区别中找出规律，培养创新意识的必要途径。教师在授课过程中，如果能以新的教学理念，凭借着对习题所蕴含的智力因素与独特理解，引导学生对所学知识进行纵横联系，灵活地进行多思、多解地对比分析训练，充分发挥习题的智能价值和素养核心，能使学生既长知识，又长智慧，数学核心素养还能得到进一步的发展。

例如在探究二次函数的图象时，数字教材通过动画展示，直观、生动地呈现在平面直角坐标系中二次函数的相对位置的变化，并根据函数位置的变化探究平移后新的二次函数的性质与特征，是数形结合思想的体现，使学生对于二次函数的理解更深入透彻。在此基础上，该部分的问题设置分为了两个模块，要求学生运用两种办法去解决此问题，训练学生一题多解的能力，获得分析问题和解决问题的一些基本方法，灵活多思，进一步发展创新意识。

数字教材通过生活实际情境营造、开放性问题的创设、自主探究任务的设计，并结合大量优质模拟动画，将一些抽象的数学知识直观、形象地呈现出来，注重体现在知识的形成过程培养创新意识；数字教材构造可交互的数学实验环境，通过互动资源、数学工具等手段引导学生主动参与，为学生提供一个动手实际操作的机会，帮助学生在解决问题的过程中发展创新意识。

三、数字教材助力创新意识培养的教学建议

基于以上数字教材的特点，教师在数学教学中合理利用数字教材，发挥数字教材助力学生抽象能力的培养的作用。

（一）创设和谐课堂环境，助力培养创新意识

陶行知曾经说过，学生若是能喜欢上你所教的学科，教师的教就会变成顺水推舟的事情。初中阶段的学生对这个世界充满了好奇心，想挑战各种未知的领域，对于自己充满自信。在这个阶段，教师可以在课堂上构建和谐的师生关系，营造民主和谐的课堂教学氛围，引导学生积极参与到课堂活动中来，创设有利于学生创新能力生长的课堂环境，把课堂还给学生，让他们的发言得到充分的尊重，点燃他们学习数学的热情。只有培养了学生的学习积极性，师生才能共浴在轻松和谐的课堂氛围之中，结合数字教材所呈现出的大量生动优质的动画

资源，激发学生发散性思维，为提升学生创造性的思维品质而创造条件。

（二）鼓励学生动手实践，助力激发创新意识

学生要在做中学，在动手实践中去培养学生的创新思维。新课标强调实践性，即让学生充分参与、经历实践，从而让学生获得一种成功的学习体验，充分体现出数学知识来源于生活，又服务于生活。数字教材呈现出的丰富真实的生活情境问题并结合可操作平台，给予学生动手实践的机会，不仅能激发学生的学习动机，引发学生的学习热情，还能促成学生创新意识的养成。因此，教师在授课过程中要充分利用生活情境，鼓励学生多动手操作，在实践中更好地去理解知识和运用知识，在动手操作中去提高学生的学习兴趣，从而激发学生的创造力。

（三）采取多样形式教学，助力发展创新意识

教师可以采用形式多样的教学方法，在课堂中激发学生的热爱，发散学生的思维，助力发展创新意识。

1. 问题导向的教学法。引导学生通过解决实际问题，培养创新意识和解决问题的能力。教师可以提出一个与生活息息相关的开放性的问题，让学生通过实际操作和思考，最后总结出解决问题的方法和策略。

2. 探究式学习法。教师可以采用探究式学习法，引导学生进行数学探究活动。通过实际操作和观察，学生可以发现数学问题的规律和特点，培养创新意识和观察力。

3. 合作学习法。教师可以采用合作学习法，鼓励学生进行合作学习和合作创新。学生可以相互启发，共同解决数学问题，培养创新意识和合作创新能力。

4. 项目式学习。针对发展学生的数学创新意识，教师可以组织学生参与数字教材中提供的相关学习活动，进行创新项目，让他们在实

践中学习和应用数学知识，培养他们解决实际问题的能力和创新意识，并在课堂上进行展示。

5. 巧设课后练习。通过引导学生对数学问题整体、系统、多角度地思考问题，实现一题多解和变式化归，通过开放性、非常规的数学问题解决方式，使学生形成勇于探索、敢于质疑的科学态度，激发他们的创新潜能。

创新意识是培养学生成为综合型人才的本质力量，激发学生的创新意识，使之成为当今培养学生数学学习能力的核心问题，在数学方面尤为突出。中学正是学生深入接触数学的时期，此时是培养学生学习数学的最佳时机，也是激发学生对数学产生兴趣的良好机会，在此时使学生对于数学这一科目产生兴趣甚至发展成热爱，对于学生日后对其进行更深入地学习也具有显著的促进作用。

通过以上分析可以看出，数字教材对培养创新意识是有助推作用的，主要体现为：营造乐学情境，融合生活实际，培养创新意识；创设开放问题，鼓励动手实操，激发创新意识；设计自主探究，发现数学规律，启发创新意识。教师在利用数字教材进行授课的过程中，可以通过多种教学形式助力学生创新意识的培养。

第九节　运算能力的培养

运算能力作为传统的数学三大能力之一，是学好数学的一项基本能力。古往今来，运算一直是自然科学解决实际问题的基础。随着计算机的飞速发展，研发基于互联网的各类智能软件都需要借助算法。运算的对象，可以是小学就使用的纯数字，也可以是初中生使用的代数式和方程，还可以是高中生使用的向量、本科生研究的矩阵，等等。随着时代的发展，数值计算可以推广到图象计算，数学对象可以推广到逻辑对象，精确计算也可以推广到模糊计算。总而言之，运算可以说是数学的半壁江山。以下从三个方面阐述数字教材助力运算能力培养的教学探索。

一、数字教材助力运算能力培养的理论研究

在第四学段（七一九年级），数与代数领域包括数与式、方程与不等式、函数三个主题，这三个主题都与运算能力密切相关。新课标中强调要理解运算的意义以及运算的必要性。新课标中关于运算能力的学业质量标准是能从生活情境、数学情境中抽象概括出数与式、方程与不等式、函数的概念和规则，掌握相关的运算求解方法，合理解析运算结果，形成一定的运算能力。代数式及其运算的基本要求可以概括为：借助对现实情境和简单问题中的数量关系的分析，进一步理解用字母表示数的意义，重点讨论整式和分式的运算法则，能熟练并准确地实施各种运算，发展运算能力。这些都强调了利用生活情境学

习运算的必要性。智慧教学平台上有一些与运算相关的情境动画，可以帮助学生理解运算的意义以及运算的必要性。

数与式主题包含数及数的运算、代数式及其运算。新课标中关于数与式主题的分析中提到，初中阶段的数与式主题有两条主线：（1）实数，包括有理数、无理数、实数及二次根式的概念及运算。（2）代数式，包括代数式、整式、分式的概念及运算。学习用字母表示数是学习和认识数学的一次飞跃，是学会各类运算的基础。在代数式的学习中，用字母表示数经历了由记数符号到未知数，再到一类数逐步升华的过程。七年级学生很难直接掌握陌生的代数式的运算法则或算理，尤其是在应对较难的探究题目时，辨别运算的对象、选择合适的运算策略解决问题都是学生难以掌握的。因此在教学的过程中，学生要经历由具体的数字运算推广代数式的运算过程，以帮助学生抽象出数学运算的法则，感受运算的意义，从而逐步提升学生的运算能力。这些可以借助数字教材，通过快速地呈现出大量的具体的数字运算的例子，把数的运算进行一般化处理。通过基于符号的运算，感悟数学结论的一般性，理解运算方法与运算律的关系，提升学生的运算能力。学生通过代数式的建立和对代数式的进一步学习，逐步经历探索数量关系和变化的规律的过程，从而体会用字母表示数带来的运算的方便。

二、数字教材助力运算能力培养的教学策略

（一）生活情境动画，助力理解运算法则

在小学阶段，学生已经能够在具体情境中用数字表示实际问题，在初中阶段依然要借助现实情境，系统研究加、减、乘、除、乘方运算，使结论更具一般性，逐步体现代数的本质特征。通过情境动画，为学

生展示运算过程，助力学生理解运算法则，以避免学生只知其一不知其二，出现运算时难以快速、准确地算出结果的情况。通过这种方式，学生在逐渐熟练掌握运算的过程中，逐步发展运算能力。

《有理数》是初中数学数与代数领域的基础。本章的内容不难，但轻视本章的学习可能导致学生因忽视对运算法则的理解，达不到基础的运算能力水平，进而影响后续的运算能力的发展。在本章中，《有理数的加法》中有理数的加法法则是相对较难掌握的。在小学的基础上，初学者虽然熟悉正数的加法法则，但在引入了符号以后，不同于小学只关注绝对值的运算，有理数的加法运算法则都与符号有关。对于不同符号的加法法则，学生容易发生混淆。初学者尤其对异号两个绝对值不同的有理数的加法运算法则感到陌生。想要打下坚实的运算基础，达到本章的运算能力要求，就需要学生理解带符号的加法法则的合理性。而这里，数字教材就可以帮助学生理解有理数的加法法则。

数字教材里创设了生活情境的动画，可以让学生更形象地理解有理数的加法法则。这里创设的情境是一辆小车在路上行驶。相对于纸质教材中抽象的图形，数字教材用"运动"的过程模拟"运算"的过程。这里的情境设置第二次运动的起点是第一次运动的终点，让"运动叠加"模拟加法运算。对于正负符号，学生在第一节《正数和负数》里学习过，正数、负数在实际生活中可以用来表示相反意义的量。因此，这里小车行驶问题中用"左、右"两个相反的方向表示"正、负"：向右表示"正"，向左表示"负"。有了这样的设置，就可以让有理数的加法运算"动"起来。"向右""向左"行驶不仅可以表示两个带"正负"符号的有理数的加法运算的过程，也可以表示加法运算的结果：小车行驶两次后停在相对起点的方向可以说明运算结果的符号，即停在原点的东侧，说明运算结果为"正"；相反，停在起点的西侧，则运算结果为"负"。除此之外，在这个情境的设置下，四种情况的两数加法法则的探究方法也是一致的。

对于同号的有理数的加法法则，学生容易理解。两个正数的加法运算过程可以看作小车两次向右行驶的过程。同理，两个负数的加法运算过程可以看作小车两次向左行驶的过程，小车最终停在西侧，可以说明运算的结果为"负"；由于小车一直向左行驶，因此小车最终与起点的距离为两次行驶的距离之和。因此，同号两数相加，取相同的符号，并把绝对值相加。

两个异号的绝对值相同的数的加法，即互为相反数的两数加法，学生易于理解，小车向相反的方向行驶相同的距离，结果停在起点。因此，互为相反数的两数相加得 0。对于本节的难点——两个异号的绝对值不同的有理数相加，数字教材使用同样的运动规则模拟加法运算，让小车两次分别向右、向左行驶不同的距离。由于第二次运动的起点是第一次运动的终点，行驶距离长的方向是小车停止的方向，即绝对值大的数的符号是运算结果的符号。根据小车最终停的位置也可以抽象出用较大的绝对值减去较小的绝对值的运算法则。这样，就用"动起来的小车"突破了本节的教学难点。以上就是用同样的规则模拟四种有理数的加法法则的过程。同 0 相加的加法法则很简单，无需使用动画演示。

在《有理数的减法》中，两个有理数的减法运算法则的形成过程也可以使用智慧教学平台的功能。在两个有理数的减法运算中，两个正数减法运算是学生在小学学习过的；而对于两个异号的有理数减法运算，负数减去正数，可以很容易看成两个负数的和，这个学生也不难理解，但对于一个正数减去一个负数，初学者可能会感到陌生。这里，数字教材使用了体温计的动画演示，通过体温计的动态的液面变化过程让学生更加直观地感受"3 与 -3 的差"。然后将体温计倒过来,将"倒过来"的体温计模拟成数轴。由实际情境到数学图形,竖直的体温计可以更形象地表示高度差,但初学者对竖直的数轴并不熟悉,倒过来可以更形象地模拟水平的数轴。数轴上两数之间再配以动画,让学生通过动态的变化感受运算 3-(-3)=3+3=6,再通过具体的数字,引导学生后面进一步总结出"一个正数减去一个负数的差,等于加上这个负数的相反数"。这样,利用智慧教学平台上的功能可以让学生直观地感受具体数字的减法运算过程,为后面进一步抽象出减法运算法则做铺垫。如图 3-25—图 3-27 所示为从体温计模拟到数轴的动画截图。

有理数的减法

你能看出3℃比-3℃高多少摄氏度吗?

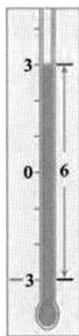

图 3-25　体温计演示"3 与 -3 的差"

有理数的减法

你能看出3℃比-3℃高多少摄氏度吗?

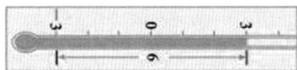

图 3-26　体温计倒过来的动画截图

有理数的减法

你能看出3℃比-3℃高多少摄氏度吗?

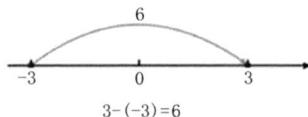

3-(-3)=6

图 3-27　数轴上"3-(-3)"的动画截图

（二）数字运算例子，助力解决运算问题

在小学阶段，学生已经能够在具体情境中用字母表示数，在初中阶段要借助实际情境，进一步理解用字母表示数的意义：一方面，通过分析简单问题中的数量关系，并用代数式表示，让学生感受到用字母表示数的简洁性和一般性；另一方面，要以字母表示数为基础，系统研究加、减、乘、除、乘方运算，使结论更具一般性，逐步体现代数的本质特征。把现实生活中的简单问题概括成代数式，理解字母表示数的意义，借助整数的概念，理解整式的运算法则，从而由算术运算走向代数运算。通过符号的运算，感悟数学结论的一般性。

对于较复杂的实际问题，学生很难通过代数运算准确表达，尤其是辨别运算的对象、选择合适的运算策略解决问题。因此在教学的过程中，如果有大量的具体数字运算作为例子，就可以帮助学生推广到代数式的运算。数字教材的优点是，可以通过快速地呈现出大量具体数字运算的例子，再把数的运算进行一般化处理。

比如《整式的加减》这一章节的教学活动"月历中的数学问题"，用方框选中任意 9 个数或 4 个数，通过加法运算的实验，找出这些运算式子之间的关系，从而选择合适的整式的运算策略，得到一般性的结论。在同一张月历表上框选数字计算并不难，但想把这个结论拓展到其他任意的月历表上，使用传统方法完成大量的运算实验就比较麻烦。在智慧教学平台上，有电子月历模块可以选择靠前和靠后的年份的任意月份，并且能够直接用方框选中，方便学生运算，也展示了每一个运算的结果。由于学生自行寻找的运算的式子随机性较强，数字教材提供的运算结果可以方便学生反馈并检查自己的运算过程。同时，每随机 9 个数的加法运算，模块都分析了这些运算的式子之间的关系，方便学生选择合适的整式的运算策略，得到一般性的结论。图 3-28—图 3-31 所示为电子月

历模块在不同年份月份框选后的运算结果及分析的部分展示。

月历中的数学问题（一）

在月历中画一个3×3的方框，在方框中的9个数之和与该方框中正中间的数有什么关系？

9个数之和：
6+7+8+13+14+15+20+21+22=126

设中心数为a，9个数之和为S，可得$S=9a$。

6	7	8
13	14	15
20	21	22

6+22=7+21=8+20=13+15=14×2=28

图 3—28　1968 年 2 月的月历框选 9 个数

月历中的数学问题（二）

在月历中画一个3×3的方框，在方框中的9个数之和与该方框中正中间的数有什么关系？

9个数之和：
7+8+9+14+15+16+21+22+23=135

设中心数为a，9个数之和为S，可得$S=9a$。

7	8	9
14	15	16
21	22	23

7+23=8+22=9+21=14+6=15×2=30

图 3—29　2023 年 12 月的月历框选 9 个数

月历中的数学问题（二）

在月历中画一个3×3的方框，在方框中的9个数之和与该方框中正中间的数有什么关系？

9个数之和：
1+2+3+8+9+10+15+16+17=81

设中心数为a，9个数之和为S，可得$S=9a$。

1	2	3
8	9	10
15	16	17

1+17=2+16=3+15=8+10=9×2=18

图 3—30　2037 年 9 月的月历框选 9 个数

月历中的数学问题(一)

现用一矩形在月历中任意框出4个数:$\begin{array}{|c|c|}\hline a & b \\\hline c & d \\\hline\end{array}$
请用一个等式表示 a、b、c、d 之间的关系。

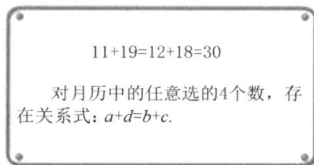

11+19=12+18=30

对月历中的任意选的4个数,存在关系式:$a+d=b+c$.

想一想,所框数字之和的最大值和最小值是多少?

图 3-31 2016 年 5 月的月历框选 4 个数

此外,智慧教学平台在《因式分解——十字相乘法》这节课设置的功能操作非常适合本次教学。因式分解一直是初中数学教学的一个难点,初学者容易把整式乘法与因式分解的概念进行混淆。学生要理解因式分解的意义,感受因式分解与整式乘法是相反方向的运算。除此之外,分解因式的方法有很多,没有一种一般有效的方法。每种分解方法的变化技巧也较高,尤其是拓展内容《因式分解——十字相乘法》,比新课标要求的必学的提公因式法和公式法因式分解更难理解。但作为示范校,十字相乘法作为学生升入高中必会的基础知识,还是要介绍二次项系数为 1 的二次三项式($x^2+(p+q)x+pq$ 型式子)用十字相乘法因式分解,但不是所有的二次三项式都能用十字相乘法进行因式分解。对于利用十字相乘法分解因式,由于分解因数以及十字相乘法有多种情况,很多情况下都需要多次尝试,才能确定一个二次三项式能否用十字相乘法因式分解,以及怎样用十字相乘法因式分解。

这些难点都可以利用智慧教学平台上的"十字相乘法"模块解决,学生任意输入一次项系数 A 和常数项 B,模块通过信息技术,可以根据 A 和 B 的值,判断是否能够用十字相乘法进行因式分解。如果能进行因式分解,则呈现完整的分解过程和步骤解释。输入的一次项系数

A 即（$p+q$），常数项 B 即 pq，再将常数项进行合适的因数分解，得到的两个因数分别为 p、q，再检查用因数 p、q 分别与 1 交叉相乘再相加得到的结果是否为一次项系数，最后根据横向的各个系数得到分解后的式子。使用这个智慧教学平台不仅方便教学，还能够以学生为主体，实现学生自主出题，输入任意的一次项系数 A 和常数项 B，就生成了大量题目，供学生练习和掌握。这个过程如果不借助信息技术，用人工计算则比较麻烦，这里体现了信息技术的优势，帮助学生快速地呈现出大量的具体数字运算的例子。学生从大量的例子中，寻找规律，最终掌握用十字相乘法因式分解的运算方法。图 3-32—图 3-35 所示为十字相乘法界面的原始界面，输入不能用十字相乘法因式分解的一次项系数 A、常数项 B 显示的界面，以及输入不同的 A、B 能进行十字相乘法因式分解的界面：

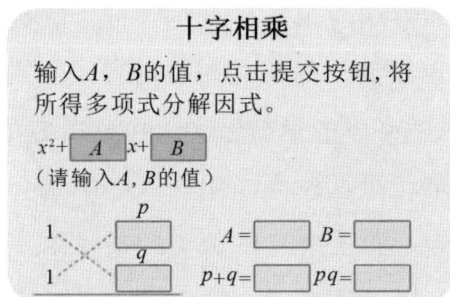

图 3-32　十字相乘法出现的原始界面

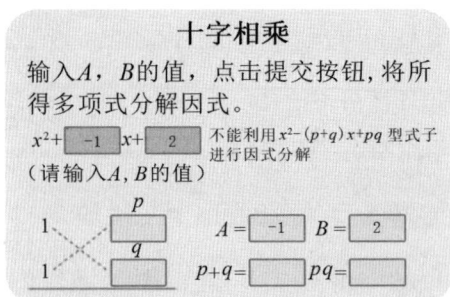

图 3-33　不能用十字相乘法分解

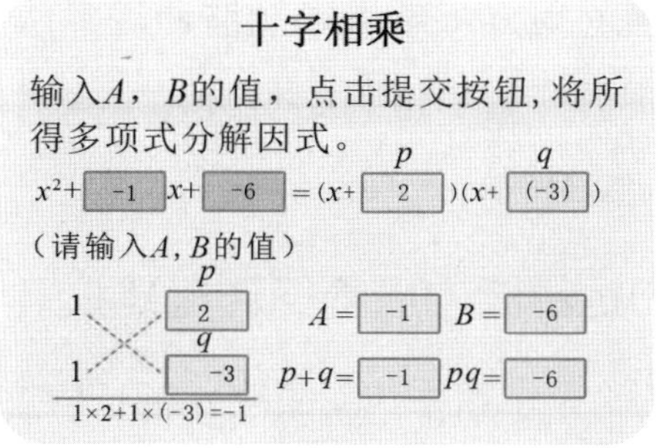

十字相乘

输入 A，B 的值，点击提交按钮，将所得多项式分解因式。

$x^2+ \boxed{-1} x+ \boxed{-6} = (x+ \boxed{\overset{p}{2}})(x+ \boxed{\overset{q}{(-3)}})$

（请输入 A，B 的值）

$1 \overset{p}{\diagdown} \boxed{2}$
$1 \overset{q}{\diagup} \boxed{-3}$
$\overline{1 \times 2+1 \times (-3)=-1}$

$A= \boxed{-1}$ $B= \boxed{-6}$

$p+q= \boxed{-1}$ $pq= \boxed{-6}$

图 3-34 输入 "-1、-6" 显示结果

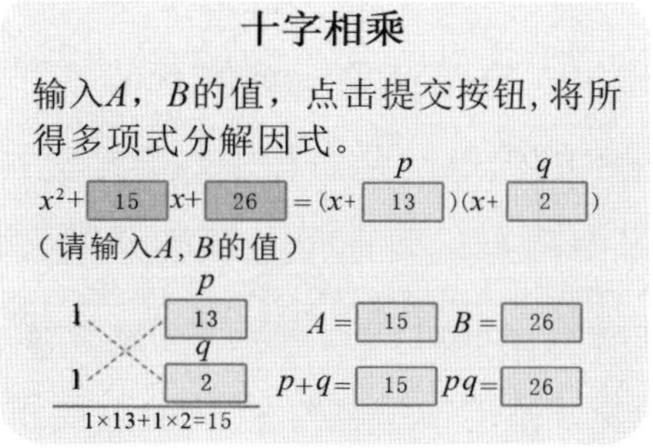

十字相乘

输入 A，B 的值，点击提交按钮，将所得多项式分解因式。

$x^2+ \boxed{15} x+ \boxed{26} = (x+ \boxed{\overset{p}{13}})(x+ \boxed{\overset{q}{2}})$

（请输入 A，B 的值）

$1 \overset{p}{\diagdown} \boxed{13}$
$1 \overset{q}{\diagup} \boxed{2}$
$\overline{1 \times 13+1 \times 2=15}$

$A= \boxed{15}$ $B= \boxed{26}$

$p+q= \boxed{15}$ $pq= \boxed{26}$

图 3-35 输入 "15、26" 显示结果

除了以上两个策略，数字教材中的模块也可以为翻转课堂提供助力。翻转课堂是一种利用视频来教学的教学模式，它不再单纯地依赖教师去教授学生知识，而是尝试着让教师发挥引导的作用，引导学生运用知识。一方面，翻转课堂的教学视频较为短小精悍，数字教材中有很多微课视频融合在每个章节中，可以省去教师分类整理的时间。这些微课视频的长度刚好控制在学生的注意力比较能集中的时间范围内，能够让学生开展自主练习活动。另一方面，它也能够使学生对自己在学习过程当中遇到的问题进行思考，并通过回放视频的方式来弥补自己对于知识的欠缺，使学生能够对自己掌握的知识进行内化。除此之外，数字教材中有很多练习反馈的功能，学生答题后可以反馈学生的回答是否正确。这种方式也有利于学生对自己学习过的知识进行

复习检测，对于不懂的地方，学生也能够通过多次反复观看视频的方式增加对重难点的理解，增加练习的机会，加深对运算的印象，在不断练习的过程当中总结经验，发展运算能力。

三、数字教材助力运算能力培养的功能建议

数字教材开发的"十字相乘法"模块发扬了信息技术独有的优点：输入几个数值，就可以输出题目，并验证题目的正确性。这样，可以快速生成大量题目，方便教师出题，也方便学生自主学习，从而提升学生的运算能力。建议在每个有关运算的章节多开发同类辅助运算的模块，以发扬信息技术的优点，助力初中数学运算能力的提升。

运算在数学学习中具有重要地位。从数学的发展史上可以清楚地看出，运算能力是推动数学前进的关键动力。章士藻在《中学数学教育》一书中提出："数学运算是传统数学教学中重要组成部分，在今后仍然会对数学运算能力培养提出更高要求，以此满足新时代的发展需要"。

运算能力作为数学学习的基础能力，是需要长期坚持发展的。在实际开展教学时，教师可以采取培养学生运算兴趣、强化基础知识教学、养成良好的运算习惯等措施，以帮助学生更好地厘清运算的思路，发展学生的运算能力。其实，不仅是数字教材的信息技术可以助力学生运算能力的培养，还有其他的软件也可以辅助教师教学。教师们可以依托信息技术手段找出更多的方式辅助教学，从而有效地培养学生的运算能力。

第四章

数字教材助力初中数学核心素养培养的教学设计案例

第一节 二次函数的图象与性质（一）

一、背景分析

（一）课标分析

1. 核心素养

在《义务教育数学课程标准（2022年版）》中明确提出，在初中阶段，核心素养主要表现为：抽象能力、运算能力、几何直观、空间观念、推理能力、数据观念、模型观念、应用意识、创新意识。其中模型观念主要是指对运用数学模型解决实际问题有清晰的认识。知道数学建模是数学与现实联系的基本途径；初步感知数学建模的基本过程，从现实生活或具体情境中抽象出数学问题，用数学符号建立方程、不等式、函数等表示数学问题中的数量关系和变化规律，求出结果并讨论结果的意义。模型观念有助于开展跨学科主题学习，感悟数学应用的普遍性。本节课涉及的二次函数就是初中阶段最重要的函数模型之一。

2. 学业要求

对函数的概念提出"结合对函数关系的分析，能对变量的变化趋势进行初步推测"。对二次函数要求"会用描点法画出二次函数的图象，会利用一些特殊点画出二次函数的草图；通过图象了解二次函数的性质，知道二次函数的系数与图象形状和对称轴的关系"。

基于以上要求，教学中主要以学生动手操作自主探究和小组交流合作探究的方式开展学习活动。利用数字教材互动工具帮助学生开展自主探究，发挥学生的主体地位，让学生在探究过程中感受研究函数的一般思想方法。通过数字教材提供的互动平台，更加简洁直观地利用数形结合的思想逐步探究二次函数的性质，鼓励学生大胆质疑，培养学生善于提问、科学论证的数学学习品质。

3. 内容要求

通过分析函数关系讨论函数变量的变化情况；能够画出二次函数的图象并了解其性质，知道二次函数系数与图象形状和对称轴的关系。

由于本节课是探索二次函数图象与性质的第一节课，基于以上要求，在课堂中教师借助绘图软件等信息工具画出函数图象，并充分利用数字教材资源进行动手操作，再回归解析式，寻找与已知函数之间的关系，画出并分析函数图象，从而顺利得到函数的性质，总结函数特征，深刻理解函数的内涵，对研究函数的思路和方法进行归纳、总结，实现能力提升。

4. 教学提示

要引导学生借助平面直角坐标系中的描点，理解函数图象与表达式的对应关系。合理利用现代信息技术，提供丰富的学习资源，设计生动的教学活动，促进数学教学方式方法的变革。在实际问题解决过程中，创设合理的信息化学习环境，提升学生的探究热情，开阔学生的视野，激发学生的想象力，提高学生的信息素养。

（二）教材分析

1. 单元模块

本单元选自人教版教材九年级上册第二十二章《二次函数》，教学课题为《二次函数的图象和性质》。本单元学习以学生掌握研究一般函数的方法为整体目标，从已有的研究函数的经验出发，总结出研究新函数的角度，探究新函数的性质，并运用信息技术手段，不断深化对新函数的性质的认识。

本单元教学主要以学生动手操作、自主探究和小组交流合作探究的方式开展学习活动。让学生感受研究函数的一般思想方法，利用数形结合的思想逐步探究二次函数的性质，鼓励学生大胆质疑，培养学生善于提问、科学论证的数学学习品质。在探究、讨论、思考的过程中获得知识，发展他们的个性和能力。

2. 知识体系

二次函数是中学函数课程内容的重要组成部分，承接了初中一次函数、反比例函数等内容，是在高中阶段继续学习指数函数、对数函数、幂函数等其他基本初等函数的基础。二次函数是让中学生体会变化中的量，领会函数思想、方法的重要工具之一。同时，二次函数部分的课程内容，与一元二次方程、一元二次不等式的学习有着密切的联系。分析教材能够发现，二次函数课程内容在中学数学中具有承前启后的作用，占据着重要地位。

分析不同版本的教材，从内容范围来看，教材中二次函数课程内容都是严格按照课程标准中的规定分布的；从内容组织上看，不同版本的教材对二次函数课程内容都呈螺旋式编排，逻辑结构相似，且后续内容多与以前所学知识相联系，利于学生回顾与总结。不同版本教材中所呈现的课程内容各有侧重，但从横向上看，所强调的内容都是二次函数课程内容的核心部分。同时，不同版本教材中，都体现了二次函数的图象和性质的重要地位。

学生学习了函数的基本概念以及一次函数，对基本的函数有了一定的认识。函数的图象与性质是研究函数的重要方面，始终贯穿在每一种函数的学习过程中，通过对函数图象和性质的研究，学生可以更好地理解函数的概念。在学习过程中，可以通过回顾函数的研究过程，逐步总结归纳出研究函数的一般方法。首先，对学科知识结构形成过程中积累的思维经验进行提升，将知识上升到方法层面，体现学科素养的核心能力；其次，关注研究数学问题的过程，增强学生对数形结合和转化思想的认识；再次，在面对新函数时，可以借助信息技术帮助解决问题，体现信息技术作为工具的作用；最后，学生掌握了研究一般函数的方法，为后续进一步研究函数奠定基础。

3. 学科思想与核心素养

本单元教学研究二次函数的图象和性质是从最简单的二次函数出发逐步深入探讨的，在研究过程中应注意体现类比、数形结合和归纳的思想。循序渐进地安排学习活动，力图使学生不仅能够学到二次函数的有关知识，而且在知识的学习过程中能够不断提高学习的能力。同时，应注意复习相关内容，重视知识之间的联系。二次函数的学习是以已学函数内容为基础的。函数的概念、描点法画函数图象等在本单元学习中都要用到。因此，需要注意复习已学函数内容，帮助学生学习二次函数的图象和性质；还需要关注数形结合的研究方法，适当借助信息工具绘图软件开展学习活动。二次函数的图象和性质的探究运用了数形结合的研究方法，即先画出二次函数图象，再结合图象讨论二次函数的性质。图象直观展示了函数的变化情况，进一步发展了学生的几何直观。利用信息工具绘图软件及数字教材可以提供模拟动画、交互探究、实践活动、数学实验等资源和工具，能够支持多种形式的探究活动，充分发挥学生的主体地位，提升学生的课堂参与度，引导学生主动思考、发现、总结和建构，促进高阶思维的形成，培养学生勇于探究的科学精神。

通过本单元的学习，学生可以对已有的知识、经验、方法进行迁移，亲历知识的形成过程，整体感知函数的学习方法，选择合适的方法探究新函数的特征；同时学生可以借助绘图软件等信息工具画出函数图象，并从解析式角度再认识函数特征，让学生进一步理解函数的内涵，对研究函数的思路和方法进行归纳、总结，实现方法上的提升。函数图象是研究函数性质的直观载体，从图象上可以观察函数的变化规律，整体上把握函数性质。本单元将函数图象与函数解析式结合起来，研究函数特征，体现了数形结合思想。

（三）学情分析

1. 知识掌握测评

（1）通过以下 3 个访谈问题和 3 道阶段习题对学生进行调研：

【访谈问题】

问题 1：函数的定义是什么，表示方法有哪些？

问题 2：一次函数的图象和性质是什么？

问题 3：研究函数的角度有哪些？

【阶段习题】

习题 1：直线 $y=2-3x$ 经过第 _____ 象限，y 随 x 的增大而 _____。

习题 2：已知函数 $y=kx+b$ 的图象不经过第二象限，那么 k，b 一定满足（　　）。

A. $k>0$，$b<0$　　　B. $k<0$，$b<0$

C. $k<0$，$b>0$　　　D. $k>0$，$b\leqslant0$

习题 3：画出函数 $y=|x-1|$ 的函数图象，并简述其性质。

（2）调研结果见图 4-1—图 4-6。

【访谈问题】

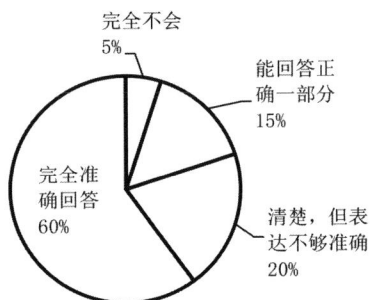

图4—1 问题1的调研结果

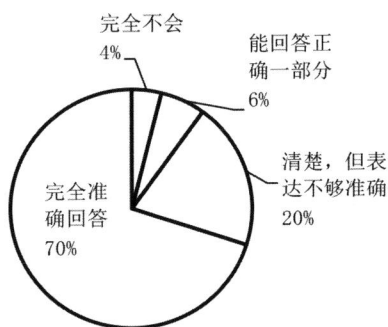

图4—2 问题2的调研结果

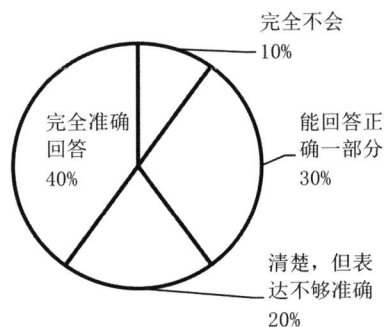

图4—3 问题3的调研结果

【阶段习题】

完成习题学生共 40 人。

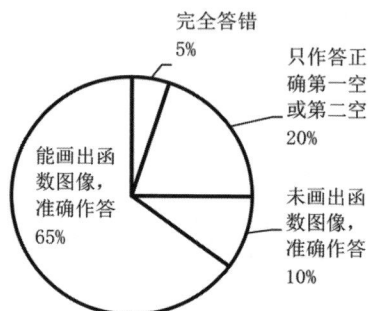

图4—4 习题1的调研结果

选项	人数
选项B或C	8人
选项A	14人
选项D（正确选项）	18人

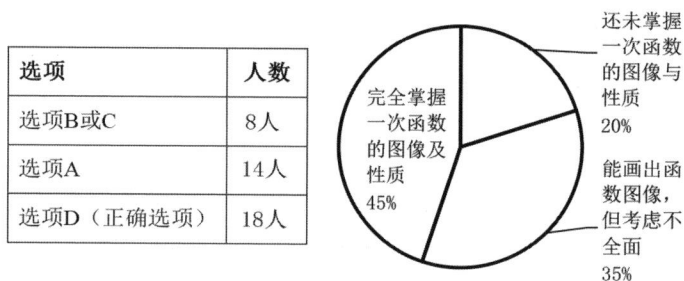

图4—5 习题2的调研结果

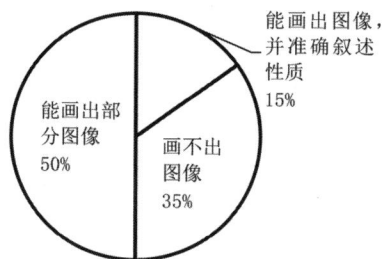

图4—6 习题3的调研结果

2. 情况分析

从调研情况来看，学生在本单元的学习之前，已经学习了函数的定义、一次函数的图象及特征，明确了函数是一种变化和对应关系；通过调研发现，大多数学生已掌握了函数的不同表示方法，明确它们的优缺点，能够根据具体情况选择适当的方法表示函数；会用描点法绘制函数图象，并感知了函数图象增减性的过程。学生在学习一次函数时，对于函数图象及性质的研究内容和研究方法已经有了一定的了解，可以通过迁移，结合函数的图象研究特征。知道可以从图象、列表、解析式三个角度研究函数的性质，具有一定的数形结合思想。

但有些学生可能忘记了函数的特征包含哪些角度，可以适当引导学生回忆学过的函数的研究角度。同时，对于一个新的函数，可以借助函数解析式分析函数值，猜测图象大致走势，再利用绘图软件等信息工具绘制函数图象，进而验证猜想的正确性，研究函数特征，回归到解析式，再分析认识函数性质。

通过阶段习题的完成情况，还能看出，虽然大部分学生已经掌握了一次函数的图象和性质，但是在解决问题的过程中，还有些学生利用图象解决问题的意识有待提高；在画函数图象时，会出现考虑不够全面的情况；在面对一个新的函数时，不知如何分析研究函数的图象和性质。因此，在接下来的学习中还需要培养学生的几何直观能力以及勇于探究数学问题的素养。

从课程标准、教学内容、学情分析三个维度的分析可以看出，函数不但是数学学科的核心概念，还是中学数学课程中承载育人作用的核心知识载体。现实世界里的函数无穷无尽，而我们所能学习的函数模型是非常有限的，因此在教学中，除了关注相应函数的性状研究之外，还要引导学生感悟研究函数的基本方法和研究函数的维度。

（四）教学重难点

1. 教学重点

通过对特殊 a 值的二次函数 $y=ax^2$ 图象及性质的探究，概括归纳出一般二次函数 $y=ax^2$ 的性质。

2. 教学难点

（1）对于特殊 a 值的选择，观察、归纳、概括出一般二次函数 $y=ax^2$ 的图象及性质共性。

（2）准确地将看到的形转化为抽象的数。

3. 突破教学重点和难点的教学方式

本节课主要采取问题引导、小组合作的学习方式开展教学和探究活动，通过学生充分利用数字教材中的课件直接画动态图，感受函数图象与性质的关系，鼓励学生积极思考，大胆验证。

在归纳概括一般性质时，通过数形结合，形与数的转化，体会从特殊到一般的探究方法，注意过程的科学性与合理性。

二、学习目标及解析

（一）学习目标

1. 会用描点法画出二次函数 $y=ax^2$ 的图象，并结合图象分析、归纳和验证出二次函数的性质。

2. 通过小组合作探究二次函数性质的过程，培养发现问题、提出问题和解决问题的能力。通过自主探究、合作交流归纳性质的过程，提高动手操作能力，发展有条理思考及表达的能力。

3. 通过类比探究一次函数的方法探究和学习二次函数，进一步体会研究函数的一般思想方法和数形结合的思想，获得从特殊到一般的思维方法。

（二）目标解析

达成目标1的标志是：学生会用描点法画出二次函数 $y=ax^2$ 的图象，通过函数图象了解二次函数的性质，能够从函数图象和解析式的角度，得到与已知函数之间的联系，并表述出函数的重要性质。

达成目标 2 的标志是：学生在具体研究新函数的过程中，在小组内部合作探究，不仅能够通过手绘发现问题，还能利用智慧教学平台提供的资源绘制更加清晰准确的图象，用以观察、思考、讨论二次函数 $y=ax^2$ 的性质。

达成目标 3 的标志是：学生通过作图、观察、分析、合作、归纳等探究方式，能够从函数图象和解析式的角度类比一次函数的研究过程，画出并分析函数图象，进一步得到函数的性质，体会从一般到特殊的研究方法，以及数形结合的思想，发展几何直观能力。

三、方法策略

（一）综合分析

建构主义学习观认为：学习是学习者在原有知识经验的基础上，在一定环境中，主动对新信息进行加工处理，建构知识的意义（或知识表征）的过程。学习者不是被动地接受外来信息，而是主动地进行选择加工；学习者不是从同一背景出发，而是从不同背景、不同角度出发；不是由教师统一引导完成同样的加工活动，而是在教师和他人的协助下，通过独特的信息加工活动，建构起对现实世界的意义。

基于上述指导思想，本节课主要以学生动手操作自主探究和小组交流合作探究的方式开展学习活动。让学生感受研究函数的一般思想方法，利用数形结合的思想揭示正比例函数的性质，鼓励学生大胆质疑，培养学生善于提问、科学论证的数学学习品质。在探究、讨论、思考的过程中获得知识，发展他们的个性和能力。

（二）突破方法

本单元教学使用学生手持 Pad，实验教学。课堂教学以学生为主体,教师进行引导,采用探究式和问题式相结合的教学方法实施教学,注重培养学生的思维品质,为学生提供展示的舞台。首先通过对一次函数的学习经验总结归纳出研究函数的一般经验,获得研究函数性质的方法:一是寻找与已知函数之间的关系。二是分析解析式,观察图象,归纳函数特征,从知识层面上升到方法层面;然后以小组为单位,探究新的函数的特征,引导学生在探究过程中,获得研究函数的方法。通过引导学生思考、探究,鼓励学生动手操作,尝试数学实验过程,提升学生的课堂参与度,充分发挥学生的主体地位,促进学生高阶思维的形成。

在本节课的教学过程中,将数字教材丰富的数字化教学资源及互动功能与教学深度融合。通过每个小组手持 Pad,深度融合人教版数字教材资源及信息化工具。充分利用数字教材中模拟动画、交互探究、练习反馈资源及信息化工具,例如 GGB 软件,使"思维可视化",实现数与形的完美结合。引导学生探究时,更加强化注重知识之间的联系,整体感知函数的学习方法,选择合适的方法探究新函数的特征,使学生进一步理解函数的内涵,对研究函数的思路和方法实现方法上的提升。

四、教学活动设计

为了达到教学目标,我们把教学过程设计为以下六个阶段(图4-7)。

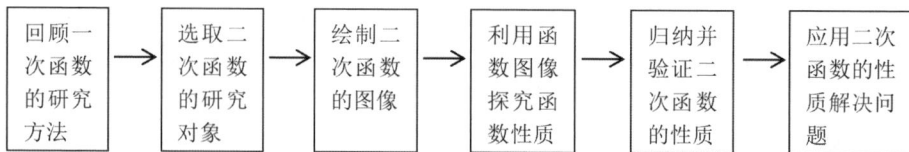

回顾一次函数的研究方法 → 选取二次函数的研究对象 → 绘制二次函数的图像 → 利用函数图像探究函数性质 → 归纳并验证二次函数的性质 → 应用二次函数的性质解决问题

图 4-7 教学过程设计的六个阶段

【环节一】复习回顾

引导学生进一步理解二次函数的概念，通过回顾一次函数的研究过程，揭示探究具体函数的一般方法。

〔教师活动1〕提出问题。

问题1：二次函数的定义？

问题2：一次函数的图象和性质？

问题3：我们是如何研究一次函数的图象和性质的？

板书：$y=ax^2+bx+c\,(a\neq0)$ $y=kx+b\,(k\neq0)$

〔学生活动1〕学生根据前一节课的学习回答：形如 $y=ax^2+bx+c\,(a\neq0)$ 的函数，叫作二次函数。学生回答一次函数的定义和性质，并回忆在研究一次函数时是通过先画出图象再观察性质。

设计意图：进一步理解二次函数的概念，揭示探究具体函数的一般方法。

【环节二】选取本节课的二次函数研究对象

〔教师活动2〕教师带领学生共同回忆一次函数 $y=kx+b\,(k\neq0)$ 图象与性质的研究是从哪里开始的，引领学生思考类比一次函数的研究方式，对于二次函数 $y=ax^2+bx+c\,(a\neq0)$，我们从哪种形式的二次函数解析式入手来研究呢？

提出问题4：由于 $y=ax^2$，当 $a\neq0$ 时，y 与 x 仍能保持二次函数的关系。由于 $a\neq0$，所以 a 可以取什么数？

〔学生活动2〕学生思考后回答：研究一次函数 $y=kx+b\,(k\neq0)$ 时，首先研究的是正比例函数 $y=kx$，由于 $k\neq0$，所以 k 可以是正数或负数。回忆在研究 $y=kx$，k 为正数时，我们先取了几个正数 k 的值，利用描点法画出其图象进行观察和对比分析。

所以对于今天要研究的二次函数 $y=ax^2+bx+c\,(a\neq0)$ 来说，我们可以仿照当时研究一次函数时，从最简单的形式 $y=ax^2(a\neq0)$ 入手。由于 $a\neq0$，所以 a 同样可以是正数或负数。当 $a>0$ 时，我们也可以先取几个正数 a 的值，利用描点法画出其图象进行观察对比分析。

设计意图：回忆曾经研究一次函数时从特殊到一般的方法。在确定研究对象的过程中体会由简入繁和分类讨论的思想。

【环节三】绘制图象探究性质

活动 1：绘制 $y=ax^2(a>0)$ 的图象，归纳性质。

〔教师活动 3〕引导学生：（1）观察与思考。通过解析式的特征先考虑自变量 x 的取值范围和函数值 y 的取值范围，以及函数有可能出现的特征性质。（2）在学生选值进行描点画图的同时展示各组学生画图情况。（3）利用数字教材中的课件给出抛物线的概念，板书学生归纳的 $y=ax^2(a>0)$ 的各项性质。（4）建议学生利用手持 Pad 画出更多的正数 a 的 $y=ax^2$ 的图象，验证之前归纳的性质。

〔学生活动 3〕学生讨论并回答：x 可以取任意实数，y 必须非负。根据平方的性质，二次函数 $y=ax^2(a>0)$ 的图象可能具有轴对称性。每个小组选取同一个正数 a，进行描点画图后组内交流、观察、讨论。学生讨论后总结归纳以上七个小组所画二次函数的图象特征与性质并填写表 4-1。

表 4-1　二次函数 $y=ax^2(a>0)$ 的图象特征与性质

$y=ax^2(a>0)$ 图象特征	函数性质
开口：向上	增减性： $x<0$ 时，y 随 x 的增大而减小 $x>0$ 时，y 随 x 的增大而增大
对称轴：y 轴	
顶点：(0，0)	
有最（低）点	函数有最（小）值

活动 2：绘制 $y=ax^2(a<0)$ 的图象，归纳性质。

〔**教师活动 4**〕在探究了 $a>0$ 的情况后，教师提出当 $a<0$ 时二次函数 $y=ax^2(a≠0)$ 的图象有什么特征，函数有什么性质？引导学生总结二次函数 $y=ax^2$ 的图象特征与性质，并完成表 4-2。

表 4-2 二次函数 $y=ax^2(a≠0)$ 的图象特征与性质

$y=ax^2$	$(a>0)$		$(a<0)$	
开口				
对称轴				
顶点				
增减性				
特殊点与最值	有最（ ）点	函数有最（ ）值	有最（ ）点	函数有最（ ）值

回顾探究二次函数 $y=ax^2$ 的图形与性质的过程，思考二次项系数 a 对二次函数抛物线有什么影响？

〔**学生活动 4**〕学生利用手持 Pad 画出更多的正数 a 的 $y=ax^2$ 的图象，对前面归纳的二次函数的性质进行验证。学生利用手持 Pad 画出 $y=ax^2(a<0)$ 的图象。学生利用数字教材提供的小程序发现当 $a>0$ 和 $a<0$ 时，a 的值对抛物线开口的影响。感受 $|a|$ 对抛物线的影响并总结规律。

设计意图：在这一环节充分利用数字教材中的辅助资源，鼓励学生动手操作。从代数式的性质入手，先思考，再动手画图验证。培养学生作图和读图能力，引导学生进行对比、区分、感受函数的增减性，有助于学生掌握二次函数图象及性质的关系。培养学生严谨的学习态度和科学的学习方法。梳理二次函数 $y=ax^2(a≠0)$ 的图象特征与性质，体会研究函数从特殊到一般的研究方法。

【环节四】应用性质解决问题

〔**教师活动 5**〕根据学生情况给出课堂练习和拓展练习。

课堂练习：分别说出抛物线 $y=5x^2$ 和 $y=-\dfrac{1}{5}x^2$ 开口方向、对称轴和顶点以及增减性。

拓展练习：

1. 二次函数 $y=ax^2$，$y=bx^2$，$y=cx^2$ 的图象如图 4-8 所示，则 a、b、c 的大小关系是（　　）

A. $a>b>c$　　B. $a>c>b$　　C. $c>a>b$　　D. $c>b>a$

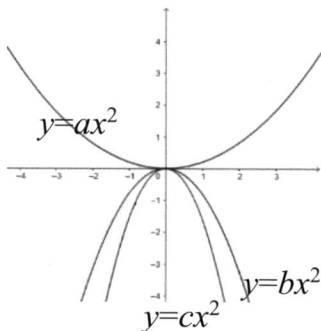

图 4-8

2. 已知抛物线 $y=ax^2(a>0)$ 过 $A(-2,y_1)$，$B(-1,y_2)$，$c(1,y_3)$ 三点，则 y_1 和 y_2 的大小关系是_____，y_1 和 y_3 的大小关系是_____。

〔学生活动5〕

学生运用二次函数 $y=ax^2(a\neq0)$ 的性质解决问题，在不画出函数图象的情况下直接根据解析式说出抛物线的开口方向、对称轴、顶点以及函数的增减性。

利用 $|a|$ 对抛物线的影响分析 a、b、c 的符号及大小关系。利用二次函数的轴对称性分析图象上点的位置并解决问题。

设计意图：体会二次函数的图象特征与各个性质之间的关系，从观察抛物线开口方向和大小确定二次项系数的符号和大小关系，体会二次函数的增减性和轴对称性，体会数形结合的重要性。

【环节五】课堂小结

〔教师活动6〕教师和学生一起回顾本节课所学主要内容，请学生回答以下问题：

（1）本节课学习了哪些主要内容？

（2）本节课是如何研究二次函数 $y=ax^2$ 的图象和性质的？

〔学生活动6〕学生回顾本节课主要内容，通过研究二次函数 $y=ax^2$ 的图象与性质，再一次感受研究函数的一般方法就是从特殊到一般的过程。

设计意图：养成反思的学习习惯，明确学习目的，帮助学生内化知识体系。

五、课后反思

学习归根结底是学生自己的事情。如果学生的思维没有真正地参与进来，那么教师讲得再好，效果也只能是零。因此好的教学一定是把学生带入课堂活动中，使他们自己动手探究。

（一）利用问题链的方式，充分类比一次函数的研究方法，在探究过程中体会数学思想

在已经学习二次函数的定义之后，类比一次函数的学习过程，自然转化为研究二次函数的性质，继续类比一次函数的研究方法，从而发现要对二次函数的图象展开研究，继而类比一次函数图象的研究过程发现要简化系数，从最简单的 $y=ax^2(a\neq0)$ 入手探究，再到对 $a>0$、$a<0$ 时图象的研究，从而得到最简二次函数 $y=ax^2(a\neq0)$ 的图象和性质。在这样的过程中，通过回忆曾经研究一次函数时从特殊到一般的方法来确定二次函数 $y=ax^2+bx+c(a\neq0)$ 的研究对象，使学生在这个过程中体会由简入繁和分类讨论的思想。

（二）教学过程以学生活动为主线，采取自主探究与小组合作探究相结合的方式开展

本节课是通过问题链方式将学生带入课堂，学生利用手中的手持Pad和人教版数字教材逐一完成活动项目，从而探究出二次函数的性质。首先，明确二次函数的概念后，确定研究对象，选择一个正数 a 来探究函数的性质；其次，在利用手持 Pad 充分画图的基础上，让学生思考如何合理地选择具有代表性的特殊正数 a 探究函数 $y=ax^2(a\neq0)$，利用电子设备的方便性，通过画图并观察归纳其性质；再次，通过利用软件对不同 a 值的探究，抽象概括出一般形式具有的性质；最后，通过对图象的研究最终总结二次函数 $y=ax^2(a\neq0)$ 的性质，深刻体会 a 值的作用。整节课体现了从特殊到一般的探究方法，使学生经历"猜想—实施—观察—归纳共性"的过程，从特殊 a 值的二次函数中转化出"几个事实"，通过观察"看出"它们的"共性"。力求教学过程自然，水到渠成。

（三）注重培养学生的提问能力

在教学过程中，大多数问题是由教师提前设计好，课上还是由教师提出问题的，当学生掌握了一定的基础知识后，如何让学生在知识发生和发展的过程中自然地提出问题，一直是我们追求的目标。本节课上，在已经得出正比例函数性质的前提下，学生自然会想到不同的正比例函数之间是否存在这一些特殊的关系呢？因此本节课中我们设计了一个环节，将学生选择的六种特殊的正比例函数 $y=x$，$y=-x$，$y=2x$，$y=-2x$，$y=\frac{1}{2}x$，$y=-\frac{1}{2}x$ 画在同一平面直角坐标系内，观察会有什么发现？让学生畅所欲言，大胆提问。本节课有效地结合课堂"生成"调整"预设"，挖掘学生思维的"闪光点"，鼓励学生开展充分的互动和交流，力求把学生的思维引向深入，推动学生对数学的理解。

第二节 二次函数的图象和性质（二）

一、背景分析

（一）课标分析

1. 核心素养

数字教材是利用多媒体技术将传统纸质内容进行数字化处理，转化为适用于各类电子终端的互动性教材。这种数字化教学资源注重信息技术与数学教学的融合，充分发挥信息技术优势，融合了文字、音频、视频、图片及动画等元素，具有表达更加生动形象、有利于互动交流、有利于分层施教、有利于修订完善等优越性。

《义务教育数学课程标准（2022 年版）》提出，要注重信息技术与数学教学的融合。重视大数据、人工智能等对数学教学改革的推动作用，改进教学方式，促进学生学习方式的转变。因此，在日常教学中，教师可以利用数字教材等信息技术，对文本、图象、声音、动画等进行综合处理，丰富教学场景，激发学生学习数学的兴趣和探究新知的欲望，促进自主学习，为教与学提供有效支撑。

2. 学业要求

会用描点法画出二次函数的图象并了解其性质，知道二次函数的系数与图象形状和对称轴的关系。

3. 内容要求

能画二次函数的图象，通过图象了解二次函数的性质，知道二次函数系数与图象形状和对称轴的关系。

在教学过程中，先从数的角度观察解析式，再通过描点画图的方式从形的角度探究函数性质，利用数字教材资源进行动手操作、总结归纳，整体感知函数的学习方法，使学生进一步理解函数的内涵，对研究函数的思路和方法实现方法上的提升。同时，在探究函数性质时，创设合理的信息化学习环境，提升学生的探究热情，开阔学生的视野，激发学生的想象力，提高学生的信息素养。

4. 教学提示

本节课要求学生掌握用描点法画出二次函数 $y=ax^2(a\neq0)$ 的图象，通过图象了解二次函数 $y=ax^2(a\neq0)$ 的图象特征和性质，从而体会综合运用函数解析式和函数图象的数形结合思想；进一步体会研究函数图象和性质的一般方法。

《义务教育数学课程标准（2022年版）》还指出："合理利用现代信息技术，提供丰富的学习资源，设计生动的教学活动，促进数学教学方式方法的变革。" 因此，本节课教学使用手持 Pad，实验教学，将数字教材丰富的数字化教学资源以及互动功能与教学深度融合，创设情境激发学生兴趣、开展多种形式的探究活动提升学生的高阶思维能力。同时，利用数字教材等教学工具开展数学实验，将抽象的数学知识直观化，促进学生对数学概念的理解和数学知识的建构。

（二）教材分析

1. 知识体系

本单元选自人教版教材九年级上册第二十二章《二次函数》，本单元教学课题为《二次函数的图象和性质》，本节课是这一单元的第二节课。

二次函数的图象和性质按照从简单到复杂、从特殊到一般的顺序进行探究。先讨论二次函数 $y=ax^2(a\neq0)$ 的图象和性质，接下来通过先将 $y=ax^2(a\neq0)$ 的图象上下平移，得到函数 $y=ax^2+c(a\neq0)$ 的图象和性质，再左右平移得到函数 $y=a(x-h)^2(a\neq0)$ 的图象和性质，进而研究 $y=a(x-h)^2+k(a\neq0)$ 的图象和性质。

2. 学科思想与核心素养

学生学习了函数的基本概念以及一次函数，对基本的函数有了一定的认识。函数的图象与性质是研究函数的重要方面，始终贯穿在每一种函数的学习过程中，通过对函数的图象和性质的研究，学生可以更好地理解函数的概念、体会数形结合的思想。在学习过程中，可以通过回顾函数的研究过程，逐步总结归纳出研究函数的一般方法。

首先，对学科知识结构形成过程中积累的思维经验进行提升，将知识上升到方法层面，体现学科素养的核心能力；其次，关注研究数学问题的过程，增强学生对数形结合和转化思想的认识；再次，在面对新函数时，可以借助数字化信息技术帮助解决问题，体现数字教材作为工具的作用；最后，学生掌握了研究一般函数的方法，为后续进一步研究函数奠定基础。

（三）学情分析

1. 教学内容分析

本节课的教学内容是二次函数 $y=ax^2+c(a\neq0)$ 的图象和性质，是在对二次函数 $y=ax^2(a\neq0)$ 的图象和性质探究后，进一步探究二次函数 $y=ax^2+c(a\neq0)$ 的图象和性质。主要的研究方法是通过画图象、观察解析式、辅助数字教材信息资源，体会二次函数 $y=ax^2+c(a\neq0)$ 与二次函数 $y=ax^2(a\neq0)$ 的联系。在探究过程中，从特殊的函数解析式出发，再从特殊到一般得出 $y=ax^2+c(a\neq0)$ 的图象和性质。

2. 学习者分析

通过第一节课对二次函数 $y=ax^2(a\neq0)$ 图象和性质的探究，学生已经掌握二次函数的图象是一条抛物线，同时明确了系数 a 在图象和性质中起到的作用。通过第一节课的小组合作探究，学生已初步掌握了探究函数性质的一般方法和思路，为本节课的探究做好了知识和方法上的准备。

但怎样将看到的形转化为抽象的数，如何从特殊情况下抽象概括出一般形式具有的性质，如何探究得到新学习的函数与已有知识之间的联系也是本节课要突破的难点。

（四）教学重难点

1. 教学重点

二次函数 $y=ax^2+c(a\neq0)$ 图象和性质的自主探究过程。

2. 教学难点

二次函数 $y=ax^2+c(a\neq0)$ 与 $y=ax^2(a\neq0)$ 数与形之间的内在联系。

二、学习目标及解析

（一）学习目标

1. 会用描点法画出二次函数 $y=ax^2+c(a\neq0)$ 的图象。

2. 通过图象了解二次函数 $y=ax^2+c(a\neq0)$ 的图象特征和性质，体会综合运用函数解析式和函数图象的数形结合思想。

3. 在类比探究二次函数 $y=ax^2+c(a\neq0)$ 的图象和性质的过程中，进一步体会研究函数图象和性质的一般方法，培养学生勇于探究的科学精神。

（二）目标解析

达成目标 1 的标志是：学生能根据解析式或通过寻找与已知函数

之间的关系，用描点法画出函数图象，通过分析函数图象进一步得到函数的性质。

达成目标 2 的标志是：能够根据函数图象表述函数的部分性质；能够从函数图象和解析式的角度，得到函数图象与已知函数之间的联系，并表述出函数的重要性质。

达成目标 3 的标志是：运用已有的知识和经验，经历研究函数的完整过程，将函数学习过程中积累的经验提升到一般方法层面，对研究函数的方法有整体的把握；通过作图、观察、分析、合作、归纳等探究方式，培养学生勇于探究的科学精神。

三、方法策略

（一）综合分析

本节课教学研究二次函数 $y=ax^2+c\,(a\neq0)$ 的图象和性质是从复习回顾二次函数 $y=ax^2\,(a\neq0)$ 的图象和性质出发逐步深入探讨的，在研究过程中应注意体现类比、数形结合和归纳的思想。同时适当借助数字教材中的信息工具绘图软件开展学习活动，直观展示函数的变化情况，进一步发展学生的几何直观。

通过本节课的学习，学生可以对已有的知识、经验、方法进行迁移，亲历知识的形成过程，整体感知函数的学习方法，选择合适的方法探究新函数的特征；同时学生可以借助绘图软件等信息工具画出函数图象，并从解析式角度再认识函数特征，进一步理解函数的内涵，对研究函数的思路和方法进行归纳、总结，实现方法上的提升。函数图象是研究函数性质的直观载体，从图象上可以观察函数的变化规律，整体上把握函数性质。本节课将函数图象与函数解析式结合起来，研究函数特征，体现了数形结合思想。

（二）突破方法

1. 独立思考

回顾研究二次函数 $y=ax^2(a\neq0)$ 的图象和性质的方法及其性质，确定本节课的研究对象 $y=ax^2+c(a\neq0)$ 的图象和性质。

2. 学生活动

进行小组画图验证、探究 $y=ax^2+c(a\neq0)$ 的图象和性质；学生展示，利用数字教材、GGB 绘图软件自主探究函数性质并归纳总结，同时得到平移规律；通过观察解析式以及数字化教学资源、动手操作，使学生体会综合运用函数解析式和函数图象的数形结合思想，以及研究函数图象和性质的一般方法，培养学生敢于探索的科学精神。

3. 展示分享

不同小组利用投影进行小组展示分享、归纳本组图象的特征，开口方向、顶点、图象趋势等，并总结其对应的函数性质，增强学生交流讨论的意识，学生之间不同想法的碰撞可以发展学生的创新意识。

4. 开放式学习环境

本节课教学使用学生手持 Pad，实验教学，利用数字化教学资源进行教学。利用信息工具绘图软件及数字教材可以提供模拟动画、交互探究、实践活动、数学实验等资源和工具，能够支持多种形式的探究活动，充分发挥学生的主体地位，提升学生的课堂参与度，引导学生主动思考、发现、总结和建构，促进高阶思维的形成，培养学生勇于探究的科学精神。

四、教学活动设计

【环节一】复习回顾

〔教师活动 1〕提出问题。

问题 1：什么是二次函数？

问题 2：我们是怎样研究二次函数 $y=ax^2(a\neq0)$ 的图象和性质的？它有哪些性质？

〔**学生活动 1**〕学生回答上节课的研究过程，并填写表 4-3。

表 4-3　二次函数 $y=ax^2(a\neq0)$ 的图象和性质

a 的符号	图象	图象特征		函数性质	
$a>0$		开口方向	开口向上	对称性	关于 y 轴对称
		顶点	$(0,0)$	最值	当 $x=0$ 时，$y_{min}=0$
		趋势	在 y 轴左侧，从左到右图象下降；在 y 轴右侧，从左到右图象上升	增减性	当 $x<0$ 时，y 随 x 的增大而减小；当 $x>0$ 时，y 随 x 的增大而增大
$a<0$		开口方向	开口向下	对称性	关于 y 轴对称
		顶点	$(0,0)$	最值	当 $x=0$ 时，$y_{max}=0$
		趋势	在 y 轴左侧，从左到右图象上升；在 y 轴右侧，从左到右图象下降	增减性	当 $x<0$ 时，y 随 x 的增大而增大；当 $x>0$ 时，y 随 x 的增大而减小
$\lvert a\rvert$ 越大，抛物线开门越小					

设计意图：复习 $y=ax^2(a\neq0)$ 图象和性质及研究方法，为本节课的探究做好准备。

【环节二】选取本节课的二次函数研究对象

〔**教师活动 2**〕上节课研究的 $y=ax^2(a\neq0)$ 是对二次函数 $y=ax^2+c(a\neq0)$ 进行了特殊化处理，令 $b=0$，$c=0$，在 $y=ax^2(a\neq0)$ 的基础上，我们还能继续研究哪个相对特殊的二次函数呢？

〔学生活动2〕学生观察、回答本节课的研究对象为二次函数 $y=ax^2+c(a\neq0)$ 的图象和性质。

〔教师活动3〕确定了研究对象为二次函数 $y=ax^2+c(a\neq0)$ 的图象和性质，我们应当如何来进行探究呢？

预设1：取 a，c 特殊值列表描点连线，猜想、观察、归纳、探究、总结（描点画图）。

预设2：类比一次函数和正比例函数的关系，猜想 $y=ax^2+c(a\neq0)$ 与 $y=ax^2(a\neq0)$ 之间存在平移的关系，可以利用平移的性质画图，观察图象（平移画图）。

设计意图：引导学生回忆研究函数时从特殊到一般的方法，在确定研究对象的过程中体会由简入繁和分类讨论的思想。同时，类比 $y=ax^2(a\neq0)$ 的研究方法，取特殊值观察总结归纳猜想；也可以猜想到两个函数图象间的联系。

【环节三】绘制图象探究性质

〔教师活动4〕引导学生自主探究，绘制图象。

〔小组活动1〕 固定 $a=1$，每小组 c 取特殊值，得到不同的具体的解析式。

〔教师活动5〕观察本组确定的解析式，你能猜想出 $y=ax^2(a\neq0)$ 具有哪些性质吗？

〔学生活动3〕学生思考并回答，当 $a=1$ 时，函数有最小值 c；关于 y 轴对称等。

〔小组活动2〕分小组画图验证、探究 $y=ax^2+c(a\neq0)$ 的图象和性质。

预设方法1：描点画图。

预设方法2：点对应的平移关系。

〔**学生活动 4**〕学生展示、归纳本组图象的特征、开口方向、顶点、图象趋势等，并总结其对应的函数性质。

教师与学生共同归纳 1：当 $a>0$ 时，二次函数 $y=ax^2+c$ 的性质（表4-4）。

表 4-4 二次函数 $y=ax^2+c(a>0)$ 的性质

a、c 的符号		图象	图象特征		函数性质	
$a>0$			开口方向		对称轴	
			顶点		最值	
			趋势		增减性	

〔**小组活动 3**〕当 $a<0$ 时，学生利用 GGB 软件画图，自主探究函数性质，并归纳总结（表 4-5）。

表 4-5 二次函数 $y=ax^2+c(a<0)$ 的性质

a、c 的符号		图象	图象特征		函数性质	
$a<0$			开口方向		对称轴	
			顶点		最值	
			趋势		增减性	

〔**学生活动 5**〕利用数字教材中的资源，改变 c 的取值，观察图象，验证 $y=ax^2+c(a\neq0)$ 的性质。

教师与学生共同归纳 2：$y=ax^2+c(a\neq0)$ 的图象可以由 $y=ax^2(a\neq0)$ 的图象平移 $|c|$ 个单位（$c>0$，向上平移；$c<0$，向下平移）得到。

设计意图：从解析式的角度分析函数性质，进行代数推理，学生观察到的性质可能有的对有的错，进一步可以利用图象进行验证。通过学生探究讨论，由一般到特殊，最后再由特殊到一般，归纳出一般性结论，在直观想象的基础上，追问两条开口方向大小相同的抛物线背后的代数意义，培养学生直观想象与逻辑推理相结合的严谨的逻辑思维品质。同时通过探究过程，体会转化与化归的数学思想方法。

【环节四】应用性质解决问题

〔学生活动6〕课堂练习：

1. 抛物线 $y=-\frac{1}{2}x^2+5$ 的开口____，顶点坐标____，对称轴为____，它可由抛物线 $y=-\frac{1}{2}x^2$ 向____平移____个单位得到。当 $x<0$ 时，y 随 x 的增大而_____；当 $x>0$ 时，y 随 x 的增大而_____；$y=-\frac{1}{2}x^2+5$ 的图象有最____点，即当 $x=$____时，函数有最____值，为____。

2. 抛物线 $y=ax^2+c(a\neq0)$ 与 $y=-5x^2$ 的开口方向、大小都相同，且顶点坐标是（0，-3），则解析式为_____，它是由抛物线 $y=-5x^2$ 向_____平移_____个单位得到。

设计意图：学生通过练习，体会二次函数的图象特征与各个性质之间的关系，并从观察抛物线开口方向和大小确定二次项系数的符号和大小关系，进一步体会二次函数的增减性、轴对称性以及数形结合的重要性。

【环节五】课堂小结

〔教师活动6〕和学生一起回顾本节课所有学主要内容，请学生回答以下问题：

（1）本节课学习了哪些主要内容？

（2）本节课是如何研究二次函数 $y=ax^2+c(a\neq0)$ 的图象和性质的？

〔**学生活动 7**〕学生回顾本节课主要内容，通过研究二次函数 $y=ax^2+c(a\neq0)$ 的图象与性质，再一次感受研究函数的一般方法。

设计意图：养成自主归纳反思的学习习惯，明确学习目的，帮助学生内化知识体系。

〔**教师活动 7**〕教师总结，引用中国数学家华罗庚的名言"数无形时少直观，形无数时难入微"，让学生再次体会数形结合的重要性。

五、课后反思

（一）有效性分析

本节课教学以学生为主体，教师进行引导，采用探究式和问题式相结合的教学方法实施教学，注重培养学生的思维品质，为学生提供展示的舞台。

通过对二次函数 $y=ax^2(a\neq0)$ 的图象和性质及其探究方法进行回顾，进一步探究 $y=ax^2+c(a\neq0)$ 的图象和性质。通过小组自主探究，学生进一步体会获得研究函数性质的方法，从知识层面上升到方法层面；在引导学生思考、探究的过程中，鼓励学生动手操作，充分发挥其主体地位，促进其高阶思维的形成。

（二）教学设计特点

本节课以合作探究和小组交流的学习方式为主开展学习活动，首先回顾研究二次函数 $y=ax^2(a\neq0)$ 的图象和性质的方法，引导学生确定本节课的研究对象为 $y=ax^2+c(a\neq0)$ 的图象和性质。接下来，进行小组画图验证、探究 $y=ax^2+c(a\neq0)$ 的图象和性质，学生展示、归纳本组图象的特征、开口方向、顶点、图象趋势等，并总结其对应的函数性质。

然后，学生利用数字化教学资源、GGB 软件等，自主探究函数性质，并归纳总结，同时得到平移规律。最后，通过观察解析式以及动手操作，使学生体会综合运用函数解析式和函数图象的数形结合思想，体会从一般到特殊的研究方法，发展几何直观能力，培养学生勇于探究的科学精神和创新意识。

第三节　二次函数的图象和性质（三）

一、背景分析

（一）课标分析

1. 核心素养

《义务教育数学课程标准（2022 年版）》的课程理念中，提出了实施促进学生发展的教学活动，促进信息技术与数学课程融合。明确指出要合理利用现代信息技术，提供丰富的学习资源，设计生动的教学活动，促进数学教学方式方法的变革。在实际问题解决中，创设合理的信息化学习环境，提升学生的探究热情，开阔学生的视野，激发学生的想象力，提高学生的信息素养。

数字教材是利用互联网、数字媒体、大数据等技术手段，融教材、数字资源、学科工具、应用数据于一体的立体化教材。数字教材作为信息化教学环境中的核心资源，更加符合信息化环境中的教与学，数字化资源的使用可以激发学生的兴趣、提升其课堂参与度；数字教材交互资源可以实现人机互动，即时反馈，有助于教师及时调整教学策略，提高教学效率。因此，数字教材可以助力教与学活动的创新，是信息技术与学科教学深度融合创新应用的重要途径。

在教学中，教师可以将数字教材丰富的数字化教学资源以及互动功能与教学深度融合，创设情境激发学生兴趣、开展多种形式的探究活动提升学生的高阶思维能力，发展学生的几何直观，达到优化学生数学学习的目的，同时培养学生勇于探究的科学精神。

2. 学业要求

会用描点法画出二次函数的图象，会利用一些特殊点画出二次函数的草图；通过图象了解二次函数的性质，知道二次函数的系数与图象形状和对称轴的关系。

3. 内容要求

能画二次函数的图象，通过图象了解二次函数的性质，知道二次函数系数与图象形状和对称轴的关系。

4. 教学提示

要引导学生借助平面直角坐标系中的描点，理解函数图象与表达式的对应关系，增强几何直观。

基于以上要求，教学中应当更加强化注重知识之间的联系，整体感知函数的学习方法，选择合适的方法探究新函数的特征，使学生进一步理解函数的内涵，对研究函数的思路和方法实现方法上的提升。同时关注数形结合的研究方法，适当借助信息工具，利用数字教材提供的模拟动画、交互探究、实践活动、数学实验等资源和工具开展学习探究活动。通过函数图象直观地展示二次函数的性质，进一步发展学生的几何直观。

（二）教材分析

1. 单元模块

本单元选自人教版教材九年级上册第二十二章《二次函数》，本单元教学课题为《二次函数的图象和性质》，本节课是这一单元的第三节课。

本单元学习以学生掌握研究一般函数的方法为整体目标，从已有的研究函数的经验出发，总结出研究新函数的角度，探究新函数的性质，并运用信息技术手段，不断深化对新函数的性质的认识。

2. 知识体系

二次函数是一种常见的函数，有着广泛的应用，它是客观地反映现实世界中变量之间的数量关系和变化规律的一种非常重要的数学模型。许多实际问题往往可以归结为二次函数加以研究。二次函数也是初中数学学习的重要组成部分，贯穿了初中高中阶段数学体系的一大部分，是众多数学知识连通的桥梁，在初中、高中、大学数学知识之间起着承上启下的作用。

从内容上看，学生在八年级时学习了《一次函数》，《二次函数》一章编排于九年级上册。此后，在高中的课程中，学生将继续学习和研究指数函数、对数函数、幂函数等基本初等函数的性质。从方法上看，学习本单元之前，学生已经掌握了研究函数的一些常用方法。通过二次函数的学习，使学生进一步巩固所学的知识，站在更高的平台，体验从一般到特殊的研究方法，领略图形运动、变换思想和分解组合等策略思想。二次函数的学习，对学生进入高中后进一步学习函数的一般性质起着承上启下的作用，同时也是学习物理等其他学科的重要工具。

3. 学科思想与核心素养

二次函数的图象和性质是二次函数部分的重要内容，该部分知识能够与其他部分数学知识相结合，构成综合性较强的数学问题，同时，对二次函数图象和性质的探究过程蕴含多种数学思想，其中借助函数图象去探究二次函数性质就是数形结合思想的重要体现。

本单元按从简单到复杂、从特殊到一般的顺序，探究二次函数的图象和性质，得到二次函数 $y=a(x-h)^2+k$ 的图象性质。在本单元的学习后，继续研究 $y=ax^2+bx+c$ 的图象和性质，学生自然就能想到将其配方变形为已学过的形式，从而把问题转化为已解决的问题。在本单元的探究过程中，观察图象，借助二次函数的图象得到其性质，体现了数形结合的思想，使学生进一步体会几何直观的作用，同时培养学生勇于探究的科学精神。

（三）教学重难点

1. 教学重点

通过上述分析，确定本节课的教学重点为二次函数 $y=a(x-h)^2+k$ 的图象和性质。

2. 教学难点

二次函数 $y=a(x-h)^2+k$ 的图象与前几种形式的二次函数之间的联系。

二、学习目标及解析

（一）学习目标

1. 掌握二次函数 $y=a(x-h)^2+k$ 的图象和性质。

2. 理解二次函数 $y=a(x-h)^2+k$ 的图象与二次函数 $y=ax^2$ 的图象的位置关系。

3. 通过作图、观察、分析、合作、归纳等探究方式，理解顶点式二次函数的图象和性质，提升几何直观的能力。

4. 体会数形结合和类比的数学思想，培养学生勇于探究的科学精神。

（二）目标解析

达成目标 1 的标志是：学生会用描点法画出二次函数 $y=a(x-h)^2+k$

的图象，通过函数图象了解二次函数的性质；并能够从函数图象和解析式的角度，得到与已知函数之间的联系，并表述出函数的重要性质。

达成目标 2 的标志是：学生在具体研究新函数的过程中，能根据解析式或通过寻找与已知函数之间的关系，画出并分析函数图象，进一步得到函数的性质，体会从一般到特殊的研究方法，以及数形结合的思想，发展几何直观能力。

达成目标 3 和 4 的标志是：学生通过作图、观察、分析、合作、归纳等探究方式，能够从函数图象和解析式，得到其与已知函数之间的联系，并表述出函数的重要性质。

三、方法策略

（一）综合分析

本单元教学研究二次函数 $y=a(x-h)^2+k$ 的图象和性质是从最简单的二次函数出发逐步深入探讨的，在研究过程中应注意体现类比、数形结合和归纳的思想，循序渐进地安排学习活动，力图使学生不仅学到二次函数的有关知识，而且在知识的学习过程中能够不断提高学习的能力。

同时，应注意复习相关内容，重视知识之间的联系。二次函数的学习是以已学函数内容为基础的。函数的概念、描点法画函数图象等在本单元学习中都要用到。因此，需要注意复习已学函数内容，帮助学生学习二次函数的图象和性质。

还需要关注数形结合的研究方法，适当借助数字教材及信息工具绘图软件开展学习活动。二次函数的图象和性质的探究运用了数形结合的研究方法，即先画出二次函数图象，再结合图象讨论二次函数的性质。图象直观展示了函数的变化情况，进一步发展学生的几何直观。

利用信息工具绘图软件及数字教材可以提供模拟动画、交互探究、实践活动、数学实验等资源和工具，能够支持多种形式的探究活动，充分发挥学生的主体地位，提升学生的课堂参与度，引导学生主动思考、发现、总结和建构，促进其高阶思维的形成，培养其勇于探究的科学精神。

（二）突破方法

1. 独立思考

本节课通过回顾几个函数图象之间的关系，分析确定本节课的研究对象，并写出一个具体的二次函数作为研究对象。学生通过作图、观察、分析等方式独立思考，尝试得出所写具体函数的性质，培养几何直观。

2. 学生活动

小组合作探究，各小组对所写的二次函数进行研究，可以利用数字教材资源辅助探究，总结研究方法，得出函数平移规律。再次利用数字教材资源，动手操作，总结得出二次函数 $y=a(x-h)^2+k$ 的图象性质。通过引导学生思考、探究，鼓励学生动手操作，尝试数学实验过程，将"思维可视化"，发展几何直观，培养勇于探究的科学精神。

3. 展示分享

不同小组进行展示分享，增强学生交流讨论的意识，为学生提供展示的舞台，提升学生的课堂参与度，充分发挥学生的主体地位，促进学生高阶思维的形成。

4. 开放式学习环境

教学过程中让学生利用手持 Pad 发现学习，充分利用数字教材中模拟动画、交互探究、练习反馈资源及信息化工具。

四、教学活动设计

【环节一】复习引入

引导学生回顾已学二次函数的研究方法，同时明确本节课的研究对象，为本节课的自主探究做好铺垫。

〔**教师活动1**〕提出以下问题。

问题1：前面已经研究过哪些形式的二次函数？

问题2：我们是怎样研究这些函数的？

问题3：分别回顾二次函数 $y=ax^2+k$ 及二次函数 $y=a(x-h)^2$ 的图象与 $y=ax^2$ 的图象之间的关系。

问题4：你认为接下来该研究哪种形式的二次函数了？

〔**学生活动1**〕学生利用数字教材资源复习回顾，学生观察图象及函数运动规律，说出二次函数 $y=ax^2+k$ 及二次函数 $y=a(x-h)^2$ 的图象与 $y=ax^2$ 的图象之间的平移关系，同时利用平移关系得到两个函数的顶点和对称轴。通过回顾分析确定接下来的研究对象为形如 $y=a(x-h)^2+k$ 的二次函数。

设计意图：在本环节，学生利用数字教材观察、回顾，充分利用数字教材资源展示二次函数 $y=ax^2+k$ 及 $y=a(x-h)^2$ 的图象与 $y=ax^2$ 的图象之间的关系，发展几何直观。

【环节二】合作交流、互动探究

按照由特殊到一般的研究思路，引导学生选取特殊的研究对象，探究其图象和性质。学生利用数字教材所提供的信息工具及 GGB 软件，进行小组活动自主探究，将"思维可视化"，进一步发展几何直观，并对探究结果进行汇报展示，为学生提供了展示的舞台。

〔**教师活动2**〕教师设置探究活动。

活动 1：请你写出一个具体的二次函数作为研究对象。

活动 2：请各小组对你们组所写的这个二次函数进行研究，可以利用平板中的资源辅助探究。

〔**学生活动 2**〕学生通过互动合作完成探究任务。

任务 1：研究这个函数的思路和方法是什么？

任务 2：对这个函数的研究结果有哪些？

在这一环节互动课堂系统分屏展示观察解析式画函数图象或利用数字资源辅助探究的方法。学生利用手中坐标纸描点画图，并使用手持 Pad，利用数字教材资源及 GGB 软件画出函数图象进行验证，探究之后展示汇报探究结果。

设计意图：上一环节已经对上下或左右平移得到的函数进行了回顾复习，在这一环节引导学生根据解析式特点自主写出一个同时上（下）左（右）平移得到的函数，通过具体函数引导学生自主探究，发现函数解析式与图象之间的关系，为后续探究性质做好准备。同时，先探究具体函数，体现从特殊到一般的思想方法。

【环节三】总结规律，展示交流

学生利用数字教材中的资源再次动手操作，总结得出平移规律，并归纳二次函数 $y=a(x-h)^2+k$ 的性质。通过动手操作并自主归纳总结，学生对二次函数的性质能够更好地理解掌握。

〔**教师活动 3**〕教师提出问题。

问题 5：分别对二次函数 $y=ax^2$、$y=ax^2+k$ 及 $y=a(x-h)^2$ 的图象进行怎样的变换可得到二次函数 $y=a(x-h)^2+k$ 的图象？

引导学生利用数字教材中的交互资源，动手操作总结得到二次函数 $y=a(x-h)^2+k$ 的图象性质。

〔**学生活动**3〕学生利用数字资源再次动手操作，总结得出平移规律；同时根据所得出的平移规律总结二次函数 $y=a(x-h)^2+k$ 的图象性质，并完成表格。由三位同学配合，使用教师电脑展示探究过程并完成黑板中的表格，并总结函数平移关系。

设计意图：在这一环节充分利用数字教材中的辅助资源，鼓励学生动手操作，发现图象的变化与解析式中参数的关系，总结得到函数性质，培养学生观察、思考、总结的学习能力。

【**环节四**】知识应用

〔**学生活动**4〕学生利用本节课的探究结果解决问题，并在数字教材中完成练习，并及时提交纠错。

〔**教师活动**4〕教师通过互动教学平台了解每个小组完成练习的情况，及时给予指导。

设计意图：在这一环节中，有效利用数字教材中的交互性资源，实现及时反馈功能，根据反馈信息，教师迅速掌握学生的学习情况，为学生提供自我评价和反思机会，实现数字教材在个性化学习指导和多样评价方式上的应用。

【**环节五**】课堂小结

〔**教师活动**5〕引导学生反思总结本节课的收获。

〔**学生活动**5〕总结研究函数图象和性质的方法，体会数形结合和类比、化归的数学思想。

设计意图：引导学生自主总结本节课的收获，将本节课所学内容从知识层面上升到方法层面。通过对知识、方法的总结，学生再次回顾学习过程中的探究方式，进一步理解知识的内在联系和逻辑关系，培养学生的思维能力。

五、课后反思

（一）有效性分析

本节课通过回顾前几节课研究函数的一般经验，进一步对二次函数 $y=a(x-h)^2+k$ 的图象和性质进行探究，获得研究函数性质的方法。探究过程中，学生通过动手操作，尝试数学实验过程，促进了高阶思维的形成。

本节课让学生利用手持 Pad 发现学习。通过问题引导、小组合作的学习方式开展教学和探究活动，引导学生充分利用数字教材中的课件直接画动态图，感受函数图象与性质的关系，鼓励学生积极思考，大胆验证；在归纳概括一般性质时，通过数形结合以及形与数的转化，体会从特殊到一般的探究方法，注意过程的科学性与合理性。

（二）教学设计特点

1. 注重知识的联系贯通

函数是初中数学中的重要概念，本节课在教学过程中以学生掌握研究一般函数的方法为整体目标，从已有的研究函数的经验出发，总结出研究新函数的角度，探究新函数的性质，并运用信息技术手段，不断深化对新函数性质的认识。同时，将学生的数学学习经验很好地运用到新知识的学习中，将函数知识之间的联系以及课堂探究活动紧密结合，有效地化解了学习难点。

2. 合理利用数字信息工具辅助探究

本节课在教学过程中深度融合了数字教材资源及信息工具绘图软件。充分利用了数字教材中的模拟动画、交互探究、实践活动、数字实验资源、练习反馈资源等信息化工具，使"思维可视化"。教学中，合理有效地利用了数字信息工具，辅助学生进行探究活动，突破教学难点。通过创设情境激发学生兴趣、鼓励学生动手操作，尝试数学实验过程，为学生提供展示的舞台，各个教学环节精心设计，有效地提升了学生的课堂参与度，充分发挥了学生的主体地位，同时多种形式的探究活动帮助学生提升高阶思维能力，发展几何直观，达到了优化学生数学学习的目的，同时培养了学生勇于探究的科学精神。

3. 明线暗线相互融合，整体把握课程内容

教学过程中，确定了知识的研究过程：由特殊到一般，以一条明线——二次函数的图象和性质，以及一条暗线——研究函数的一般方法，贯穿教学始终。突出了教学知识和教学的本质，整体把握了课程与教学的关系，使学生有实际收获，有益于学生数学核心素养的提升。

第四节　勾股定理

一、背景分析

（一）课标分析

1. 核心素养

《义务教育数学课程标准（2022 年版）》的一个重大的变化，是根据《课程方案》的要求，把核心素养设定为义务教育数学课程的统领性目标，并具体表述为"三会"，即：会用数学的眼光观察现实世界，会用数学的思维思考现实世界，会用数学的语言表达现实世界。数学学科和其他学科不同，它并不以"真实"为研究对象，而是以真实世界里并不存在的抽象数学关系和空间形式为对象，通过一种间接的方式，达到认识世界、解决真实问题的目的。由于数学课程的内容和要求是丰富多彩的，相对应的具体教学方式也应该是丰富多样的。2010年颁布的《国家中长期教育改革和发展规划纲要（2010—2020 年）》指出：信息技术对教育发展具有革命性影响，必须予以高度重视。要通过教育信息化体系的建设促进教育内容、教学手段和教学方法的现代化；要强化信息技术应用，提高教师应用信息技术水平，更新教学观念，改进教学方法，提高教学效果；鼓励学生利用信息技术手段主动学习、自主学习，增强运用信息技术分析解决问题的能力。《义务教育数学课程标准（2022 年版）》在课程理念中，明确指出要合理利用现代信息技术，提供丰富的学习资源，设计生动的教学活动，促进数学教学方式方法的变革。在实际问题解决过程中，创设合理的信息化学习环境，提升学生的探究热情，开阔学生的视野，激发学生的想象力，提高学生的信息素养。

数字教材作为信息技术的一部分，以课标为指导，以教育部 2012 年（部分为 2013 年）审定的人教版《义务教育教科书数学》（七—九年级）为蓝本，注重信息技术与教育教学的深度融合，借助数字技术呈现纸质教科书的内容，配置数字化学习资源和学习工具，为师生改进教学模式和学习方式提供基础内容支持。

数字教材针对纸质教科书内容，提供多层次、示范性的学习素材。围绕教学重点和难点，通过优质模拟动画，将一些抽象的数学知识直观、形象地呈现出来，注重体现知识的形成过程。在这个过程中，数字教材助力学生"三会"数学核心素养的形成。

2. 学业要求

（1）探索勾股定理，并能运用勾股定理解决一些简单的实际问题；探索并掌握判定直角三角形全等的"斜边、直角边"定理。

（2）在直观理解和掌握图形与几何基本事实的基础上，经历得到和验证数学结论的过程，感悟具有传递性的数学逻辑，形成几何直观和推理能力。

基于以上要求，勾股定理作为一个非常重要的、历史资源很丰富的定理，数字教材呈现了它的多种证明思路，以及生动形象的动态演示，因此数字教材在拓宽学生的思维，以及培养学生几何直观和推理能力方面起到了助力作用。

3. 内容要求

探索并利用勾股定理解决简单的实际问题，理解并掌握直角三角形全等的"斜边、直角边"判定定理。

基于以上要求，根据本节课几何探究课的设计，数字教材在学生思维受阻的情况下，还原思维过程，助力学生方法、策略的形成，在此过程中学生的几何直观和推理能力得到发展。

4. 教学提示

本节勾股定理课时内容是在前面章节对直角三角形边或角的关系已有初步研究的基础上，更精确地研究直角三角形三边之间的数量关系，体现从定性到定量的研究思路。勾股定理是直角三角形一条极其重要的性质定理，对后续学习锐角三角函数、四边形、圆等其他几何内容具有重要的奠基作用。同时，勾股定理也是多数初中学生在教师的精心引导下通过探索能够发现并证明的定理。在勾股定理的教学中，通过从特殊到一般的探究方法，经历发现、猜想和证明的探究过程，既培养发现问题、提出问题、分析问题、解决问题的能力和严密审慎的思考习惯，也积累了探究经验，为以后的学习提供活动经验。本节课介绍了国内外对于勾股定理的有关研究成果，在教学中适度地引入，使学生对勾股定理的有关历史发展有所了解，激发学生的学习兴趣。

基于以上特点及要求，数字教材为教师和学生提供了丰富的资源，在探究发现直角三角形三边关系过程中，既提供了从数的角度探究的度量活动资源，也提供了从形的角度探究的等腰直角三角形三边关系的探究资源。在提升方面，数字教材既提供了历史上对勾股定理的典型的证法资源，也提供了学生可以动手操作从而展现美妙的"勾股树"的资源等。

（二）教材分析

1. 单元模块

本单元选自人教版教材八年级下册第十七章《勾股定理》，本单元教学课题为《勾股定理》，本节课是这一单元的第一节课。

本单元学习以学生经历探索勾股定理及其逆定理的过程，掌握勾股定理及其逆定理，并可以利用它们解决简单的实际问题为整体目标，从已有的知识和探究经验出发，以问题为导向，以小组合作的探究形式，利用数字教材等信息技术手段，归纳总结出直角三角形三边的数量关系。在此过程中发展学生的抽象能力、几何直观、推理能力等。

2. 知识体系

从内容上看，本章的教学在学生掌握三角形全等的判定、直角三角形的一些性质、特殊直角三角形的相关性质、二次根式的基础上，对直角三角形的三边关系进行研究。

勾股定理是直角三角形非常重要的性质，有着极其广泛的应用。直角是最常见的特殊角。勾股定理指出了直角三角形三边之间的数量关系，搭建起了几何图形和数量关系之间的一座桥梁，从而发挥了重要的作用。勾股定理不仅在平面几何中是重要的定理，而且在三角学、解析几何学、微积分学中都是理论的基础，对现代数学的发展也产生了重要而深远的影响。

3. 学科思想与核心素养

2019 年，中共中央、国务院在《中国教育现代化 2035》中明确提出推行启发式、探究式、参与式、合作式等教学方式，在《关于深化教育教学改革全面提高义务教育质量的意见》中又增加了"重视情境教学""开展研究型项目化、合作式学习"等内容。

本章《勾股定理》的教学，基于学生已经掌握了全等三角形、二次根式、直角三角形的两个锐角互余、30°角所对的直角边是斜边的一半等相关知识，并且经历了探究三角形全等、等腰三角形的性质等，具有简单的活动经验的基础上进行的探究性学习。在勾股定理的探究学习中，通过从特殊到一般、从特殊到一般的探究方法，经历发现、猜想和证明的探究过程，培养发现问题、提出问题、分析问题、解决问题的能力和严密审慎的思考习惯的同时也积累了探究经验，为以后的学习提供活动经验。

《义务教育数学课程标准（2022年版）》在图形的性质的教学中指出：要组织学生经历图形的分析与比较的过程，引导学生会关注事物的共性、分辨事物的差异、形成合适的类，会用准确的语言描述研究对象的概念，提升抽象能力，会用数学的眼光观察现实世界；要通过生活中或者数学中的现实情境，引导学生感悟基本事实的意义，经历几何命题发现和证明的过程，感悟归纳推理过程和演绎推理过程的传递性，增强推理能力，会用数学的思维思考现实世界。

（三）学情分析

1. 学生已有的基础

学生已经掌握一些几何图形面积的计算方法（包括割补法）、三角形全等的判定、直角三角形的一些性质、特殊直角三角形的相关性质和二次根式等内容，已经具备一定的观察、归纳、探索和推理的能力。

2. 针对学生学习本章常见错误与不易掌握的内容的措施

（1）割补法。学生在学习多项式乘法和乘法公式的几何意义时已初步涉及，但运用割补法求面积进而解决问题的意识和能力还有待提高。针对此问题，通过小组合作，方法共享实现解决。

（2）验证一般的直角三角形三边满足"两条直角边的平方和等于斜边的平方"的方法。等腰直角三角形三边的关系，学生可以借助网格和学习无理数时的经验得到三边的关系，但学生目前的知识水平，不能借助此方法来验证一般的直角三角形的三边之间也具有此关系。针对此问题，通过数字教材中的数字化资源提供的等腰直角三角形三边关系的探究思路，从形的角度进行探究，从而解决问题。

（四）教学重难点

1. 教学重点

探索和证明勾股定理。

2. 教学难点

用割补法求以斜边为边的正方形的面积；证明勾股定理。

二、学习目标及解析

（一）学习目标

1. 能准确利用文字语言、几何图形语言、字母符号语言表述勾股定理，会初步运用勾股定理进行简单的计算。

2. 经历用网格中计算图形面积的方法探索勾股定理，以及利用图形面积验证勾股定理的过程，发展将未知转化为已知的思维意识，提升几何直观的数学素养。

3. 在探索勾股定理的过程中，经历观察、猜想、验证、证明的探究过程，培养发现问题、提出问题、分析问题和解决问题的能力，体会数形结合和从特殊到一般的数学思想方法。

（二）目标解析

达成目标1的标志：能够根据直角三角形中已给的任意两条边的长度，求出第三边的长。

达成目标2的标志：在网格中利用面积探索直角三角形三条边之间的数量关系的过程中可以通过割、补的方法求出相应的面积。

达成目标 3 的标志：通过独立思考、小组合作探究，归纳总结得出直角三角形三条边之间的数量关系，同时在探索的过程中积极尝试，对图形有自己的理解，勇于发表自己的想法和见解，并可以准确叙述直角三角形三条边之间的数量关系。

三、方法策略

（一）综合分析

"以生为本"、落实"四基"、发展数学思维是本节课的设计理念，以问题为引领，逐层探究，步步为营。在课堂引入环节，强调建立新旧知识之间的联系，充分体现知识的整体性；在定理的探究环节，通过设置丰富的多层次的活动，利用数字教材提供的资源，从特殊到一般，再到从等腰直角三角形类比探究一般直角三角形，反复经历"观察—发现—猜想—验证—证明"的过程，并将从特殊到一般、归纳猜想、数形结合、转化与化归等数学思想方法贯穿于探索与求知之中，促进知识和方法的迁移和提升，充分体现了研究方法的一般性；在定理的应用环节，通过利用勾股定理证明"HL"，学生利用数字教材资源观察和欣赏美丽的"勾股树"，进一步加深了对于勾股定理的理解。最后在课堂小结环节，引导学生从知识、方法、思想等多个角度进行充分的交流，既实现了对勾股定理知识本身的巩固，更加深了对几何研究一般思路方法的理解和掌握。

（二）突破方法

1. 独立思考

本节课利用复习旧知导入新课的方法，在学生梳理三角形知识体系的过程中，自然形成了对直角三角形三条边之间的数量关系的思考。

学生结合所学，独立思考：直角三角形三条边之间存在数量关系吗？学生利用全等的知识，当利用"边角边""角边角""角角边"判定两个直角三角形全等之后，利用全等三角形的对应边相等，可得到第三条边的长度，因此得出直角三角形的三条边之间一定存在着数量关系的结论。

2. 学生活动

利用全等三角形的知识，明确了直角三角形三条边之间确实存在确定的数量关系，只是目前这个关系未知，那么该如何研究呢？对于这个问题，开展"头脑风暴"，在独立思考、自主探究、合作交流的过程中确定了接下来的研究思路。经历了从数的角度进行研究，发现无法进行后，尝试从形的角度进行研究，但如何研究呢？探索陷入了困境，此时借助数字教材资源中毕达哥拉斯发现勾股定理的过程，将情境、思维过程再现给学生，打开学生思路的大门。在此环节中，数字教材起到了突破难点的作用。

3. 展示分享

在小组合作中完成对直角三角形三条边之间的数量关系的探究，然后由小组派代表进行分享。在此过程中，充分发挥学生的主体作用，用数学的眼光观察现实世界，用数学的思维思考现实世界，用数学的语言表达现实世界，同时培养学生的合作精神和合作意识。

4. 开放式学习环境

本节课注重问题情景的设置，利用问题引领学生学习，学生在小组合作学习中完成探究活动。在探究活动中，学生通过手持 Pad，观察、思考毕达哥拉斯发现勾股定理的思路，从而找到本节课探究问题的突破口。在巩固复习环节，学生借助手持 Pad，欣赏、观察美丽的"勾股树"，从而加深对于勾股定理的理解。

四、教学活动设计

【环节一】复习旧知，发现问题

利用复习回顾，引发学生对于直角三角形三条边之间是否具有数量关系的思考。

〔教师活动1〕提出问题。

问题1：三角形的角和边有哪些数量关系？

问题2：等腰三角形的角元素和边元素有哪些特性？

问题3：直角三角形都有哪些特性？

问题4：直角三角形的三条边之间是否存在着等量关系？如果存在，是什么？

〔学生活动1〕结合已有的知识思考、回答问题（图4-9）。

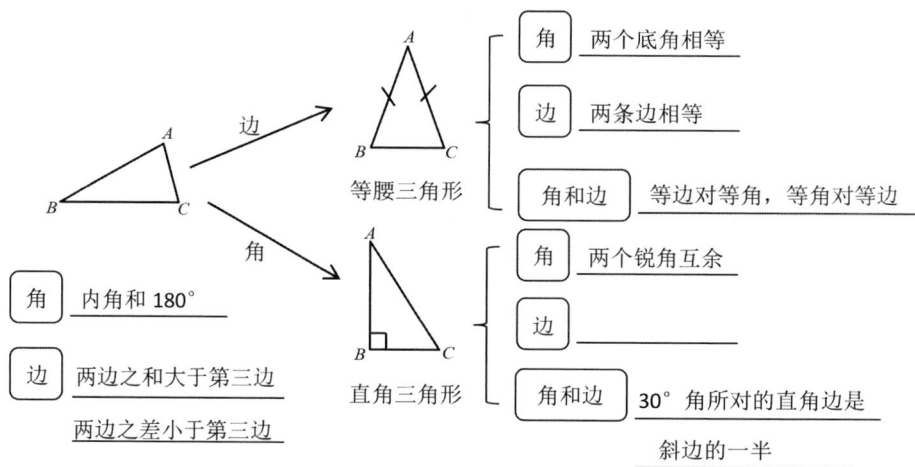

图4-9 三角形的性质

设计意图：通过复习，建立新旧知识之间的联系，充分体现了知识的整体性；类比等腰三角形的性质得到关于直角三角形三边关系是否存在等量关系的猜想，并利用全等的知识解决问题，体现知识间的联系。

【环节二】利用经验，初步猜想

学生利用已有的全等的知识，通过独立思考和小组交流，得出直角三角形的三条边之间具有等量关系的结论。学生结合已有的活动经验，制订探究直角三角形三条边之间的数量关系的思路。

〔**教师活动2**〕组织学生开展活动。

头脑风暴：如何发现直角三角形的三边有怎样的等量关系？

〔**学生活动2**〕组内头脑风暴，得到方案。小组合作、动手操作、分享交流、汇报结果。

设计意图：充分体现"以生为本"的教学理念，以问题为引领，发展学生的思维力，培养分析问题、解决问题的能力。

预设1：由特殊到一般，即：画出若干直角三角形，通过度量，得到三边的数值，再利用数之间的关系，猜想边之间的关系。

〔**学生活动3**〕画一画、量一量，看看从三边的长度是否可以得到三边的关系。

设计意图：渗透由特殊到一般的探究思路，培养学生分析问题的能力。

预设2：由特殊到一般，即：先由特殊的等腰直角三角形的三边关系入手得到猜想，再到一般的直角三角形三边的关系。

〔**学生活动4**〕通过画一画、量一量特殊的等腰直角三角形的三边长度，得到关于直角三角形三条边之间的数量关系的猜想。

设计意图：增加由特殊到一般的活动经验。

〔**教师活动3**〕组织学生开展活动。

探究：等腰直角三角形的三边有怎样的等量关系？

〔**学生活动5**〕利用网格探究等腰直角三角形三边的数量关系，上传探究结果，以组为单位汇报。

设计意图：利用数形结合——在网格中研究等腰直角三角形三边的关系，体现学生的主体性，促进学生知识和方法的迁移和提升。

学生通过探究得出猜想：等腰直角三角形的两条直角边的平方和等于斜边的平方。

〔**教师活动4**〕提出问题。

问题5：一般的直角三角形两条直角边的平方和等于斜边的平方吗？

〔**学生活动6**〕结合头脑风暴活动的结果回答问题。

设计意图：根据头脑风暴活动的经验，利用度量不能解决此问题，即从数的角度目前无法继续进行探究，此时适时启发，数与形是互相统一的，可以以数解形，也可以以形观数，引导学生从形的角度解决问题，增加探究经验。

【环节三】大师引领，验证猜想

学生借助手持Pad，阅读数字教材中关于毕达哥拉斯发现勾股定理的过程，通过观看数字教材中的动态演示，再现毕达哥拉斯的思考过程，助力学生归纳出探究方法、策略。

〔**教师活动5**〕组织学生进行活动。

请利用手持Pad阅读数字教材22页，阅读后，打开数字化资源观看毕达哥拉斯对于等腰直角三角形三边等量关系的发现、思考过程（图4-10），并回答下面的问题：

（1）你认为是什么帮助毕达哥拉斯发现了等腰直角三角形三边的等量关系？

（2）毕达哥拉斯研究等腰直角三角形三边等量关系的思路是什么？

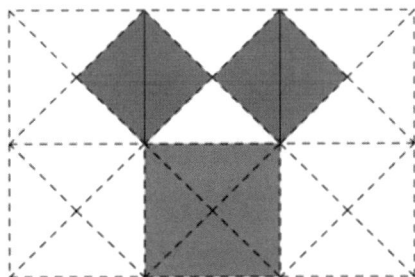

图 4-10 毕达哥拉斯发现、思考过程视频截图

〔**学生活动 7**〕利用平板观看数字化资源，理解毕达哥拉斯的研究思路。

设计意图：毕达哥拉斯的发现过程，为学生提供探究的思路，将边长的平方转化为正方形面积的问题进行解决，体会数形结合的数学思想方法。

〔**教师活动 6**〕组织学生开展活动。

验证所画一般的直角三角形是否满足两条直角边的平方和等于斜边的平方（图 4-11）。

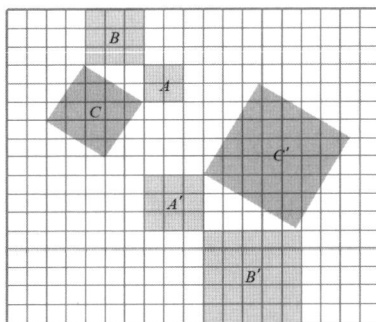

图 4-11 验证过程视频截图

〔**学生活动 8**〕动手操作、观察思考、上传成果、回答问题。

设计意图：在网格中利用毕达哥拉斯提供的面积的方法验证相对一般的直角三角形的三边是否满足猜想。利用由特殊到一般的探究方法，经历由猜想到验证，进而到证明的探究思路，积累探究经验。

学生通过探究活动得到猜想：任意直角三角形两条直角边的平方和等于斜边的平方。

【环节四】动手操作，证明猜想

学生结合环节三的探究经验和结论，借助网格并利用以直角三角形三边为边长得到的正方形的面积进行割或补的方式证明任意直角三角形两条直角边的平方和等于斜边的平方。

〔**教师活动7**〕组织活动，并根据活动情况提出问题。

证明：直角三角形两条直角边的平方和等于斜边的平方。

已知：如图4-12，直角三角形的两条直角边分别为 a，b，斜边长为 c。

求证：$a^2+b^2=c^2$

图 4-12

追问1：结合前面的活动经验，对于这个命题的证明，有什么思路吗？

预设1：学生结合经验及板书上的两幅弦图，直接想到去掉网格，就可以得到证明的图形。

预设2：学生结合经验仍没有证明的思路，引导学生观察黑板上图形的构成，进而让学生动手操作，利用和的平方、差的平方的公式得到勾股定理。

〔**学生活动9**〕独立思考，回答问题。动手操作、独立完成定理的证明，学生在教师的引导下，完整叙述勾股定理的内容，以及勾股定理的符号语言。补全知识结构图。

设计意图：经历"观察—发现—猜想—验证—证明"的过程，培养严谨的思维习惯，增加探究经验，感悟数学的严谨，体会数学中三

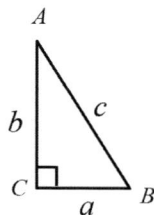

种语言的转换。在概括基本事实的过程中，引导学生透过现象看本质，锻炼学生用数学语言概况结论的能力。

追问 2：结合勾股定理的探究及证明过程，回答：两个小正方形可以通过拼接得到一个大正方形，你知道是怎么进行分割和拼接的吗（图4-13）？

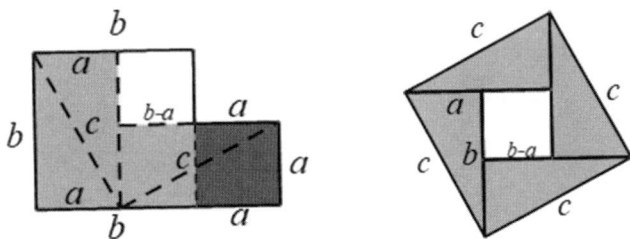

图 4—13

〔**教师活动 8**〕结合对直角三角形三条边之间数量关系的证明过程，引导学生思考如何将两个小正方形通过拼接得到一个大正方形。

〔**学生活动 10**〕思考后，利用手持 Pad 观看数字教材中关于"出入相补法"的动态演示，回答问题。

设计意图：通过问题引出赵爽弦图，并借助数字化资源更好地理解勾股定理的证明过程，初步了解"出入相补法"。

【**环节五**】应用所学，解决问题

勾股定理的简单应用，利用手持 Pad 欣赏数字教材中美丽的"勾股树"资源，感受数学之美。

〔**教师活动 9**〕提出问题并组织学生利用勾股定理解决简单的问题。

问题 6：对于"斜边、直角边"判定两个直角三角形全等这个定理，我们是利用尺规作图进行探究得出的，但没有进行证明。现在，你能够利用所学解释为什么"斜边、直角边"这个定理可以证明两个直角三角形全等吗?

〔**学生活动** 11〕结合已有知识,思考并回答问题。

设计意图:通过问题 6,解释"斜边、直角边"为什么可以用来证明两个直角三角形全等,感受数学的严谨性,培养严谨精神。

例:图 4-14 中所有的三角形都是直角三角形,四边形都是正方形。已知正方形 A,B,C,D 的边长分别是 12,16,9,12,求最大正方形 E 的面积。

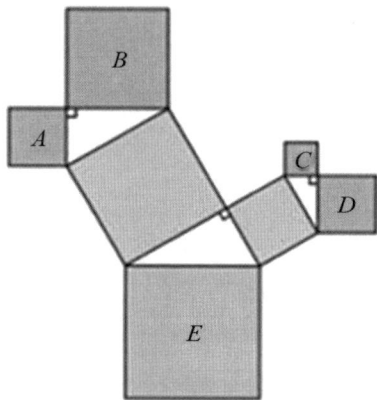

图 4—14

〔**学生活动** 12〕单独思考,并利用勾股定理解决问题。

设计意图:通过例题,及时巩固勾股定理的内容。

〔**教师活动** 10〕组织学生完成活动——欣赏美丽的"勾股树"。

请利用手持 Pad 打开人教数字教材 24 页中的数字化资源欣赏美丽的"勾股树"。

〔**学生活动** 13〕利用平板操作、欣赏美丽的"勾股树"。

设计意图:通过对美丽的"勾股树"的欣赏,感受数学的美,激发学生探索、学习的热情。

【环节六】总结反思，感悟收获

对本节课的内容分别从知识方面和探究活动中积累的探究经验等方面进行总结反思。

〔**教师活动**11〕对本节课的学习提出问题。

问题7：勾股定理揭示了直角三角形三边之间具有怎样的等量关系？

问题8：本节课探究勾股定理的思路是什么？

问题9：本节课用到了哪些数学思想方法？分别在哪个环节应用到这些思想方法？

问题10：本节课的探究过程对你以后探究类似问题有何启发呢？

〔**学生活动**14〕独立回顾本节课的探究过程，思考提出的问题，结合实际回答问题。

设计意图：通过小结中的一系列问题，梳理本节课内容，掌握本节课的核心——割补法证明勾股定理，通过最后的总结、反思与感悟收获，加深对本节课的活动经验的理解和感悟。

五、课后反思

（一）有效性分析

本节《勾股定理》依据课程标准的要求，在深入研究解读教材的基础上，结合学情分析，设计了整体化教学程序，构建了有效的数学学习过程。通过从特殊到一般的探究方法，经历"观察—发现—猜想—验证—证明—应用"的探究过程，培养学生发现问题、提出问题、分析问题、解决问题的能力和严密审慎的思考习惯，为其后续的学习积累探究经验和活动经验。

本节《勾股定理》在充分体现以生为本、落实"四基"，发展数学思维的教学理念下，设计了以下六个环节：复习旧知，发现问题、利用经验，初步猜想、大师引领，验证猜想、动手操作，证明猜想、应用所学，解决问题、总结反思、感悟收获。在环节和环节之间，注重以问题为引领，合理有效地设计学习活动，引导学生深度思考，充分经历知识形成和发展的过程，关注数学文化经典，发挥数学学科的育人价值。

由于数字教材和数字化资源的使用，本节课更加生动形象、自然和谐。如在对勾股定理的猜想、验证和证明的过程中，学生现有的学习经验和活动经验基础很难让他们想到如何验证一般的直角三角形三边之间是否具有两条直角边的平方和等于斜边的平方这个关系，此时借助数字教材中的数字化资源——毕达哥拉斯发现等腰直角三角形三边之间数量关系的过程，学生通过思考归纳出方法，即通过将形进行数量关系的研究，既增加了探究经验，又发展了学生的思维，同时渗透了数形统一的重要性。

（二）教学设计特点

本节《勾股定理》是依据课程标准的要求，在深入研究、解读教材的基础上，结合学情分析，设计了整体化教学程序，构建了有效的数学学习过程，注重数学思想与数学文化的渗透，促进了学生数学核心素养的提升。

教学设计特点主要体现在以下三个方面：

1. 合理设计教学流程，凸显几何图形研究的一般思路方法

本节《勾股定理》一课的教学设计和实施，凸显了对几何图形研究的一般思路方法，即"观察—发现—猜想—验证—证明—应用"，本课教学思路清晰、逻辑性强，重视知识的形成过程。

在课堂引入环节，强调建立新旧知识之间的联系，充分体现了知识

的整体性；在定理的探究环节，突出丰富的多层次的活动，通过从等腰直角三角形类比探究一般直角三角形，反复经历"观察—发现—猜想—验证—证明"的过程，并将由特殊到一般、归纳猜想、数形结合、转化与化归等数学思想方法，贯穿于探索与求知之中，促进学生知识和方法的迁移和提升，充分体现了研究方法的一般性；在定理的应用环节，通过利用勾股定理证明"HL"和对"勾股树"的介绍和研究，进一步加深了学生对于勾股定理的理解；最后在课堂小结环节，引导学生从知识、方法、思想等多个角度进行充分的交流，既实现了对勾股定理知识本身的巩固，也加深了学生对几何研究一般思路方法的理解和掌握。

2. 突出学生的主体地位，充分关注学生的发展

本节《勾股定理》的设计重视体现"以生为本"的教学理念，落实"四基"，发展数学思维，注重以问题为引领，合理有效地设计学习活动，引导学生深度思考，充分经历知识形成和发展的过程，关注数学文化经典，发挥数学学科的育人价值。

本节课的引入阶段，采用了复习旧知导入新课的方法，在引导学生梳理三角形的知识体系的过程中，自然形成了本课研究的主题，即探究直角三角形三边之间的数量关系。这样的设计既发挥了先行组织者的作用，也让学生明确了学习的目的和方向。

本节课在展开探究活动前，未按照常规做法，引导学生思考等腰直角三角形的问题，而是引导学生先利用全等三角形的知识，明确了直角三角形三边之间确实存在确定的数量关系，只是目前这个关系未知，那么该如何研究呢？此时将确定研究思路的主动权交给学生，引导学生开展头脑风暴。在独立思考、自主探究、合作交流的过程中确定了接下来的研究思路。整节课巧妙运用问题串、问题链，课堂思维训练步步提高，循序渐进，富有成效。

同时本节课强调了数学文化的渗透，提升了数学文化价值，如在对等腰直角三角形的探究环节引出了毕达哥拉斯的发现，在证明定理的环节运用了赵爽弦图，而在作业环节又进一步引导学生拓展研究刘徽的青朱出入图和欧几里得的证明方法等内容。

3. 数字教材与数学课堂融合，助力学生高效学习

本节课的实施环节，充分利用数字教材的资源，助力学生展开高效学习。如在勾股定理的探究环节，当学生通过测量验证勾股定理思维受阻时，恰当地引入数字教材中有关毕达哥拉斯发现勾股定理的介绍，使学生意识到可以用三个正方形面积之间的关系来刻画直角三角形三条边的平方之间的数量关系，进而为接下来的探究铺平了道路；在定理的应用环节，学生利用手持 Pad 观看阅读数字教材资源中有关"勾股树"的资料，既进一步激发了学生的学习兴趣，又从数和形两个角度加深了其对勾股定理本质的理解；在课后作业环节，组织学生继续学习数字教材中有关勾股定理的其他证明方法，有效地整合了教学资源，渗透了数学文化，更好地揭示了数学知识的发生、发展过程，帮助学生正确理解数学知识，发展数学思维。

第五节　平方差公式

一、背景分析

（一）课标分析

1. 核心素养

《义务教育数学课程标准（2022 年版）》指出，数学课程要培养学生会用数学的语言表达现实世界。数学为人们提供了一种描述与交流现实世界的方式。通过数学语言，可以简约、精确地描述自然现象、科学情境和日常生活中的数量关系与空间形式；形成数学的表达与交流能力，发展应用意识与实践能力。

在义务教育阶段，符号意识主要是能够感悟符号的数学功能，能初步运用符号表示数量、关系和一般规律，知道用符号表达的运算规律和推理结论具有一般性。符号意识是形成抽象能力和推理能力的经验基础。

2. 学业要求

能从生活情境、数学情境中抽象概括出数与式的概念和规则，掌握相关的运算求解方法，合理解释运算结果，形成一定的运算能力。

基于以上要求，平方差公式这一节课是整式乘法的进一步的学习过程，建立一般到特殊的运算关系。通过多项式相乘的特殊情况发现其运算存在的简便方法。在这一过程中，培养了学生符号运算的推理，也为下一节课完全平方公式内容的学习做好了铺垫。

3. 内容要求

理解平方差公式的几何背景，并能运用公式进行简单计算和推理。

基于以上要求，在实际课堂中，从多项式乘法等知识的基础上，自然过渡到特殊乘法公式的学习。学生对公式几何背景的研究，也是数与形结合的一种有效形式。

4. 教学提示

本节课有着多项式乘法的学习经验，也是后续学习因式分解、分式的运算和化简、解一元一次方程等内容的基础。学习平方差公式对于后面的完全平方公式的学习具有借鉴和指导意义，是培养学生符号意识、运算能力、体验模型建构的经典范例，有利于发展学生的理解、迁移、应用和创新能力。

基于以上要求，本节课关注单元学习的主题，重视核心素养，指向深度学习，实现学生在秉承学科素养、掌握学习能力、持有价值追求基础上的可持续学习。

（二）教材分析

1. 单元模块

本节课是人教版八年级上册第十四章《整式乘法》第二节，主要教学内容为平方差公式的推导和计算。平方差公式是多项式乘法的特殊化体现，是在研究一般多项式乘法的基础上从特例中得到的简洁数学模式。教学中，应让学生了解公式产生的背景，经历公式形成的过程。平方差公式的学习为学生掌握其他数学公式提供范例，因此，这节课在第十四章中具有核心地位。

2. 知识体系

学生从已有认知出发，在一组多项式乘以多项式的乘法运算中，发现有特殊形式的多项式相乘，并且运算结果简单。学生从中总结出这种特殊的多项式相乘的特征，初步感受平方差公式。通过数形结合验证平方差公式的合理性，进而确立平方差公式的地位和作用，既为符合公式特征的整式乘法运算带来方便，又为后续学习用公式法分解因式奠定基础。

3. 学科思想与核心素养

从数学学科思想方法及学科能力的角度看，平方差公式蕴含了数学符号的推导，发展了学生抽象能力及符号推理能力。

本节课从公式的探究、推导活动中，让学生学会从特殊到一般的探究方法，为学生以后能主动探究完全平方公式，甚至是立方和、立方差等数学公式奠定良好的迁移基础。

（三）学情分析

学生的认知基础：八年级学生已有字母表示数学基础。学生已经学习了多项式乘法的一些运算公式，对公式课学习的方法也有了一定的认识，也建立了一些符号意识，为本节课的进一步探究做好了准备。通过前面几节课的学习，学生也具备了一定的自主探究能力，对使用数字教材以及利用教材辅助探究的学习方式也比较熟悉。

学生学习本节课的困难：公式结构特征形式灵活多样，学生对字母广泛含义的理解能力不足，往往难以掌握用字母表示数的广泛含义（如字母可以表示负数、多项式等），容易出现符号错误、系数不平方等。其原因就是只了解公式的表面形式，未真正掌握平方差公式的本质特征。

（四）教学重难点

1. 教学重点

发现平方差公式，并能根据公式的特征，运用公式进行计算。

2. 教学难点

理解平方差公式的字母的意义。

二、学习目标及解析

（一）学习目标

1. 通过具体的多项式的乘法运算，经历平方差公式的探索过程，能够用多项式的乘法法则推导公式，并且能够掌握平方差公式的结构特征。

2. 理解平方差公式的符号语言、文字语言、图形语言三种数学语言，并能相互转化。

3. 在经历平方差公式产生的过程中，体验知识的产生与发展，感受利用归纳、数形结合等数学思想方法解决数学问题的策略，培养观察、归纳、概括的能力，发展符号感和推理能力等核心素养。

（二）目标解析

达成目标 1 的标志是：让学生经历公式的形成过程，即"归纳—猜想—验证—数学符号表示"的过程，进一步发展学生的符号感，培养他们的合情推理和归纳推理的能力。

达成目标 2 的标志是：让学生理解公式中的 a，b 各代表什么，能够分析、运用平方差公式的结构特征解决问题；让学生在经历从具体到抽象、从一般到特殊的过程中，寻找规律，自我归纳。

达成目标 3 的标志是：明确解决同类问题的基本思路，积累数学活动经验，感受"平方差公式"的魅力，提高数学学习的兴趣。在探究、合作交流的过程中体验学习的快乐，从而能主动地理解数学、感悟数学。

三、方法策略

（一）综合分析

基于以上的教学分析，要熟练而正确地应用公式解决问题，就必须对公式的特征进行剖析，在剖析中加深对公式特征的理解和掌握。

（二）突破方法

1. 学生活动

设计了两个学生活动环节，通过探究的问题串不仅让学生温故而知新，还能让学生经历文字语言和数学符号语言不断转化的过程，体会用数学的语言表达现实世界。

设计的学生活动与知识的形成过程有关，学生在活动中感受知识的形成过程。

2. 展示分享

学生自我展示、小组活动分享，增强学生交流讨论的意识。

四、教学活动设计

【环节一】复习回顾

〔教师活动1〕

问题1：请同学们回忆多项式乘以多项式的法则。

追问1：公式中的字母可以代表什么？

追问2：公式如何用几何图形的面积来进行证明呢？

〔学生活动1〕

1. 回顾多项式乘以多项式的法则。

2. 利用数字教材资源复习回顾，学生指出公式中的字母所代表的意义。

3. 利用数字教材整式乘法中的图片来解释公式。

设计意图：通过所学习的多项式乘法公式，引导学生回顾公式的法则，以及公式的适用范围和图形验证，为后续研究做好铺垫。

技术应用：数字教材资源展示多项式乘法的所学内容及多项式乘法中的几何验证图片，PPT 课件分步骤展示之前所学的相关内容。

【环节二】探究公式

〔教师探究活动1〕

计算多项式的积，你有什么发现吗？

（1）$(x+1)(x-1)$；　　　（2）$(m+2)(m-2)$；　　　（3）$(2x+1)(2x-1)$。

〔教师探究活动2〕

请同学们写出 $(a+b)(a-b)$ 的运算结果，并说说你在运算中的根据是什么。

追问1：你能说说这个公式的特点吗？

追问2：既然它是多项乘以多项式的乘法的特殊形式，请你对比一下这两个乘法公式，它的特殊性在哪？

追问3：用文字语言来描述这个公式。

〔教师探究活动3〕

判断下列式子能用平方差公式进行计算吗？如果能，计算出结果；如果不能，说明理由。

（1）$(x-y)(x+y)$；　　　（2）$(x-y)(-x+y)$；

（3）$(x+y)(x+y)$；　　　（4）$(-x+y)(-x-y)$。

〔学生探究活动1〕

探究任务：

1. 你还能举出符合这样特征的多项式相乘吗？

2. 你能用符号语言来概括化简后为两项的这样特征的多项式相乘的一般形式吗?

3. 小组互相交流，并展示探究结果。

4. 利用智慧教学平台展示公式辨析的结果。

设计意图：通过观察特殊形式下多项式乘法运算结果的变化，让学生初步感受式子的结果从4项到2项的特殊性，在特例中发现规律，体现从一般到特殊的思想。

技术应用：智慧教学平台系统探究之后利用互动平台展示探究结果。

【环节三】推导公式（图形验证）

〔教师活动2〕

类比二项式乘法公式图形面积的几何证明，你能用图形面积来说明平方差公式吗?

〔学生活动2〕

利用电子资源交流几何面积的验证（图4-15）。

思考

你能根据图14.2-1中图形的面积说明平方差公式吗?

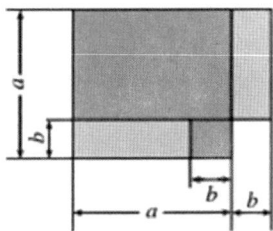

图14.2-1

图4-15 几何面积的验证视频截图

设计意图：学生们利用数字教材直观地经历图形的变化过程，从数形结合的角度进一步理解公式。

技术应用：学生利用人教数字教材中的互动资源，观察图象变化，总结规律。

【环节四】应用公式

〔教师活动3〕

练习

1. 下面各式的计算对不对？如果不对，应当怎样改正？

（1）$(x+2)(x-2)=x^2-2$；　　（2）$(-3a-2)(3a-2)=9a^2-4$。

2. 运用平方差公式计算：

（1）$(a+3b)(a-3b)$；　　（2）$(3+2a)(-3+2a)$；

（3）51×49；　　　　　（4）$(3x+4)(3x-4)-(2x+3)(3x-2)$。

〔学生活动3〕

各小组学生通过数字教材的资料，自主完成练习资源，并提交答案。

师生共同总结利用公式计算的一般步骤：

1.“辨”——判断是否能用公式；

2.“用”——相同项平方 - 相反项平方；

3.“算”——结果运算到最简。

设计意图：通过手持Pad数字教材辅助资源完成练习，第一时间提交并及时纠正错误。同时教师能够通过互动课堂系统了解每个小组练习的完成情况，及时给予指导。

技术应用：学生使用手持Pad，自主完成教材中的练习，并及时提交纠错。互动课堂系统同时展示各小组完成情况，教师及时指导。

【环节五】归纳总结

〔教师活动4〕

1. 你能小结本节课的学习收获吗？

2. 平方差公式中的字母可以代表什么？在使用时需要注意什么？

3. 平方差公式是怎样得到的？

〔学生活动4〕

通过小结，进一步帮助学生梳理公式教学的一般步骤，总结本节课的知识内容和探究的方法。

总结：

1. 公式中的字母 a, b 可以表示数，也可以表示单项式或者多项式。

2. 在运用公式时要辨析符合公式的特征。

3. 运算的结果要化到最简。

4. 转化后不符合公式特征的，考虑多项式的乘法法则。

设计意图：引导学生自主思考，总结归纳本节课的思想方法。将本节课所学内容从知识层面上升到探究层面。

拓展学习设计：

1. 59.8×60.2；

2. $(x+5+y)(x-5+y)$；

3. $(a+1)(a-1)(a^2+1)(a^4+1) \cdots (a^{2012}+1)$；

4. 你能用今天所学内容来解释图4-16中灰色部分的面积是多少吗？

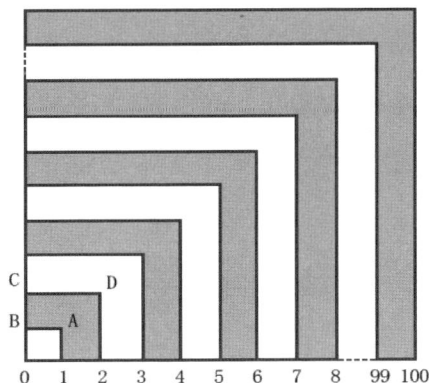

图 4-16

设计意图：1，2，3题从公式的应用拓展与提高发展学生的探究能力，第4题从几何意义上再进一步理解代数公式，数形结合，运用新知解决问题。

五、板书设计

如图 4-17 所示。

14.2 平方差公式

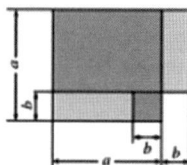

图 4-17　板书设计

六、课后反思

本节课遵循教材从一般到特殊的顺序进行探究，从知识层面上升到方法层面。通过以小组为单位，利用数字教材资源等信息工具探究公式的特征，引导学生思考，用数学图形验证公式，促进学生数形结合基本技能的形成。

七、特色学习资源分析、技术手段应用说明

本节课主要采取将手持 Pad 中的数字教材引入课堂教学。通过问题引导、小组合作的学习方式开展探究活动，引导学生充分利用手中

的学习资源，回顾和帮助学生在旧知与新知中建立新知的学习，并且利用数字教材中的几何图片验证公式的迁移鼓励学生积极思考，大胆验证，在归纳概括公式时，通过数与形的转化，体会从特殊到一般的探究方法，重视探究过程的科学性与合理性。

第六节　丰富多彩的正方形

一、背景分析

（一）课标分析

1. 核心素养

《义务教育数学课程标准（2022 年版）》明确指出，教师在教学过程中要重视设计合理问题，在真实情境中提出能引发学生思考的数学问题，也可以引导学生提出合理问题。问题提出应引发学生认知冲突，激发学生学习动机，促进学生积极探究，让学生经历数学观察、数学思考、数学表达、概括归纳、迁移运用等学习过程，体会数学是认识、理解、表达真实世界的工具、方法和语言，增强认识真实世界、解决真实问题的能力，树立学好数学的自信心，养成良好的学习习惯。

课标还提到，随着数学学习的深入，学生所积累的数学知识和方法就成为学生的数学现实。这些数学现实主要包括学生已经具备的数学知识、技能、活动经验与方法。这些数学现实应当成为学生进一步学习数学的素材。本节课就是让学生利用已学的知识和方法进行探究、猜想和验证发现新的性质，这样的教学方式可以激发学生的学习欲望，促进学生思维的发展，培养学生的逻辑推理和批判性思维能力。

数学实验是指在教师的引导下，学生运用有关工具，通过实际操作，在认知和非认知因素参与下进行操作体验、探索发现、综合实践，理解数学知识、发现数学规律、解决数学问题的一种学习活动。数学知识本身是抽象的，数学结论需要通过严密的演绎得到，但是数学学习的过程可以是灵动的、活泼的。数学实验可以充分激发学生数学学习的积极性和主动性，让学生在动手实践、自主探索、互动合作的学习活动中，发展数学思维，培育创新意识。数字教材中的资源可以帮助学生完成教学中的数学实验。借助数字教材的工具，让学生在清晰的实验目的的引领下，通过规范的实验操作，对实验结果进行数学化的分析和结论表达，帮助学生个性化地建构数学意义。

2. 学业要求

会运用正方形的性质和判定进行逻辑推理，会构造全等三角形并证明三角形满足全等关系，体验数学性质的形成过程。

通过数字教材进行实验探究、直观发现、推理论证来研究图形，在用几何直观理解几何基本事实的基础上，从基本事实出发推导图形的几何性质和定理，理解和掌握尺规作图的基本原理和方法。

通过活动，引发积极思考，敢于质疑问难。在真实情境中发现问题和提出问题，利用观察、猜测、实验、计算、推理、验证、数据分析、直观想象等方法分析问题和解决问题；体会和运用数学的思想与方法，获得数学的基本活动经验。

3. 内容要求

理解正方形的性质和判定，并运用其进行逻辑推理；理解全等三角形的性质和判定。

通过数字教材开展数学实验，经历将抽象的数学知识直观化，促进对数学概念的理解和数学知识的建构。经历观察、实验、猜测、推理、交流、反思等数学活动过程，积累基本活动经验。

4. 教学提示

经历实验过程，理解问题本质。引导学生完整地经历确立对象、规律发现、问题解决的思维过程，经历从特殊到一般、静态到动态的理解问题的本质，重视数学化的分析和结论的表达，发展数学核心素养。

强化问题提出，引发学生思考。通过系列问题的设置，引导学生进行思考，积极主动参与探究活动，发展数学思维能力。

合理利用数字资源，助力学生开展高效的探究活动。教师引导学生利用手持 Pad 进行实验探究学习，学习过程充分利用数字教材中的交互探究等数字化资源，为学生的自主探究提供工具，使"思维可视化"；动画资源将动态的旋转过程直观化，让学生的探究从特殊拓展到了一般，助力学生提出猜想。

（二）教材分析

1. 单元模块

本单元选自人教版教材八年级下册第十八章《平行四边形》。本节课是本单元的实验与探究课程《丰富多彩的正方形》，是学习《特殊的平行四边形》之后的一节实验与探究课，主要内容是进一步研究正方形的特殊性质。

本单元学习以研究平行四边形及特殊平行四边形的性质为主，学生经历观察、实验、猜测、推理、交流、反思等数学活动过程，在此过程中，重点培养学生的合情推理和演绎推理能力。掌握研究几何命题的一般方法，探究图形性质，适当运用信息技术手段，让图形"动"起来，帮助学生进行研究活动。

2. 知识体系

正方形是特殊的平行四边形，而平行四边形又是特殊的四边形。本章在平行线、三角形和四边形的基础上进行进一步研究。

正方形是常见的几何图形，既有丰富的性质，又在现实世界中具有广泛的应用。学生在第一学段已经学习过正方形，本学段的八年级上册《三角形》一章研究了多边形及其内角和等内容，其中包括四边形及其内角和，《全等三角形》一章又研究了三角形全等的判定及全等三角形的性质。这些是学习本章的重要基础。本章教学内容之间联系比较紧密，研究问题的思路和方法类似，推理论证的难度不大，有助于推理能力的发展。

3. 学科思想与核心素养

转化和化归是数学中常用的思想方法。通过构造辅助线，把平行四边形化归为两个全等的三角形，运用全等三角形的性质得出正方形的性质。教材反复提到三角形与平行四边形的相互转化，通过三角形研究平行四边形，运用平行四边形的性质研究三角形的有关问题。本节课让学生了解这些思想，引导学生通过添加适当的辅助线，把未知化归为已知，运用已有的知识解决问题，从而进一步提高学生分析问题、解决问题的能力。

在推理与证明方面，本节课除了要求学生对经过观察、实验、探究得出的结论进行证明以外，还要求学生直接由结论通过推理论证得出图形的性质，并尝试对得出的结论进行修改和推广。本节课学生需要通过文字叙述命题，并自己写出已知、求证，再进行证明。这些对学生的推理能力要求较高，难度也有增加，但能激发学生的学习兴趣。在学习过程中可以发展学生的几何直观、空间观念、推理能力等核心素养及应用意识。

（三）学情分析

本班共有学生 42 人，为了解本班学生对正方形性质及定理的掌握程度及学生学习几何图形性质时的难点，我们设计了一套课前测试卷。

1. 夯实基础（图 4-18）

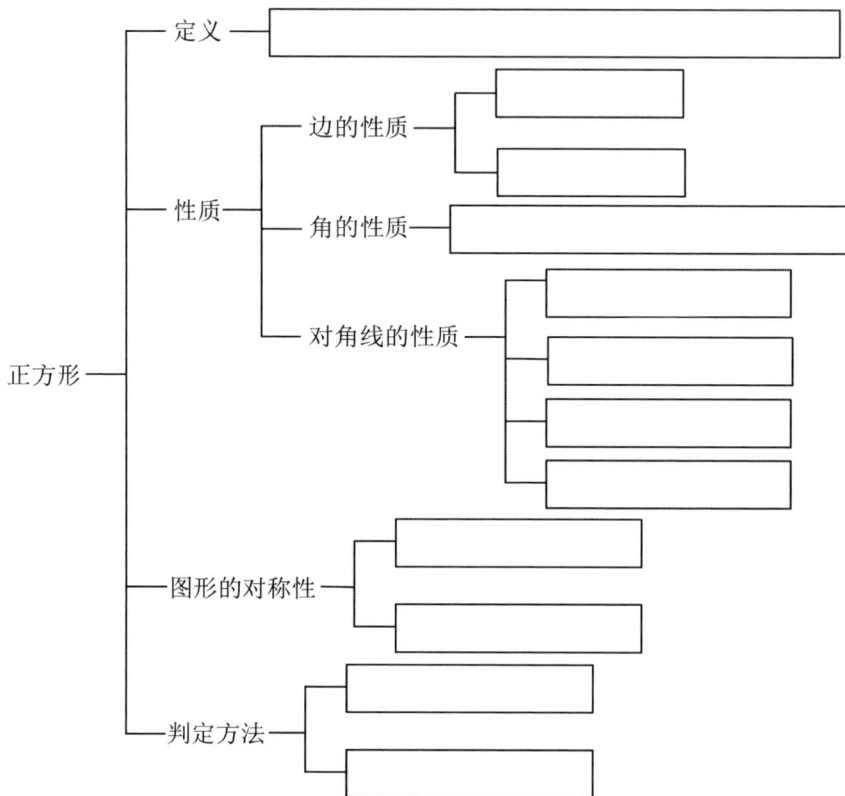

图 4—18　正方形的性质

通过调查发现，超过 54.8% 的学生可以熟练掌握正方性的相关性质；35.7% 的学生可以基本掌握正方形的相关性质，有个别性质需要提醒，熟练度不够；但还有 9.5% 的学生对于正方形的相关性质不熟悉，还需要进一步记忆。

2. 访谈问题

在学习图形性质时，你都关注些什么？（多选）

A. 图形性质的证明过程

B. 图形的性质是怎么得出来的

C. 图形性质的使用

D. 老师给的，给什么学什么

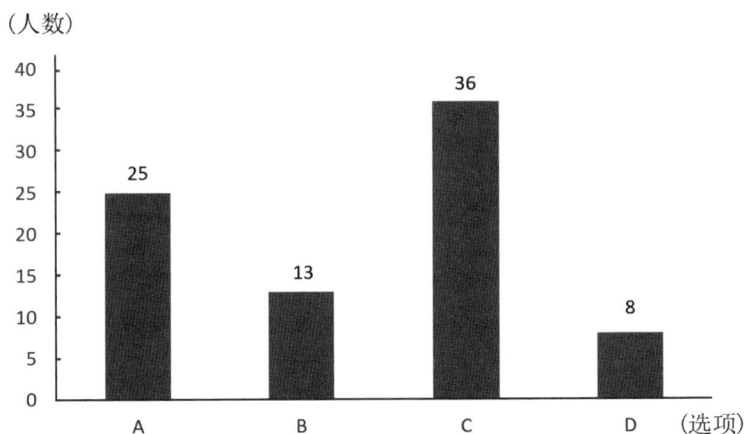

图 4-19 访谈结果

本题为多选题。由结果（图 4-19）可看出，学生在学习过程中更关注于图形性质的证明及使用，但是对于性质是怎么发现并提出的，学生的关注情况较低。

（四）教学重难点

1. 教学重点

运用正方形的性质及判定解决有关问题。

2. 教学难点

对正方形性质的探索。

二、学习目标及解析

（一）学习目标

1. 熟练运用正方形的性质及判定解决有关问题，发展推理能力。

2. 通过运用数字教材中的动画，经历实验探究、直观发现的过程，培养学生发现问题、提出问题的能力。

3. 经历从提出猜想、验证猜想到改进猜想、得出结论的过程，形成质疑问难、自我反思和勇于探索的科学精神。

（二）目标解析

达成目标 1 的标志是：学生会用正方形的性质和判定进行推理证明，理解矩形、菱形、正方形之间的包含关系。

达成目标 2 的标志是：学生通过对数字教材的交互动画的观察，发现运动过程中的不变量，对猜想进行验证。

达成目标 3 的标志是：学生能够通过简单的归纳，猜想或发现一些初步的结论。

三、方法策略

（一）综合分析

1. 教学内容分析

本节课的教学内容为人教版教材第十八章实验与探究《丰富多彩的正方形》。正方形除了具备平行四边形、矩形、菱形的所有性质外，它还有一些特殊的性质。本节课的设计从学生已有的知识和对问题的了解出发构建学习情景，学生需经历发现问题、提出问题、运用数学学科的知识与方法分析问题和解决问题的过程。作为本章的实验与探究课程，本节课不仅能用到正方形的性质及判定，以巩固学生的课堂知识，还可以扩大学生知识面，培养学生理论联系实际，使学生对数学产生好奇心和求知欲，激发其学习的兴趣，形成质疑问难、自我反思和勇于探索的科学精神。

2. 学生特征分析

通过本章的学习，学生对于运用特殊平行四边形的性质及判定解决相关问题已经有了一定的经验。对于几何问题，大部分学生可以分析并解决。

学生主动发现、提出问题的意识较为薄弱。因此，学生对于实验与探究类课程虽然有很大的学习兴趣，也具有一定的学习经验，但在学习与探索的过程中，仍会出现不知如何探究、探究什么等情况。

学生的抽象能力还处于提升阶段，面对较为复杂的问题时，仍需借助动画等技术手段进行观察。

学生在平日的学习过程中，缺乏对教材的阅读及使用，教材的基础性作用难以体现。

（二）突破方法

1．教学方法和学习方法

本节课是以发现正方形的新性质为主要研究内容，以培养学生数学思维为课程核心的实践与探究课，采用建构主义教学方法和实验式教学法。

教师创建真实情境，学生需在情境中主动发现问题、提出问题。教师对学生提出的问题进行指导，明确研究方向，并树立学生进行探究的自信心，随后学生运用所学知识解决问题。在探究的过程中，由于学生的情况各有不同，遇到困难时可以选择通过数字教材中所提供的动画展示等功能，对猜想进行验证，将几何直观化等。

本节课学生不仅需要自主学习，还需经历合作学习，在学习的过程中，通过不断深入地质疑与反思，从而寻找解决问题的方法。

2．关键问题及活动策略

主要包括以下四个方面。

（1）通过观察发现正方形的特殊性质。由于所观察的图案存在较多的干扰因素，学生无法快速从中找出研究对象，得出图案中隐含的正方形性质。因此学生可先观察图案，明确研究方向，再通过手持 Pad

进行描画。描画功能中含有多种颜色的笔可用于标注，能快速画线及擦除涂画痕迹。使用描画功能可以有效帮助学生对图案进行分类，方便学生进行观察，从而发现图案中隐藏的正方形间的关系，提出猜想，得出正方形的性质。

（2）探究正方形的性质。学生通过对特殊叠放位置的正方形进行观察，提出了猜想，但观察特殊位置得到的猜想不具有一般性，需要先对一般位置的情况进行验证，后决定是否证明猜想。初二的学生还没有对旋转变换进行系统的学习，因此部分学生对于旋转变换的想象还较为薄弱，数字教材中的互动类动画功能满足了这一部分学生的要求。学生对正方形进行拖动，旋转图形，观察到了不同位置时两正方形间重叠面积的变化，有效地对猜想的一般性进行了验证。通过内置GGB软件还可以改变正方形边长，进一步验证了猜想的一般性。而对于特殊位置的观察也可为学生提供构造辅助线的证明方法。

（3）经历几何图形研究过程，积累研究几何图形的方法和经验，体会数学思想。通过对正方形特殊性质的探究，让学生体验定理命题的提出过程，经历了命题的推广过程。学生经历了发现问题、提出问题、分析问题和解决问题的过程，积累了观察、猜想、实验、证明等几何图形研究的基本活动的经验。

（4）教学环境。学生在教师的引导下，运用数字教材，通过实际操作，学生主动体验、探索发现数学规律，解决数学问题。在此过程中，学生完整地经历确立对象、规律发现、问题解决的思维过程，培养数学学科核心素养。教师还选择利用数字教材的交互探究功能，及时观察学生在手持Pad上的探究过程，快速获得学习效果的反馈，有效提升课堂教学质量。

四、教学活动设计

【环节一】创设情境，引入新课

〔**教师活动1**〕提出思考：传说毕达哥拉斯通过观察正方形图案的地砖，猜想出了勾股定理。我们也可以尝试通过观察图形来探索正方形的新性质。能否用数学的眼光观察图 4-20，并说出你想到的相关知识？

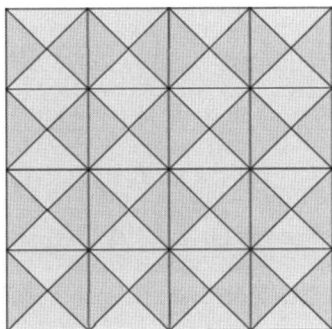

图 4-20　正方形图案

〔**学生活动1**〕通过观察图 4-19 发现，图中有很多大小不一的正方形，可以尝试数正方形的个数；图中有很多等腰直角三角形，也可以数一数个数；还蕴含了图形的轴对称、平移、旋转……

〔**教师活动2**〕提问：本节课选取了正方形为研究对象。为探究正方形的性质，可以先找到图中所有的正方形后再观察。下面，请数出该图中正方形的个数，并思考，如何数才能达到不重不漏？

教师通过智慧教学平台作业发布功能，将图形发送给学生。让学生先数边长为整数的正方形个数。通过平台同步功能，收集并在大屏幕展示各小组的作品。

〔**学生活动2**〕以小组为单位进行数正方形个数的活动。通过讨论，学生发现想要数出所有的正方形，应先按边长进行分类，然后再对相等边长的正方形进行分类。学生发现图中正方形大体可以分为两类：

水平放置的边长为整数的正方形和倾斜放置的边长为无理数的正方形。随后，对于边长为整数的正方形，可以按照边长为 1，2，3，4 的情况进行分类，对边长为无理数的正方形可以再按照边长为 $\frac{\sqrt{2}}{2}$，$\sqrt{2}$，$\frac{3\sqrt{2}}{2}$，$2\sqrt{2}$ 的情况进行分类。分类后再数可达到不重不漏的目的。边长为 1 和 4 的正方形个数容易数出，学生通过手持 Pad 接受任务，可以通过在图形上描画，数出边长为 2，3 及 $\sqrt{2}$ 的正方形的个数。

设计意图：学生观察的图形出自人教版教材八年级下册第 22 页图 17.1-1。引导学生观察电子课本中图片的目的有两个：一方面是创设情境，激发学生的学习兴趣，为后续探索正方形的相关性质做铺垫，培养学生发现问题的能力；另一方面是希望学生在学习过程中能够关注教材，使用教材。学生经历依据图形的特征进行分类的过程，体会分类可以简化研究对象，便于研究。

【环节二】观察图形，提出猜想

〔**教师活动3**〕教师提问：通过分类我们可以简化研究对象。因此，我们先研究边长相等的正方形，以边长为 2 的 9 个正方形为例，有没有哪个是具有特殊位置的正方形（图 4-21）？

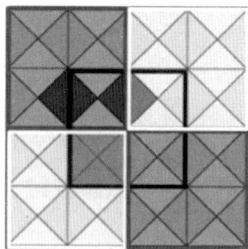

图 4-21　边长为 2 的 9 个正方形

〔**学生活动3**〕学生观察图形发现，边长为 2 的正方形中，有 8 个正方形都与最中间的正方形有重合部分，且重叠面积为 1/2 或 1/4。

〔**教师活动 4**〕教师继续引导学生按照重叠面积不同继续进行分类讨论：先观察 4 个与中间正方形重叠面积为 1/4 的正方形，从位置上看，与中间的正方形有什么关系（图 4-22）？

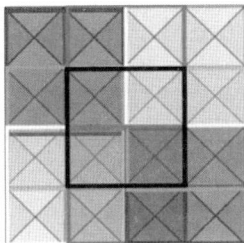

图 4-22

〔**学生活动 4**〕学生观察发现，4 个正方形的顶点均过正方形对角线的交点，并得出猜想：以正方形对角线的交点为顶点，构造一个与其边长相等的正方形，则重叠部分面积总等于一个定值。

〔**教师活动 5**〕教师引导学生通过数字教材验证猜想。

〔**学生活动 5**〕学生通过数字教材中的动画，直观感受图形的运动变化，验证猜想（图 4-23）。

有关正方形的小实验

如图，正方形 $ABCD$ 的对角线相交于点 O，点 O 又是正方形 $A_1B_1C_1O$ 的一个顶点，而且这两个正方形的边长相等。拖动点 A_1，观察两个正方形重叠部分的面积是否变化。

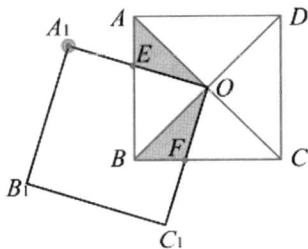

图 4-23　有关正方形的小实验视频截图

设计意图：由于猜想是自己提出的，学生容易对猜想的正确性产生质疑，加上图形是运动变化的，需要一定的空间想象能力，增加了学生的学习难度。数字教材中动画功能帮助学生将运动直观化,学生可以通过拖动图形,在任意位置对猜想进行举例验证。这样,动画功能帮助学生先肯定了猜想的正确性,使学生不再对猜想产生困惑,再对其进行推理证明时可增强自信心,降低研究难度。学生经历情境数学化,探索数学性质,感悟如何从数学的角度发现问题和提出问题,培养学生会用数学的眼光观察世界的核心素养。

【环节三】验证猜想,得出结论

〔**教师活动6**〕教师引导学生对猜想进行证明。

〔**学生活动6**〕学生将猜想的文字语言转化为数学符号语言,进行推理证明,从而得出结论。

设计意图:学生运用数学的思维方法有逻辑地分析问题,经历解决问题的过程,培养会用数学的思维思考现实世界的核心素养。

【环节四】类比学习,提出猜想

〔**教师活动7**〕教师提出问题:有了前面的经验,再观察4个与中间正方形重叠面积为1/2的正方形,从位置上看,与中间的正方形有什么关系(图4-24)?能得出哪些猜想?

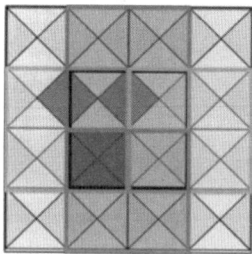

图4-24

〔**学生活动7**〕学生观察,类比学习得出猜想:经过正方形对角线交点的直线平分该正方形面积。

设计意图:学生经历类比学习,大胆猜想,积累数学的基本活动经验，增强学习数学的自信心。

【环节五】应用结论，解决问题

〔**教师活动 8**〕教师再提出问题：要在一块正方形草地上面修建两条交叉的小路，将草地分成面积相等的四部分，你有多少种方法？

〔**学生活动 8**〕学生讨论发现结论的本质，通过数字教材中的互动探究类动画，将结论一般化，给出方案：有无数种修建方案。任何过正方形对角线的交点并且互相垂直的两条小路都可以四等分草坪的面积。

〔**教师活动 9**〕教师引导学生将性质 1 进行推广。

〔**学生活动 9**〕学生修改性质 1，得到推论：过正方形对角线交点并且互相垂直的两条直线可将正方形面积四等分。

设计意图：学生经历用数学方法解决问题的过程，感悟科学研究的过程与方法，培养会用数学的语言表达现实世界的核心素养。本题选自人教版教材八年级下册第 62 页第 17 题。通过该题设置的绘画功能，学生可以在手持 Pad 上进行绘图和实验操作，激发学习的兴趣，促进课堂数学活动的开展，提升课堂教学的效率。

【环节六】回顾反思，归纳方法

〔**教师活动 10**〕教师引导学生从知识层面、方法层面、思想层面对本节课进行总结，并完成学案上的课堂自我评价表（表 4-6）。

表 4-6　自我评价表

自我评价表	本节课你收获了哪些知识？	本节课从研究方法上，你有哪些收获？	本节课你用到了哪些数学思想？	本节课你的总体感受是什么？	小组合作学习的过程中，你是否发表了意见？	你是否参与了课堂发言？
对于本节课你是否还有疑问？（是／否） 如果有疑问，记得来找老师答疑哦！						

〔**学生活动10**〕学生回顾研究过程，填写课堂自我评价表。学生交流评价表内容，总结学习经验。

设计意图：归纳概括，回顾提升。

五、课后反思

在"双减"政策背景下，教育教学中不仅需要关注学生对基础知识的掌握情况，更应关注学生数学学科素养的培养。数学知识本身是抽象的，数学结论需要通过严密的演绎推理得到，但是数学学习的过程可以是灵动、活泼的。本节课通过数学实验活动让学生在清晰目的的引领下，通过规范的操作，对实验结果进行数学化的分析和结论表达，帮助学生个性化地建构数学意义，激发学生学习的积极性和主动性，让学生在动手实践、自主探索、互动合作的学习活动中，发展数学思维，培育创新意识。

在本节课的学习过程中，学生不仅要通过观察初步发现规律，更需要在运动变换的过程探寻图形中不变的性质。这对于空间观念还较为薄弱的初中生而言，难度是很大的。因此选择在本节课的教学过程中使用数字教材。

从本节课的教学效果来看，手持 Pad 的绘画等功能增加了交互式学习的机会，可以有效地提升小组合作交流的效率，增加组内伙伴的合作交流机会，可以节省课堂展示交流的时间。而数字教材中的动画以及 GGB 软件，可以达到几何直观化的效果，满足不同学力水平的学生需求，积累数学活动经验，帮助学生先从视觉上验证猜想，然后更自信地去寻找解决方法以证明猜想为真命题。

第七节　平行四边形的性质

一、背景分析

（一）课标分析

1. 核心素养

《义务教育数学课程标准（2022 年版）》指出，数学课程要培养的学生核心素养主要包括：会用数学的眼光观察现实世界、会用数学的思维思考现实世界、会用数学的语言表达现实世界。在义务教育阶段，数学眼光主要表现为：抽象能力（包括数感、量感、符号意识）、几何直观、空间观念与创新意识。在实际教学中，让学生能体会数学与生活之间的联系。

通过对现实世界中空间形式的观察，学生能够直观理解所学的数学知识及其现实背景；能够在生活实践和其他学科中发现基本的数学研究对象及其所表达的事物之间简单的联系与规律；能够在实际情境中发现和提出有意义的数学问题，进行数学探究；逐步养成从数学角度观察现实世界的意识与习惯，发展好奇心、想象力和创新意识。

2. 学业要求

感悟数学的价值，能够从生活图片中抽象出平行四边形，建立几何直观；能运用三角形性质和平行线的性质证明平行四边形的性质，初步掌握几何证明方法，进一步增强几何直观、空间观念和推理能力。

能够从问题解决的过程中获得数学活动经验，产生对数学的好奇心和求知欲，增强学习数学的兴趣，建立学习数学的自信心；能够在解决问题的过程中，学会独立思考、合作探究，形成批判质疑、克服困难、勇于担当的科学精神。

3. 内容要求

理解平行四边形的概念，探索并证明平行四边形的性质定理：平行四边形的对边相等、对角相等、对角线互相平分。

（二）教材分析

1. 单元模块

本节课是人教版新课标实验教科书八年级下册第十八章的第一课时。其主要内容是平行四边形的概念，平行四边形边、角的相关性质。

初中几何研究的一般思路是：先概括一类几何对象的共同本质特征，得到概念，然后研究其性质与判定，再进行应用，这种思路贯穿本章。平行四边形性质的教学不仅要关注相关知识及其形成过程，还应引导学生进一步体会几何研究的一般思路与方法，体会对性质的研究就是对其构成要素特征和关系的揭示。

2. 知识体系

从知识体系的角度看，平行四边形是"空间与图形"领域中最基本的几何图形之一，不仅具有丰富的几何性质，而且在日常生产与生活中具有广泛的应用价值。本节课是对四边形的初步认识，综合了平行线和三角形的相关知识，突出了演绎推理，是训练学生思维的良好平台，是全等三角形知识的延续和深化，也为学生后续学习矩形、菱形、正方形等知识奠定了基础。对边分别平行是平行四边形的本质特征，这一概念既给出了平行四边形的一条性质，又为判定一个四边形是平行四边形提供了重要的理论依据，也为证明两直线平行提供了新的方法。

3. 学科思想与核心素养

从数学学科思想方法及学科能力的角度看，平行四边形性质的探究，经历了观察、猜想、度量、证明等学习过程。性质的证明，应用了将四边形问题转化为三角形问题的思想方法，体现了转化的数学思想。整个探究过程类比了等腰三角形的探究过程，体现了类比的数学思想。

在学习过程中可以发展学生的抽象能力、几何直观、空间观念、推理能力等核心素养及应用意识。

（三）学情分析

学生在小学已经学习过平行四边形的概念及其具有不稳定性的性质，为了解本班学生对已经学习过的平行四边形相关知识的掌握程度，设计了一套前测卷（图 4-25）。

你对平行四边形知道多少？

请回答如下问题：　　　　　　　　　　　　班级：_____　姓名：_____

1. 平行四边形的概念是什么？
2. 请用推尺子的方法画出一个平行四边形，并回答：构成平行四边形的元素有哪些？
3. 对于平行四边形的边，你都知道什么？
4. 对于平行四边形的角，你都知道什么？
5. 平行四边形具有稳定性吗？请举一个生活实例说明平行四边形的应用。
6. 你还知道哪些特殊的四边形？
7. 对于平行四边形的面积，你都知道什么？

图 4-25　设计的前测卷

学生的作答情况分析如下：

学生对第 1、3、4、5、6 题的回答比较好，都能针对问题给出自己正确的猜想，结论比较丰富；第 7 题的回答只有"平行四边面积 = 底 × 高"这一个答案；第 2 题班里没有同学答对，需要巩固复习。说明大部分学生对平行四边形的基础知识掌握相对较好，但是用推尺子的方法动手画平行四边形的操作能力较弱。

（四）教学重难点

1. 教学重点

通过上述分析，确定本节课的教学重点为平行四边形边、角性质的探究与证明。

2. 教学难点

提出研究问题，确定研究思路，在平行四边形性质证明过程中合理添加辅助线。

二、学习目标及解析

（一）学习目标

1. 通过数字教材的资料展示，理解并抽象出平行四边形的概念，培养学生用数学的眼光去观察世界，培养学生的几何直观，形成数学想象力，提高学习数学的兴趣。

2. 利用数字教材的工具资源，通过观察、测量、推理等方法探究、证明并掌握平行四边形的性质，培养学生的空间观念、推理能力，形成实事求是的科学态度与理性精神。

3. 通过现实情景的创设，在真实问题的解决过程中，经历知识的形成过程，培养善观察、勤思考、会运用的能力。

（二）目标解析

达成目标 1 的标志是：学生可以根据平行四边形的概念用推尺子的方法动手画出平行四边形，说明学生理解了平行四边形的图形特征，即对边平行，那么满足对边平行的四边形就是平行四边形。

达成目标 2 的标志是：学生类比三角形的研究思路，能够通过观察、测量、实验开展对平行四边形边、角性质的探究，并能利用平行四边形概念和三角形全等等知识对猜想进行证明。

达成目标 3 的标志是：学生能够认识到现实世界中蕴含着很多与数学有关的情境，从而发现问题、提出问题，不断交流，在交流中思考并解决问题，学生能利用平行四边形的性质进行简单的计算与证明，发展应用意识。

三、方法策略

（一）综合分析

1. 教学内容分析

本节课是人教版新课标实验教科书八年级下册第十八章的第一课时。其主要内容是平行四边形的概念，平行四边形边、角的相关性质。

平行四边形是"空间与图形"领域中最基本的几何图形之一，它不仅具有丰富的几何性质，而且在日常生产与生活中具有广泛的应用价值。本节课是对四边形的初步认识；综合了平行线和三角形的相关知识，突出演绎推理，是训练学生思维的良好平台，是全等三角形知识的延续和深化，也为学生后续学习矩形、菱形、正方形等知识奠定了基础。对边分别平行是平行四边形的本质特征，这一概念既给出了平行四边形的一条性质，又为判定一个四边形是平行四边形提供了重要的理论依据，也为证明两直线平行提供了新的方法。

对平行四边形性质的探究，经历了观察、猜想、度量、证明等学习过程。性质的证明，应用了将四边形问题转化为三角形问题的思想方法，这些思想和方法在今后的学习中经常用到。

初中几何研究的一般思路是：先概括一类几何对象的共同本质特征，得到概念，然后研究其性质与判定，再进行应用。这种思路贯穿本章。平行四边形性质的教学不仅要关注相关知识及其形成过程，还应引导学生进一步体会几何研究的一般思路与方法，体会对性质的研究就是对其构成要素特征和关系的揭示。

整个探究过程和一般思路也正体现了新课标提出的"四基"的理念和要求。

2. 学生特征分析

（1）学生的知识技能和能力基础

学生在小学对平行四边形的形象已经有了初步的认识，但对平行四边形概念的理解不够透彻。作为本节课的核心概念，帮助学生细致剖析平行四边形概念的双重性，让学生在原有知识的基础上加深理解。八年级学生已具备平行线及全等三角形证明的技能，为本节课探究平行四边形的性质做好铺垫。另外，八年级学生已具有通过观察、操作等活动过程探索图形性质的活动经验，形成了良好的自主探讨、合作学习的习惯。

（2）学生学习本节课的困难

对于平行四边形性质的探究，引导学生提出研究问题、确定研究思路是一个难点，学生证明平行四边形性质的主要困难是在证明过程中添加辅助线，构造三角形。

（二）突破方法

1. 教学方法和学习方法

本节课通过类比已经学习过的等腰三角形的研究思路提出平行四边形的研究思路，采用教师引导、学生自主探究、小组合作交流的学习方式，通过观察图形、动手测量、提出猜想、实验操作、推理论证等学习活动，来引导学生积极主动学习，能够提出问题、解决问题。

2. 关键问题及活动策略

（1）抽象并理解平行四边形的概念。通过数字教材的画廊功能展示有关平行四边形的生活图片和动画，让学生感知生活中丰富多彩的平行四边形，并回顾平行四边形的概念，从而了解平行四边形与一般四边形的区别与联系；通过"动手画一个平行四边形"的活动，使用手持 Pad 展示画出的图形，抓住平行四边形概念的本质，并能用平行四边形的概念进行相关判断与推理。

（2）探究平行四边形的性质。复习三角形的研究思路，类比等腰三角形的研究思路，先给出概念，再从概念出发研究其性质和判定。能从图形的结构出发提出所要研究的问题：平行四边形边、角、对角线的性质；通过观察、测量、实验初步验证猜想，学生动手画出平行四边形的数量有限，此时通过数字教材的工具资源去改变平行四边形的形状，生成连续变化的平行四边形，让学生更直观地验证猜想；再利用平行四边形概念、平行线性质和三角形全等等知识进行证明，证明过程中需要添加辅助线，学生不容易想到，这是学习的难点，需要教师充分引导；最后能利用平行四边形的性质进行简单的计算与证明。

（3）体会几何图形研究的一般思路和蕴含的数学思想方法。通过对平行四边形性质的探究，让学生再一次体会几何图形研究的一般思路与方法。让学生体会到"对图形性质的研究"实际上就是揭示图形的组成要素和相关元素的特征以及它们之间的关系；知道"观察、度量、猜想、实验、证明"是几何研究的基本活动；体会"用合情推理提出猜想，用演绎推理证明结论"这一几何研究的基本思考方式；初步学会分别从题设或结论出发寻求证明思路的方法，体会转化的数学思想。

（4）教学环境。教学过程使用数字教材展示丰富的教学资源，每个小组两个 Pad，学生手持 Pad 使用数字教材中的工具资源，进行实验操作，验证猜想，并利用智慧教学平台进行互动，展示学生的画图结果、实验过程及成果。通过将数字教材丰富的数字化教学资源以及互动功能与教学深度融合，增加了教学的直观性，降低了学习难度，激发了学生的学习兴趣，丰富而有效的课堂活动提升了学生的学习效果。

四、教学活动设计

（一）课前学习活动

1. 目标

引导学生有意识地用数学眼光观察现实世界、会用数学的思维思考现实世界，抽象出平行四边形的概念；引导学生类比等腰三角形的研究思路，给出平行四边形的概念后，再从概念出发研究其性质。

2. 背景说明

现介绍课前学习活动的过程：

（1）教师给学生布置课前任务，让学生寻找生活中的平行四边形。教师将学生拍的照片制作成画廊资源，上传到数字教材中，上课时进行展示交流，让学生感受数学与生活的联系，感悟数学的价值，从而能从中抽象出平行四边形的概念。

（2）学生课前复习和整理三角形所学知识和研究思路。教师将学生整理的思维导图制作成画廊资源，上传到数字教材中，用于课上展示和交流。类比三角形，尤其是等腰三角形的学习过程，引导学生从构成图形的基本要素去探究几何图形，引导学生明确探究几何图形的一般过程，从而用于探究平行四边形。

（二）课堂教学活动

【环节一】复习回顾，明确思路

回顾 1：三角形的学习内容和研究思路。

前期准备：学生课前复习和整理三角形所学知识和研究思路。

〔**学生活动1**〕学生展示三角形所学知识和研究思路：（1）知识内容。从一般三角形到特殊三角形（等腰三角形／等边三角形）、三角形全等，都是通过探究三角形的边、角和相关线段等要素的特征和几何关系来展开的。（2）研究思路。平行四边形的概念、性质、判定和应用。

设计意图：类比三角形，尤其是等腰三角形的学习过程，引导学生从构成图形的基本要素去探究几何图形，引导学生明确探究几何图形的一般过程，从而用于探究平行四边形。

数字教材资源使用：将学生整理的思维导图制作成画廊资源，上传到数字教材中，用于课上展示和交流。

回顾 2：四边形的学习内容。

〔**学生典型回答**〕上学期学习了一般的四边形、四边形的内角和外角和等知识。

【环节二】情境创设，教学引入

展示：有关平行四边形的生活图片。

前期准备：学生课前寻找生活中的平行四边形，并将拍摄的照片制成画廊资源，上传到数字教材中。

〔**学生活动2**〕课上通过数字教材的画廊资源展示生活中的平行四边形图片。

设计意图：通过图片展示，让学生真切地感受到生活中的平行四边形，让学生感受数学与生活的联系，感悟数学的价值，学会用数学的眼光看问题。

数字教材资源使用：创设情景——使用智慧教学平台的画廊功能、图片和动画资源展示有关平行四边形的生活图片。

回顾3：平行四边形的概念。

〔**学生回答**〕两组对边分别平行的四边形叫作平行四边形。

〔**教师展示**〕以图片形式展示数字教材中小学课本平行四边形概念的内容。

设计意图：培养学生从实际背景中抽象出平行四边形概念的能力。

数字教材资源使用：教师使用数字教材备课，查看小学教材，并将小学数学中的相关内容引入初中课堂，进行初小衔接。

教师类比三角形，给出平行四边形的符号表示：

平行四边形 $ABCD$ 记作"$\square ABCD$"，读作"平行四边形 $ABCD$"。

设计意图：培养学生会进行文字语言、图形语言和符号语言的转化。

画图：根据概念动手画一个平行四边形。

〔**学生活动3**〕学生用推尺子的方法画一个平行四边形。（通过智慧教学平台展示画图结果）

设计意图：通过画图让学生理解平行四边形概念的本质，即两组对边分别平行。

数字教材资源使用：学生使用手持 Pad 拍照，通过智慧教学平台互动功能展示、点评。

【环节三】猜想证明，探究性质

〔**探究活动1**〕观察你画的平行四边形，动手量一量，能发现哪些结论？

探究任务：

1．构成平行四边形的要素有哪些？

2．这些要素之间有什么关系？

要求：先独立思考，然后小组讨论。

〔**学生典型回答**〕

猜想1：平行四边形的对边相等。

猜想2：平行四边形的对角相等。

注：在学生的回答过程中，教师引导学生把获得的猜想按照"边""角"和"对角线"分类进行描述，其中"平行四边形的对边平行"的结论通过概念可以直接获得，"平行四边形邻角互补"可以通过平行线的性质得到，不作为平行四边形特有的性质。学生也可能会给出关于对角线、面积等更多的结论，鼓励学生的发现，但是本节课先从边、角这些基本要素开始探究，其余有关平行四边形的结论留待后续探究。

〔**探究活动2**〕使用数字教材中的工具，改变平行四边形的大小和形状，观察边、角的数据变化及它们在变化中呈现出的关系，验证猜想。

探究任务：

小组合作：学生手持Pad，在数字教材的工具中拖动平行四边形的顶点，在变化过程中验证上述两个猜想，并阐明在实验过程中数据变化体现出的本质关系。

【互动课堂系统分屏展示各组活动情况和探究结果】

如图4-26所示。

探究平行四边形对边和对角的性质

拖动□ABCD的顶点D（边AB固定，两组对边仍保持平行），观察右边所示数据，你能有什么猜想吗？

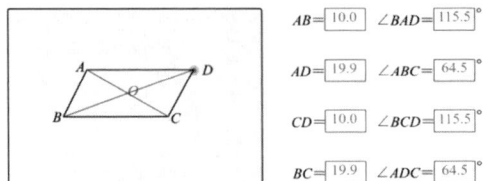

图4-26 互动课堂系统分屏展示结果视频截图

设计意图：在指明探究目标的基础上设计开放的探究活动，鼓励学生在独立思考的基础上再合作交流，给学生充分的探究时间和空间。通过动手动脑，自主探究，经历完整的发现性质的过程。促进创新思维的培养，激发学生学习的热情。

数字教材资源使用：在探究活动2中，用智慧教学平台系统分屏展示学生使用数字教材中的工具进行实验的过程和成果，验证猜想1、2的结果。平台支撑了实验，并且呈现了实验过程。

〔探究活动3〕证明猜想1和猜想2。

探究任务：

1. 根据图形，写出已知求证。

2. 完成证明过程。

要求：小组合作完成，板书证明过程，并完成讲解。

设计意图：通过推理证明，体会证明思路的分析方法和把四边形问题转化为三角形问题的数学思想方法。整个过程培养了学生提出问题、分析问题和解决问题的能力。

【环节四】学以致用，解决问题

练习1. 在□ABCD中，AD=3cm，AB=2cm，则□ABCD的周

长为（ ）

A. 10cm B. 6cm C. 5cm D. 4cm

练习 2. 如图 4-27，在 $\square ABCD$ 中，$CE \perp AB$ 于点 E，$\angle D = 53°$，则 $\angle BCE$ 的度数是（ ）

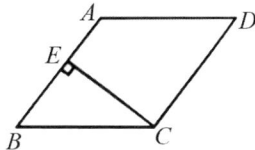

图 4-27

A. 53° B. 43° C. 47° D. 37°

数字教材资源使用：通过智慧教学平台习题互动课堂的习题推送功能完成练习 1 和 2，教师根据反馈数据，进行针对性讲解，及时解决学生的问题，提升学习的质量，从而对所学内容进行复习巩固。

数字教材资源使用：通过智慧教学平台互动课堂发送练习，并展示完成结果。

〔学生活动 4〕独立完成练习 3。

练习 3. 如图 4-28，在 $\square ABCD$ 中，点 E 在 AB 的延长线上，点 F 在 CD 的延长线上，满足 $BE = DF$。连接 EF，分别与 BC，AD 交于点 G，H。求证：$EG = FH$。

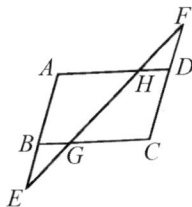

图 4-28

数字教材资源使用：教师展示学生的做题过程，开展评价和交流活动，重点关注几何推理证明过程的严谨性，提升学生的逻辑思维能力。

设计意图：通过练习 1、2、3 练习简单问题的解决，有效地促进学生对所学概念与性质深刻的理解与掌握，从而实现知识向能力的转化。

【环节五】反思总结，体会收获

教师引导学生反思总结本节课的收获。

〔学生典型回答〕学习了平行四边形的概念和性质；体会了类比和转化的数学思想方法。

设计意图：引导学生从内容和方法两个维度反思总结，再次明确研究几何图形的思路，培养学生整理与反思的良好学习习惯，为后续学习打下良好的基础。

五、课后反思

本节课的教学重点是平行四边形边、角性质的探究与证明。

对于平行四边形性质的探究，引导学生提出研究问题、确定研究思路是一个难点，学生证明平行四边形性质的主要困难是在证明过程中添加辅助线，构造三角形，所以本节课的教学难点是：提出研究问题，确定研究思路，在证明过程中合理添加辅助线。

在教学过程中，学生分小组协作学习，利用手持 Pad，借助数字教材中的探究工具和教学资源，进行实验操作、验证猜想。教师利用智慧教学平台与学生进行互动，展示学生的画图结果、实验过程及成果，提高教学效率。下面介绍一下数字教材和智慧教学平台在教学中的使用环节和具体情况。

在教学引入环节，教师带领学生复习回顾等腰三角形的研究思路，进而为平行四边形的学习提供方法基础。教师通过智慧教学平台的画廊功能展示学生制作的思维导图，用于课上展示和交流，这样的方式非常方便、直观。

在情境创设环节，教师给学生布置了"寻找生活中的平行四边形"的课前任务，并将学生拍摄的照片制作成画廊资源，上传到数字教材中。课上进行展示，让学生能够真切地感知生活中存在的丰富多彩的平行四边形，建立起数学与生活的联系。同时通过对图形的观察，回顾平行四边形的概念，分析平行四边形与一般四边形的区别与联系，让学生感悟平行四边形是对生活图形的抽象，培养学生的模型意识，学会用数学的眼光看问题。

在平行四边形的性质探究环节，学生需要测量平行四边形边、角的相关数值，然后提出猜想。但是学生动手画出的平行四边形数量有限，此时学生可以利用数字教材的探究动画资源进行实验。学生可以任意改变平行四边形的形状，生成无数个平行四边形，获取大量的观测数据，帮助学生快速发现规律，提出猜想。

智慧教学平台主要是帮助师生进行教学互动。学生使用手持 Pad 拍照上传手动绘制的平行四边形，教师用多屏功能浏览所有学生的作品，快速全面地掌握学生的绘图情况。

在学以致用解决问题环节，教师通过智慧教学平台习题互动课堂的习题推送功能，给学生推送练习题，学生作答后提交，系统进行批改，并反馈数据分析。教师根据反馈数据，进行针对性讲解，及时解决学生的问题，达到复习巩固的目的，提升了学生学习的质量。

总之，数字教材为教学提供了丰富的数字化教学资源，智慧教学平台便利了师生的互动，它们在教学中的融合创新应用，帮助学生理解了知识，提高了教学效率；提供了探究工具，发挥了学生的主体地位，大大提升了学生的学习效果。

第八节 指数函数的概念

一、背景分析

（一）课标分析

1. 核心素养

《普通高中数学课程标准（2017 年版 2020 年修订）》在课程性质中表明："数学教育要提升学生的数学素养，引导学生会用数学眼光观察世界，会用数学思维思考世界，会用数学语言表达世界"，意在强调数学与实际的联系。因此对于《指数函数的概念》一课，依据课标的思想，教学中要给出适量且恰当的实际问题，注重从实例中抽象出指数函数的概念，让学生体会指数函数的实际意义。另外，课标基本理念中提到："注重信息技术与数学课程的深度融合，提高教学的实效性。"本节课的实际问题涉及较多的文字、图片和视频素材，因此这里借助了数字教材资源，快速为学生呈现内容，提高了课堂效率。学生处理表格数据时借助手持 Pad，能够快速作图、计算，从而在一定程度上实现了自主、高效地发现规律的学习效果。

本节课重点培养学生的数学抽象素养——学生从实例中抽象出一般规律和结构，并用数学语言予以表征，从而得到几个具体的数学表达式；接着找形式结构上的共同点，继而抽象出指数函数的概念。本节课还意在培养学生的数学建模能力，让学生有意识地从数学的角度思考问题，用数学语言表达并解决问题。

2. 学业要求

学生能够掌握指数函数的背景、概念和性质。

3. 内容要求

通过具体实例，了解指数函数的实际意义，理解指数函数的概念。

4. 教学提示

函数概念的引入，可以用学生熟悉的例子为背景进行抽象，引导学生通过生活或数学中的问题，构建函数的一般概念，体会用对应关系定义函数的必要性，感悟数学抽象的层次。

基于此，本节课选取了较为丰富典型的实例作为指数函数概念的引入背景。

（二）教材分析

1. 单元模块

本节课是新版数字教材普通高中教科书数学必修 1 第四章第 4.2.1 节《指数函数的概念》。指数函数作为基本初等函数之一，在高中函数模块中占据重要地位。指数函数在解决实际问题中有着广泛的应用，指数增长和指数衰减都是比较常见的数据变化方式。

指数函数单元共包括两节内容：4.1《指数》和 4.2《指数函数》。该单元首先引导学生经历从整数指数幂到有理数指数幂再到无理数指数幂的拓展过程，建立实数指数幂的概念，并研究其运算，为指数函数 $y=a^x(a>0$，且 $a\neq1)$ 的学习奠定基础；然后，教科书通过典型丰富的实际问题，抽象概括出指数函数概念；最后，重点研究了指数函数的图象、性质和应用。与幂函数一样，本单元依然是按照"实际背景—函数概念—图象和性质—应用"的路径来研究指数函数，后续对于对数函数的研究流程也一致，都体现了函数研究的一般思路。

在本单元的学习过程中，学生能够在一定程度上提升抽象概括能力和数学建模能力，同时丰富而实际的问题背景——良渚遗址年代问题，弘扬了中华优秀文化，旅游人数增长问题体现中国的经济发展、社会进步，进一步加强了学生的爱国精神，促进学生了解中国文化、关心社会，充分发挥了数学学科的育人功能。

2. 知识体系

第四章 4.1 节《指数》介绍了幂的指数范围可以拓展到实数，学生具备学习指数函数概念的基础。另外，课本在上一章讲授了函数的概念和基本性质，并通过对幂函数的研究初步展示了研究一类函数的过程与方法，为本节课学习另一种基本初等函数——指数函数做好铺垫，更是为下一节课《指数函数的图象和性质》打下基础。

3. 学科思想

本节课的重点是归纳指数函数定义，由学生观察几个具体的数学表达式，找形式上的共同点而得到。这里运用的数学思想是从特殊到一般，从具体到抽象。

（三）学情分析

学生在初中学习过一次函数、二次函数、反比例函数三种具体函数，在上一章从集合角度更深刻地认识了函数的概念及其基本性质，并借助这些知识对幂函数进行了系统研究。因此学生对于研究一类新的函数——指数函数有方法上的储备，不会感到十分困难。学生在 4.1 节《指数》中知道了幂 a^x（$a>0$）的指数 x 范围可以拓展到实数，从而可以推测指数函数定义域，具备学习指数函数概念的基础。难点在于学生需要从实际问题中抽象出指数函数概念，是对学生数学抽象能力和数学建模能力的锻炼。

（四）教学重难点

1. 教学重点

从多个实际问题的分析中抽象概括出指数函数。

2. 教学难点

从数和形两个角度体会和抽象实际问题变化规律的本质特征。

二、学习目标

1. 通过具体的实例，从实际问题中抽象概括出指数函数的概念。

2. 通过实例感受指数模型的特点，体会从特殊到一般的思想，感受数学应用的价值。

3. 通过数形结合的方法，在指数函数概念的学习中发展数学抽象的素养，培养勇于探索的精神。

三、方法策略

基于课标要求以及本节课是一节概念课，学生要学习的是一类新的基本初等函数，因此课程适合以实际情景引入，培养学生用数学的眼光观察世界，激发学习兴趣，保持课堂专注力。课程设计了三个活动及相应问题串，教师主要采取问答法和讲授法的教学方式，在每个活动中提出关联性问题，先引导学生思考回答，再归纳总结、讲授新知。学生既有独立思考，又有交流合作。在这个过程中，数字教材为学生提供了丰富的文字和视频素材，手持 Pad 为学生作图、计算、发现规律等提供了技术支持。

四、教学活动设计

【环节一】开篇总述，认知指导

教师讲解：上一章我们学习了函数的概念和基本性质，在这个视角下我们研究了一类既熟悉又陌生的函数——幂函数。这是我们系统学习的第一类基本初等函数。通过对幂函数的研究，我们进一步了解了研究一类函数的过程与方法。下面我们类比幂函数的研究方法，探究一类新的基本初等函数——指数函数。

设计意图：本节作为一类新的基本初等函数的概念起始课，教师对学生给予认识和方法上的指导。

【环节二】创设情境，引入新知

〔师生活动 1〕阅读"旅游人次增长问题"材料，初步分析问题。

学生阅读数字教材中的第一份材料和题目：

随着中国经济高速增长，人民生活水平不断提高，旅游成了越来越多家庭的重要生活方式。由于旅游人数不断增加，A，B 两地景区自 2001 年起采取了不同的应对措施，A 地提高了景区门票价格，而 B 地则取消了景区门票。表 4-7 给出了 A，B 两地景区 2001 年至 2015 年的游客人次以及逐年增加量。图 4-29、图 4-30 给出了 A，B 两地景区游客人次随年份变化的图象。

表4-7　A，B 两地景区 2001 年至 2015 年的游客人次以及逐年增加量

时间／年	A 地景区		B 地景区	
	人次／万次	年增加量／万次	人次／万次	年增加量／万次
2001	600		278	
2002	609	9	309	31
2003	620	11	344	35
2004	631	11	383	39
2005	641	10	427	44
2006	650	9	475	48
2007	661	11	528	53
2008	671	10	588	60
2009	681	10	655	67

续表

时间／年	A 地景区		B 地景区	
	人次／万次	年增加量／万次	人次／万次	年增加量／万次
2010	691	11	729	74
2011	702	11	811	82
2012	711	9	903	92
2013	721	10	1005	102
2014	732	11	1118	113
2015	743	11	1244	126

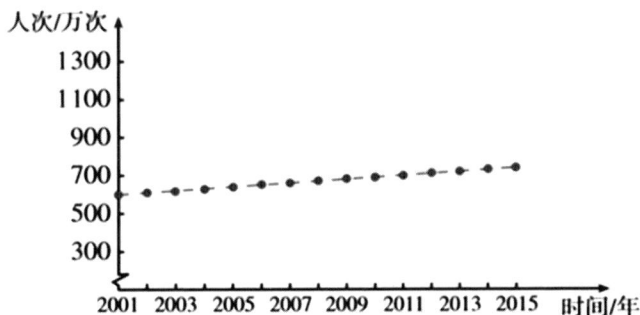

图 4-29 A 地景区游客人次随年份变化的图象

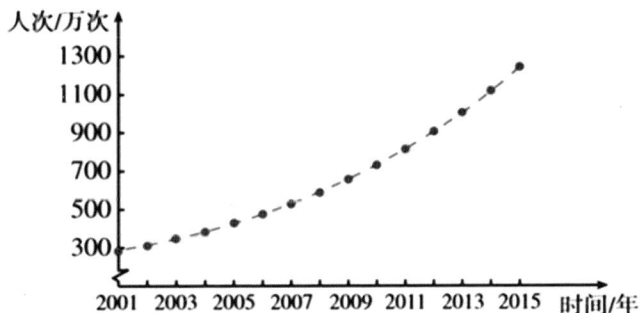

图 4-30 B 地景区游客人次随年份变化的图象

问题 1：根据表格中数据，你能分别描述两地景区的游客人次变化规律吗？

预设：学生会发现两地人次都在增加，A 地年增加量大致相等（约

233

为 10 万次），B 地年增加量逐年增大，B 地人次增长越来越快。

问题 2：为了更直观地感受游客人次变化规律，可以采用哪种方式来呈现数据？

预设：学生回答用图象法，描点、连线。

问题 3：你能借助手持 Pad，分别从图象和数量的角度描述两地游客人次的增长规律吗？同桌之间交流结论。

教师引导：教师提示学生利用手持 Pad 工具画出两地人次变化散点图，并利用手持 Pad 计算功能对数据做运算以发现规律。

预设：学生操作后可以直观看到，A 地游客人次近似于线性增长，B 地游客人次呈非线性增长。学生经过计算发现 A 地年增加量约为 10 万次；B 地每年游客人次是上一年人次的 1.11 倍，年增长率约为 0.11。

教师讲解 1：教师介绍指数增长的概念，即增长率为常数的变化方式，B 地游客人次近似于指数增长。教师板书 A 地游客人次特点——增加量一定，线性增长；B 地游客人次特点——增长率一定，指数增长。

问题 4：我们知道，函数是刻画实际问题中变化规律的数学模型。A 地景区游客人次线性增长，我们可以用哪类函数刻画游客人次与年份之间的关系？

预设：学生易知用一次函数来刻画这个变化规律。

教师讲解 2：对于 B 地景区游客人次，我们也希望从函数表达式的角度刻画其变化规律。为了解决这个问题，我们先来看一个生活中的例子。

〔师生活动 2〕观看数字教材中的折纸视频并回答问题。

问题 1：设纸张面积为 1，将其不断对折，每折一次记录相应的纸的层数 d 和面积 S，完成表 4-8。你能发现什么规律？

表 4-8　对折次数与纸层数面积的关系

次数 x	1	2	3	4	5	6	7	8
层数 d								
面积 S								

预设：学生容易发现，每次纸张层数是上一次纸张层数的 2 倍，每次纸张面积是上次纸张面积的 $\frac{1}{2}$。

问题 2：d 与 x 满足什么关系式？S 与 x 满足什么关系式？它们是否构成函数关系？

预设：学生归纳得到 $d=2^x$，$S=\left(\frac{1}{2}\right)^x$，其中 $x \in N$。

教师讲解：对于每一个 x 都有唯一的 2^x，以及唯一的 $\left(\frac{1}{2}\right)^x$，说明以上两个式子中的 d 与 x，S 与 x 均分别构成函数关系。

问题 3：回过头再看 B 地游客人次的变化规律，你是否从此例子中获得一些启发？

〔师生活动 3〕"旅游人次增长问题"之深入突破。

问题 1：如果设自 2001 年起，x 年后 B 地游客人次是 2001 年的 y 倍，那么 y 与 x 之间满足什么数量关系？

教师提示：刚刚得到了每一年游客人次是上一年游客人次的 1.11 倍。显然 $x=1$ 时，$y=1.11$；$x=2$ 时，$y=1.11^2$；$x=3$ 时，$y=1.11^3$…

教师给学生几分钟时间自行计算，之后同桌交流。

预设：学生通过计算，可得 $y=1.11^x$，$x \in [0, +\infty)$。

教师讲解：教师边总结，边板书：A 地游客人次特点——增加量一定，线性增长，用一次函数刻画；B 地游客人次特点——增长率一定，指数增长，用新函数 $y=1.11^x$ 刻画。并借助两地人次变化的差异，说明指数增长比线性增长快。

设计意图：设置第一段材料并穿插学生熟悉的折纸活动，一方面引导学生得到指数函数形式的数学表达式，为接下来概括指数函数概念做铺垫；另一方面在问题中设置了线性增长和指数增长的对比，帮助学生体会指数增长的迅猛。

问题 2：你能运用上述知识解决下面的问题吗？

〔师生活动 4〕阅读"碳 14 衰减问题"材料，解决问题。

学生阅读数字教材中的第二份材料和问题：

科学研究表明，宇宙射线在大气中能产生包括碳 14 在内的放射性物质。碳 14 的衰减非常有规律，其准确性可以称为自然界的"准确时钟"，动植物在生长过程中衰减的碳 14，可以通过与大气的相互作用得到补充，所以活着的动植物体内的碳 14 含量不变。死亡后的动植物停止了与外界的相互作用，体内原有的碳 14 按确定的规律衰减，半衰期为 5730 年，这也是考古中常用碳 14 来推断年代的原因。

良渚遗址位于浙江省杭州市余杭区良渚和瓶窑镇，1936 年首次发现。考古学家利用遗址中遗存物碳 14 的残留量，测定出古城存在时期为公元前 3300 年至前 2500 年。测算原理其实是：当生物死亡后，体内原有的碳 14 含量会按确定的比率衰减（称为衰减率），大约每经过 5730 年衰减为原来的一半，这个时间称为半衰期。

问题：我们把刚死亡的生物体内碳 14 的含量看成 1 个单位，设死亡生物体内碳 14 含量的年衰减率为 p，则 p 是多少？按照上述变化规律，设生物死亡年数为 x，死亡生物体内碳 14 含量为 y，y 与 x 之间有怎样的关系？

预设：学生首先得到 $(1-p)^{5730}=\dfrac{1}{2}$，由此得到 $1-p=\left(\dfrac{1}{2}\right)^{\frac{1}{5730}}$，又由于

$y=(1-p)^x$，进而得到 $y=\left(\left(\frac{1}{2}\right)^{\frac{1}{5730}}\right)^x$，$x \in [0, +\infty)$。

教师讲解：教师介绍指数衰减的概念，即衰减率为常数的变化方式。死亡的生物体内碳 14 的含量呈指数衰减。

设计意图：第二份材料给出了指数衰减的例子，同样是为了接下来概括指数函数概念做铺垫。同时，前后两个例子的设置让学生初步感受指数函数可以描述变量增大和减小两种变化趋势，而决定变化趋势的为指数函数的底数。

【环节三】形成概念，深化定义

问题 1：从以上实际问题中我们得到了 4 个数学表达式，即 $d=2^x$，$S=\left(\frac{1}{2}\right)^x$，$y=1.11^x$，$y=\left(\left(\frac{1}{2}\right)^{\frac{1}{5730}}\right)^x$。它们在形式上有什么共同点吗？

预设：学生很容易发现 4 个数学表达式都形如 $y=a^x$，其中 a 是常数。

问题 2：请同学们判断一下这 4 个表达式是否都能构成函数关系呢？

预设：根据教师刚才所讲，学生容易发现这 4 个表达式都能构成函数关系。

问题 3：在我们刚刚得到的函数 $y=a^x$ 中，你认为 a 的取值范围是多少？

教师讲解 1：教师提示，希望 x 能取到全体实数，当 $a<0$ 时，自变量取 $\frac{1}{2}$，$\frac{1}{4}$，…时，函数值不存在；当 $a=0$ 时，$x>0$ 时，a^x 恒等于 0，$x \le 0$ 时，a^x 无意义；当 $a=1$ 时，$y=1^x=1$ 是常函数，没有研究意义。因此规定 $a>0$ 且 $a \ne 1$。

教师讲解 2：教师进一步明确指数函数的概念——一般地，函数

$y=a^x$（$a>0$ 且 $a\neq1$）叫作指数函数，其中 x 是自变量。

问题 4：指数函数 $y=a^x$（$a>0$ 且 $a\neq1$）的定义域是什么？

教师讲解 3：教师可点拨学生，上节课将幂 a^x（$a>0$）中的指数 x 范围拓展到了实数，也就是对 $\forall x \in R$，a^x（$a>0$）都是确定的实数，因此 $y=a^x$（$a>0$ 且 $a\neq1$）定义域是 R。

教师请学生举出几个指数函数的例子，并通过数字教材给出几个函数：$y=x^2$，$y=(-3)^x$，$y=4^{2x}$，$y=5^{x-1}$，$y=2^{-x}$，让学生辨析是否为指数函数，从而巩固概念。

设计意图：通过一系列提问，让学生借助具体表达式归纳、概括出指数函数的概念，识别它的解析式结构特征及底数范围。帮助学生体会从特殊到一般的思想方法，提升数学抽象和逻辑推理素养。

【环节四】巩固新知，概念应用

学生在数字教材中完成以下练习，教师通过智慧教学平台及时了解学生的完成情况，并予以反馈。

1. 判断正误。

（1）$y=2\cdot3^x$ 是指数函数。（   ）

（2）$s=\pi^t$ 是指数函数。（   ）

（3）$y=2^x$，$x \in (0, +\infty)$ 的图象一定在 x 轴的上方。（   ）

（4）$y=2^x$ 的图象一定在 x 轴的上方。（   ）

解：（1）× （2）√ （3）√ （4）√

其中（3）和（4）由于还没有给出指数函数图象，学生不容易直观得到指数函数的值域，教师可以取一些有正有负的自变量来具体说明 2^x 恒大于零。

设计意图：第 1 题加深学生对指数函数概念以及函数本质的理解。

2. 已知指数函数 $f(x)=a^x(a>0$ 且 $a\neq 1)$，且 $f(3)=\pi$，求 $f(0)$，$f(1)$，$f(-3)$ 的值。

解：$f(3)=a^3=\pi$，解得 $a=\pi^{\frac{1}{3}}$，于是 $f(x)=\pi^{\frac{x}{3}}$。

所以 $f(0)=\pi^0=1$，$f(1)=\pi^{\frac{1}{3}}=\sqrt[3]{\pi}$，$f(-3)=\pi^{-1}=\dfrac{1}{\pi}$。

设计意图：第 2 题不仅可以让学生熟悉指数函数的解析式和对应关系，还可以让学生学习利用函数解析式列方程求底数 a 的值。

3.

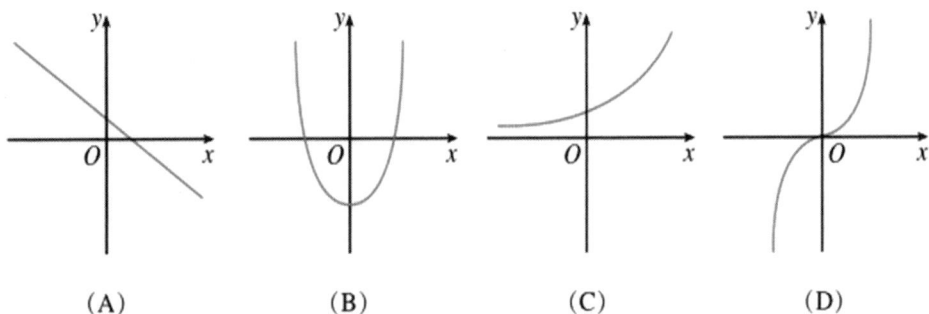

图 4-31

图 4-31 中，有可能表示指数函数的是 _____，请写出该指数函数一个可能的底数 _____。

解：（C）；2（答案不唯一）。

设计意图：第 3 题借助学生刚刚得到的指数函数恒大于零的信息，容易排除 A、B、D 选项，同时让学生对指数函数（底数大于 1 的）图象有初步感知，为下节课学习指数函数的图象与性质做铺垫。

【环节五】课堂小结，反思提升

教师和学生共同总结本节课的知识要点：

1. 指数函数 $y=a^x$ 的概念，关注底数 a 范围、定义域。

2. 指数函数可以刻画实际生活中的指数增长和指数衰减规律，感受函数是描述客观世界变化规律的模型，体会数学与实际的联系。

五、课后反思

由于本节课《指数函数的概念》和下一节课《指数函数的图象和性质》共同构成了指数函数单元，以下将从指数函数单元整体的角度进行教学反思。

（一）教学环节改进

在教学设计的研磨过程中，经历了以下三个方面的逐步改进。

1. 关于《指数函数的概念》一节中"折纸活动"的意义

教材中先后设置了"旅游人次增长问题"及"碳 14 衰减问题"两个实例，分别从指数增长和指数衰减两个角度引出了指数函数的概念。最初的教学设计是按顺序给出这两个实例，然而在试讲中发现学生对这两个实例的理解存在一定困难。在教学设计研磨过程中，在这两个问题之间加入了"折纸活动"——观看数字教材中的视频，记录每次对折后的纸张层数和纸张面积，再引导学生发现纸张层数与面积分别和折纸次数之间的关系。一方面，视频的呈现以及贴近生活的内容调动了学生学习的积极性，活跃了课堂氛围；另一方面此活动的设置降低了"旅游人次增长问题"中让学生用函数刻画 B 地游客人次指数增长的难度。由于折纸活动容易理解，教师用更简单的实例让学生体会到指数增长与衰减的实际意义，得到了"$d=2^x$，$S=\left(\dfrac{1}{2}\right)^x$，$x \in N$"两个指数函数的解析式，为解决 B 地游客人次问题做了铺垫，也为后续学生观察具体解析式抽象概括出指数函数的概念提供了素材。

2. 关于指数函数底数取值和定义域的问题

在得到指数函数的概念后，教师需要引导学生分析指数函数底数取值和定义域。对于这部分逻辑的处理，教材没有给出具体解释，在试讲过程中发现学生在这一问题上存在困惑。经指导老师的指点梳理出合乎情理的解释：我们希望指数函数中的 x 能取到全体实数，为了使实数指数幂有意义，底数的取值要大于零，且不等于"1"（因为底数为"1"后实数指数幂为常数）。之后又因为实数指数幂是一个确定的实数，因此指数函数的定义域为实数集。这一改进过程提示教师我在进行教学设计时不能想当然，每一处细节都要合乎逻辑。

3. 关于探究指数函数图象与性质时对于底数的分类问题

曾经对于指数函数的图象与性质教学中的底数分类问题，都是直接让学生画出 $y=2^x$ 与 $y=(\frac{1}{2})^x$ 的图象，再多画几组具体的指数函数图象，然后教师直接给出底数大于"0"小于"1"、底数大于"1"两种分类标准，学生也就顺理成章地默认这种分类。

在进行指数函数图象与性质的探究时，如果仅仅根据几个具体的指数函数图象就确定底数的分类标准，难免会让人怀疑其可靠性。通过调研，认为比较好的处理方式是先让学生借助手持 Pad 中的 GGB 软件画几个具体的指数函数图象，从图象变换的角度理解底数互为倒数的两个指数函数间的图象关系，对于指数函数图象有直观感知以及初步的性质推测，教师再借助信息技术画出底数为任意值时指数函数的大量图象，由学生观察图象特征、自行找到分类标准。这时教师再从数的角度加以解释，即当底数大于"1"时，显然随着自变量的增大，实数指数幂应该增大；当底数大于"0"小于"1"时，显然随着自变量的增大，实数指数幂应该减小，于是反映在图象上就是函数的单调性差异，即"以数助形"。这个探究过程相较于过去的教学方式，更加体现了从特殊到一般的思想，锻炼了学生的抽象概括能力，也更符合逻辑的严谨性以及数学实验的科学性。

（二）有效性分析

结合"通过具体实例了解指数函数的实际意义，理解指数函数的概念""能用描点法或借助信息技术画出具体指数函数图象，探索并理解指数函数的单调性与特殊点""结合指数函数的概念、图象、性质的研究，进一步体会研究具体函数的一般思路方法"这三个教学目标，设计目标测试题如下：

1. 每次每个细胞一分为二，初始状态下有一个细胞。请你用一个指数函数来刻画细胞数量与分裂次数的关系，说明底数、增长率，并给出其定义域。

2. 函数 $f(x)=ka^x(a>0$ 且 $a\neq1)$ 的图象经过点（0，2）和（1，1）。求该函数的解析式，并作出图象；判断该函数的单调性。

3. 通过本单元的学习，你对研究函数的内容和方法有什么更进一步的认识？对比以前学习过的一些具体函数，你能建立指数函数和它们的联系吗？请你结合表 4-9 谈谈体会。

表 4-9　各种函数的特征及性质

特征及性质	指数函数	一次函数	二次函数	反比例函数	幂函数
解析式					
定义域					
值域					

续表

特征及性质	指数函数	一次函数	二次函数	反比例函数	幂函数
图象					
性质					

笔者将上述三道题目发给本班 30 名同学进行检测，结果如下：第 1 题 21 名同学全对，出错点在于对"增长率"概念不清，以及该实际背景下函数定义域为自然数集；第 2 题 25 名同学全对，作答情况较好，个别同学在作图时出现没有列表描点或者图象不规范的问题；第 3 题为开放性问题，部分同学能总结出探究函数的方法是图象法，探究函数的内容可包括定义域、值域、单调性、奇偶性、定点等，题中表格内容基本都能填出来，但对于以形助数和以数助形的数形结合思想几乎没有提到，对于函数的本质以及函数研究思路有待进一步深入的认识。

（三）教学特色分析

本单元通过典型丰富的实际问题，抽象概括出指数函数概念，再细致地研究指数函数的图象和性质。强调从实际问题中抽象出数量关系，并用数学表达式刻画这种数量关系，在分析数学表达式特征的基础上归纳概括得到指数函数的定义，在这一过程中呈现了指数函数概念的抽象过程，关注学生数学抽象素养的发展。在研究指数函数性质的过程中，强调数形结合思想方法的运用，利用指数函数的图象研究指数函数的性质，并用所得到的性质进一步理解指数函数的图象。

本单元以"背景—概念—图象和性质"的函数研究方法探究了指数函数的概念、图象与性质。手持 Pad 助力学生高效、精准地发现图象蕴含的规律，归纳指数函数的性质，培养了学生的高阶思维。学生在进一步理解函数思想、体会函数概念的本质的同时形成了研究函数的路径——课程为学生提供学习方法指导，促进学生养成良好的学习习惯和思维习惯。

本单元教学借助数字教材引入了良渚遗址年代问题，弘扬了中华优秀文化；旅游人数增长问题体现中国的经济发展、社会进步，可以使学生了解中国文化、关心社会，体现了数学学科的育人功能。

第九节　等比数列

一、背景分析

（一）课标分析

1. 核心素养

《普通高中数学课程标准（2017 年版 2020 年修订）》指出：高中数学课程面向全体学生，实现人人都能获得良好的数学教育，不同的人在数学上得到不同的发展。高中数学教学以发展学生数学学科核心素养为导向，创设合适的教学情境，启发学生思考，引导学生把握数学内容的本质。提倡独立思考、自主学习、合作交流等多种学习方式，激发学习数学的兴趣，养成良好的学习习惯，促进学生实践能力和创新意识的发展。

数字教材是指以数字媒介为依托，数字化处理传统纸质教材内容，并在纸质教材的基础上引入更多的教育资源，集文字、图片、动画、视频等多种形式为一体的适用于各类电子终端的互动性教材。数字教材是数字化时代的产物，凭借互联网、移动云等技术的支撑，实现教学素材、电子终端、教学载体的高效整合。基于数字教材的开放性、动态性、关联性等特征，它不仅可以帮助教师丰富课堂教学活动，还可以使学生体验到轻松愉悦、多样化的学习过程，有效地激发学生的学习兴趣和积极性。

2. 学业要求

通过生活中的实例，理解等比数列的概念和通项公式的意义。能在具体的问题情境中，发现数列的等比关系，并解决相应的问题。体会等比数列与指数函数的关系。

基于以上要求，教学中主要以学生自主探究和小组合作探究的方式开展学习活动。利用数字教材互动工具及数字教材中的GGB辅助资源帮助学生开展自主探究，让学生体会等比数列与指数函数的关系，进一步感受数列与函数的共性与差异，体会数学的整体性。

3. 内容要求

能理解等比数列的概念和通项公式的意义；在具体的问题情境中，发现数列的等比关系；体会等比数列与指数函数的关系。

基于以上要求，在课堂中可以借助数字教材中的实例，帮助学生体会生活中等比数列的例子，并归纳出等比数列的概念及通项公式。再借助绘图软件等信息工具画出等比数列的图象，并利用数字教材资源进行动手操作，让学生体会数列与函数的关系。

4. 教学提示

等比数列的学习与等差数列的学习有许多共同之处，学生有了等差数列的学习基础，可以通过类比归纳出等比数列的概念及通项公式。借助等差数列与一次函数的关系，可以通过类比归纳出等比数列与指数函数的关系。

基于以上要求，教学中应该注重知识之间的联系，整体感知数列的学习方法，同时关注数形结合的研究方法，适当借助信息工具，利用数字教材提供的GGB动画工具开展学习探究活动。通过高中数学课程的学习，学生能提升获取有价值信息并进行定量分析的意识和能力；适应数字化学习的需要，学会用数学模型解决实际问题，积累数学实践的经验。

（二）教材分析

1. 单元模块

本单元选自人教版 A 版教材选择性必修第二册第四章《数列》，本节课是这一单元第三节的内容。

本单元的学习可以帮助学生通过对日常生活中实际问题的分析，了解数列的概念。探索并掌握等差数列和等比数列的变化规律。建立通项公式和前 n 项和公式，能运用等差数列、等比数列解决简单的实际问题和数学问题，感受数学模型的现实意义与应用；了解等差数列与一元一次函数、等比数列与指数函数的联系。

2. 知识体系

在学习等比数列之前，学生已经学习过等差数列的相关知识。在这个基础上，通过类比等差数列得出等比数列的相关概念也就水到渠成。等比数列的研究和解决集中体现了研究数列问题的思想和方法，对提高学生猜想、分析、归纳等能力有着重要的作用。本节课的学习为等比数列的性质以及等比数列前 n 项和做了相应知识的储备，并为今后进一步学习数列的极限打下基础，具有承上启下的重要作用。

3. 学科思想与核心素养

等比数列是数列这一章的重要内容，该部分知识能够与其他数学知识相结合，构成综合性较强的数学问题，等比数列概念的探究过程蕴含了类比和归纳的思想，在探究等比数列的增减性时，还蕴含了函数的思想。

本单元的教学，注意等差数列与等比数列的对比，突出两类数列的基本特征，利用数字教材资源观察数列的图象，体会等比数列与指数函数的关系，体现数形结合的思想，使学生进一步体会几何直观的作用。在求数列通项公式的过程中蕴含了方程的思想，同时可以培养学生的数学运算素养。

（三）学情分析

本节课的授课对象是高二年级的学生，他们具有一定的分析问题和解决问题的能力，逻辑思维能力也初步形成。但学生差异比较大，部分学生学习基础薄弱，对知识的认知和理解还有待加强。

从学生的思维特点看，很容易把本节内容与等差数列的学习过程作对比，这是一种积极因素，应充分利用。但相比等差数列，等比数列中要注意的地方更多，比如说：等比数列的公比不能为零，等比数列的各项都不能为零等，这些细节学生容易忽略，通过本节课的学习，增强学生思维的严谨性。

（四）教学重难点

1. 教学重点

等比数列的定义和通项公式。

2. 教学难点

等比数列通项公式的推导及应用。

二、学习目标及解析

（一）学习目标

1. 经历从实例抽象出等比数列概念的过程，掌握等比数列的概念及通项公式，体会等比数列与指数函数关系，并能求解简单问题。

2. 在学生观察、比较、概括、归纳等探究活动中，渗透类比思想、方程思想以及从特殊到一般的数学思想，引导学生从数学角度发现和提出问题，进一步培养学生分析和解决问题的能力。

3. 在开放式的课堂活动及积极、友善的心理环境中，为学生提供学法指导，促进学生形成良好的学习习惯和思维习惯，提升学习兴趣，获得积极的情感体验。

（二）目标解析

达成目标 1 的标志是：学生能够根据数字教材提供的实例，写出等比数列，并通过观察、类比归纳出等比数列的概念及通项公式。通过类比等差数列与一次函数的关系，学生能够说出等比数列与指数函数的关系。

达成目标 2 的标志是：学生在研究等比数列的过程中，能够类比等差数列的相关知识得到相应结论；在求等比数列通项公式的相关题目中能够运用方程的思想；在研究等比数列的过程中体会从特殊到一般的思想。

达成目标 3 的标志是：学生能够独立思考，并且积极参与到小组讨论活动中，能够表达出自己的看法，积极探究并展示自己的成果。

三、方法策略

（一）综合分析

基于对教材及学情的分析，本节课的学习以回顾等比数列相关知识为基础，在学生研究等差数列的过程中注意体现类比、猜想、归纳、数形结合的数学思想，循序渐进地安排学习活动，同时采取启发式教学方式，重视问题链的设置，在引导的过程中需要为学生思考问题搭设合理台阶。

本班学生学习数学的积极性较高，思维活跃，具有一定的自主探究意识，适合以实际情景引入，培养学生用数学的眼光观察现实世界，激发学习兴趣，让学生体会生活中处处有数学。在课堂上依托数字教材的教学资源，提升学生的课堂参与度，引导学生主动思考、发现、总结和建构，促进学生高阶思维的形成，培养学生勇于探究的科学精神。

（二）突破方法

1. 独立思考

本节课通过回顾等差数列的概念、通项公式等相关内容引导学生思考数列的研究方法，同时利用数字教材中的情景问题，引导学生写出三个等比数列，学生观察三个特殊数列，分析特点，利用已有的经验，通过类比独立思考得出等比数列的概念。

2. 学生活动

设计了多个学生活动环节，设置实际情景，通过探究的问题由简单到复杂的变化，不仅能让学生不断巩固新知，还能让学生经历文字语言和数学符号语言不断转化的过程，体会用数学的语言表达现实世界。

本节课设计的学生活动与实际生活联系密切，从拉面视频到数字教材中的实际情景，让学生体会数学来源于生活并应用于生活。

小组合作探究，各小组在研究等比数列通项公式及与指数函数关系的过程中，可以利用数字教材资源辅助探究，通过作图、观察图象可以类比指数函数的单调性得到等比数列的单调性。

3. 展示分享

独立思考及小组讨论后，增加学生展示环节，利用多媒体资源帮助学生搭建展示自己的平台，提升学生的课堂参与度，充分发挥学生的主体地位，促进学生高阶思维的形成。

4. 开放式学习环境

教学过程将丰富的数字化教学资源以及互动功能与教学深度融合，充分利用数字教材中模拟动画、交互探究、练习反馈资源及信息化工具。

四、教学活动设计

【环节一】情景引入

〔**师生活动1**〕观察拉面视频并提问。

问题1：你在视频中看到了什么？

追问1：我们将问题聚焦到面条上，师父拉面有什么规律？

教师引导学生看视频，启发学生发现拉面条数变化的规律是：由1条折叠一次拉成2条，再折叠一次变成4条，然后变成8条……

追问2：你能写出这个变化规律吗？

学生记录拉面条数的变化规律，从而得到数列

1，2，4，8，…

追问3：之前我们学过哪些具有特殊规律的数列？

学生：等差数列。

设计意图：由生活中的实例引入，激发学生学习兴趣，让学生感受数学抽象的过程。

【环节二】复习旧知

〔**师生活动2**〕前面的课程中我们学习了等差数列的相关知识，它为我们接下来研究其他数列提供了很好的研究思路，我们共同回顾一下。

学生利用数字教材资源复习回顾等差数列的相关知识。

问题2：等差数列的定义是什么？

一般地，如果一个数列从第2项起，每一项与它的前一项的差等于同一个常数，这个数列就叫作等差数列。

这个常数叫作等差数列的公差，公差通常用字母 d 表示。

如果三个数 a，A，b 构成等差数列，那么等差中项即为 A，

$2A=a+b$。

追问1：用符号语言表述定义应该如何表述？

递推公式：$a_n-a_{n-1}=d(n \geqslant 2，n \in N^*)$。

追问2：等差数列的通项公式是什么？

$a_n=a_1+(n-1)d(n \geqslant 2，n \in N^*)$。

追问3：怎么得到的通项公式？

累加法。

追问4：递推与通项同样给出了数列的变化规律，有什么不同？

教师强调递推公式与通项公式的区别。数列的通项公式可以直接根据 N 的值得出任何一项的值，而递推公式必须知道前一项的值才能得出后一项的值。

追问5：从函数视角我们可以把等差数列看成什么函数？

一次函数。

追问6：利用一次函数的增减性，我们研究了等差数列的增减性，等差数列的增减性是什么样的？

　　$d > 0$，递增数列；

　　$d < 0$，递减数列；

　　$d = 0$，常数列。

设计意图：借助数字教材资源，学生通过复习等差数列的相关知识，为本节课类比学习等比数列的相关知识做铺垫。让学生体会等差数列为等比数列的学习提供了很好的研究路径。

【环节三】新课学习

〔师生活动3〕生活中还有没有具有类似规律的数列呢？我们继续看两个实例。

（1）《庄子·天下篇》曰："一尺之棰，日取其半，万世不竭。"

如果把"一尺之棰"看成单位"1"，你能用一个数列来表达这句话的含义吗？

$$1, \frac{1}{2}, \frac{1}{4}, \frac{1}{8}, \frac{1}{16}, \cdots$$

（2）某人存入银行 a 元，存期为5年，年利率为 r，那么按照复利（复利是把前一期的利息和本金加在一起算本金，再计算下一期的利息），他5年内每年末得到的本利和分别是 $a(1+r)$，$a(1+r)^2$，$a(1+r)^3$，$a(1+r)^4$，$a(1+r)^5$。

问题3：上面三个数列有什么共同特点？这些数列的项与项之间有什么关系呢？

类比等差数列的研究，学生发现可以用除法运算探究以上规律。

设计意图：通过数字教材资源中的三组数列，让学生经历观察、归纳、猜想等过程，逐步认识到数列的项与项之间的"等比"关系，让学生尝试用自己的语言描述等比数列的特征。

问题4：类比等差数列的定义，请你尝试归纳出等比数列的定义，小组讨论后得到结论并展示。

一般地，如果一个数列从第2项起，每一项与它的前一项的比等于同一个常数，那么这个数列就叫作等比数列，这个常数叫作等比数列的公比，公比通常用字母 $q(q\neq0)$ 表示。

追问：用数学符号语言怎么表示等比数列的定义呢？

$$\frac{a_n}{a_{n-1}}=q(q\neq0, \ n\geqslant2, \ n\in N^*)。$$

设计意图：通过类比等差数列的定义，让学生自行给出等比数列的定义，培养学生的数学语言表达能力。

给出定义后让学生尝试举出几个等比数列的例子，教师引导学生分析等比数列公比的取值要求。

设计意图：通过学生自己举例深化其对等比数列定义的理解。

教师补充：与等差中项类似，如果在 a 与 b 中间插入一个数 G，使 a，G，b 成等比数列，那么 G 叫作 a 与 b 的等比中项，此时 $G^2=ab$。

追问 1：等比数列的中项唯一吗？

不唯一。

追问 2：试写出上述引例中 3 个等比数列项与项之间的关系，并猜想等比数列通项公式的一般表达式是什么。

（1）$a_n=2^{n-1}$

（2）$a_n=\left(\dfrac{1}{2}\right)^{n-1}$

（3）$a_n=a(1+r)^{n-1}$

猜想：$a_n=a_1q^{n-1}$

追问 3：对于通项公式的猜想，你能够用更为严谨的方法来推导它吗？可以类比等差数列的通项公式的推导过程。

等比数列 $\{a_n\}$ 首项为 a_1，公比为 q，根据等比数列的定义，有：$\dfrac{a_2}{a_1}=q$，$\dfrac{a_3}{a_2}=q$，$\dfrac{a_4}{a_3}=q$，$\cdots$，$\dfrac{a_n}{a_{n-1}}=q$ 类比累加的过程，我们可以将上式累乘得到 $\dfrac{a_n}{a_1}=q^{n-1}$，因此得到等比数列的通项公式，即：

$a_n=a_1q^{n-1}$

当 $n=1$ 时，左 $=a_1$，右 $=a_1$，所以等式成立，

所以等比数列通项公式为：$a_n=a_1q^{n-1}$（a_1，$q\neq0$）。

设计意图：让学生自己经历对几个特殊的等比数列通项公式的观察、归纳、猜想过程，感受体会数列问题的一般研究方法。

追问 4：

类比等差数列与一次函数的关系，等比数列可以看成哪个函数呢？

由 $a_n=\dfrac{a_1}{q}\cdot q^n$ 可知

当 $q>0$ 且 $q\neq1$ 时，等比数列 $\{a_n\}$ 的第 n 项 a_n 是函数 $f(x)=\dfrac{a_1}{q}\cdot q^x$（$x\in R$）

当 $x=n$ 时的函数值。

等比数列可以看成指数型函数，类比指数型函数的增减性，我们可以研究等比数列的单调性。

借助数字教材中的 GGB 资源，师生共同探究等比数列的单调性（表 4-10）。

表 4-10 等比数列的单调性

等比数列 $\{a_n\}$	$a_n=a_1q^{n-1}=\dfrac{a_1}{q}\cdot q^n$					
首项 a_1 的范围	$a_1>0$			$a_1<0$		
公比的 q 的范围	$0<q<1$	$q=1$	$q>1$	$0<q<1$	$q=1$	$q>1$
等比数列 $\{a_n\}$ 的单调性	单减	不变	单增	单增	不变	单减

设计意图：学生利用数字教材资源及 GGB 软件画出函数图象进行验证，探究之后展示汇报探究结果。

【环节四】例题讲解

例题：在等比数列 $\{a_n\}$ 中，

已知 $a_1=3$，$q=-2$，求 a_6；

已知 $a_3=20$，$a_6=160$，求 a_n。

学生讲教师写：第（1）题只要代入等比数列通项公式即可，即 $a_6=3\times(-2)^{6-1}=-96$；

第（2）题，先求 a_1，q，即 $\begin{cases}a_3=a_1q^2=20\\a_6=a_1q^5=160\end{cases}$，解得 $a_1=5$，$q=2$，所以 $a_n=5\times2^{n-1}$。

（引探）第（2）题还有其他解法吗？

先解出 $q^3=\dfrac{a_6}{a_3}=8$，故 $q=2$，所以通项公式为 $a_n=a_3\cdot2^{n-3}=20\times2^{n-3}$，即 $a_n=5\times2^{n-1}$。

设计意图：通过例题让学生体会等比数列的通项公式中，共有四个量：a_n、a_1、n 和 q，只要知道了其中的任意三个量，就可以求出另外的一个量的方程思想。

【环节五】课堂练习

一个等比数列的第 4 项和第 6 项分别是 48 和 12，求 $\{a_n\}$ 的第 5 项。

解法 1：由已知可得

$$\begin{cases} a_1q^3=48 \\ a_1q^5=12 \end{cases},$$

解得 $q=\dfrac{1}{2}$ 或 $q=-\dfrac{1}{2}$，

$q=\dfrac{1}{2}$ 时，$a_1=384$，$a_5=a_1q^4=24$；

$q=-\dfrac{1}{2}$ 时，$a_1=-384$，$a_5=a_1q^4=-24$。

因此，$\{a_n\}$ 的第五项是 24 或 -24。

解法 2：

因为 a_5 是 a_4 和 a_6 等比中项，所以

$a_5^2=a_4a_6=48×12=576$，

$a_5=\pm\sqrt{576}=\pm24$。

教师通过智慧教学平台了解每个小组完成练习的情况，及时给予指导。

设计意图：通过课堂练习帮助学生巩固等比数列的通项公式及其应用，并让学生体会等比中项在解题时的用法。有效利用数字教材中的交互性资源，实现及时反馈功能，根据反馈信息，教师迅速掌握学生的学习情况。

【环节六】课堂小结

教师：本节课学习的主要内容是什么？你有哪些收获？

请你对等差数列与等比数列进行比较。

设计意图：引导学生从知识层面和思想方法层面总结本节课的收获，通过对知识、方法的总结，学生再次回顾学习过程中数列的研究

方法，进一步理解知识的内在联系和逻辑关系，培养学生的思维能力。

五、课后反思

（一）有效性分析

通过落实检测的数据反馈，大部分学生掌握了等比数列的概念及通项公式，并能求解简单问题，完成了本节课的学习目标，但仍有小部分同学对于通项公式的掌握还存在问题。

反思本节课的教学，课堂活动做到了以学生为中心，符合学生认知规律。对于教学重点的讲授及教学难点的突破都比较好，学生在课堂中能够积极动脑，课堂参与度较高。

（二）教学设计特点

本节课由现实生活中的拉面情景引入，学生将问题聚焦到拉面根数的变化规律上，从而引出本节课要学习的内容——等比数列。在学习方法上，基于数字教材资源指导学生类比等差数列的研究内容和研究路径对等比数列进行研究，并在解题中向学生渗透方程思想。结合学情，本节课的教学重点定为等比数列的定义和通项公式，对于教学重点内容主要借助数字教材资源中的生活实例，让学生书写几个等比数列并归纳它们的特点，同时类比等差数列的定义和通项公式得到等比数列的定义和通项公式。教学难点定为等比数列通项公式的推导及应用。对于难点的突破，可通过类比等差数列通项公式的推导过程，启发学生思考等比数列的推导过程，并带领学生对通项公式进行推导。对于例题的处理，先由学生独立完成，然后再进行归纳总结。

本节课借助数字教材中的 GGB 资源，将信息技术与教学内容高度融合，通过信息技术激发学生学习兴趣，呈现学生不容易作出的函数图象，通过直观观察进行类比学习。

第十节　平面解析几何明细课

一、背景分析

（一）指导思想

《普通高中数学课程标准（2017 年版 2020 年修订）》中指出：教师要把教学活动的重心放在促进学生学会学习上，积极探索有利于促进学生学习的多样化教学方式；提倡独立思考、自主学习、合作交流等多种学习方式，激发学生学习的兴趣，养成良好的学习习惯。实现人人都能获得良好的数学教育，不同的人在数学上得到不同的发展，促进学生数学学科核心素养的形成和发展。

（二）理论依据

教育测量学认为，评价最重要的意图不是为了证明，而是为了改进。针对学生在平面解析几何模块基础知识薄弱的问题，依据教材制定包含单一知识要素习题的基础测试卷，并对学生进行测试，有利于学生根据测试结果诊断问题，对知识点进行查漏补缺，从而及时对下一阶段的复习计划进行调整和改进。

教育目标分类学将知识分为四类：事实类知识、概念类知识、程序性知识、元认知知识。元认知被认为是认知活动的核心，其本质是人对认知过程的自我意识和自我调节。高三复习阶段的知识目标主要属于元认知知识，认知加工方式主要是分析、评价、创造。学生在完成测试后，有必要认真总结失败的原因，分析自己的不足，并制订适合自己的学习方案，改善学习方法。因此本节课以学生为主体，通过合作交流、自我评价、小组评价、教师评价等学习活动，多视角引导学生审视自身发展情况，清晰地认识到基础知识方面存在的问题，不同层次的学生都可以从知识、学习习惯、核心能力等角度细致制订个人发展计划表，后续再通过计划的落实和针对性测试，体会成功的乐趣，提升学习数学的自信心。

（三）数字教材的使用

伴随数字化时代的发展，为了弥补纸质教材的局限性，我们的课堂依托数字教育平台。课堂上学生可以利用手持 Pad 在数字教材上随时做标记，使课堂活动设计更为多元化。同时，教师也可以利用数字教材中章前"导引"等内容，在课堂上直接做展示，帮助学生明确所学内容。

（四）教学分析

1. 教学内容

本节课通过分析基础测试题，帮助学生明确平面解析几何所包含的知识要素，并对知识要素进行分类，明白知识要素所属模块。通过分析基础测试题解答情况的具体数据，学生对自身学习质量和同伴学习质量展开自我评价、互相评价，明白自我学习状态，知道自己在平面解析几何学习中的优势和不足，找到自己学习难点的成因，明晰每道题目考查的知识要素，制订未来学习计划。

2. 学生情况

通过高三一轮的复习，多数学生已经基本掌握了直线、圆、椭圆、抛物线、双曲线的定义和几何性质，并能恰当应用，解决简单的几何问题；也有一小部分学生对平面解析几何中的有些基础知识记忆不牢固，导致做题时没有思路，做不出来，浪费较多考试时间，严重影响后续习题的解答。

为使每个层次的学生都能积极参与课堂活动，准确发现自身在平面解析几何部分存在的知识漏洞，学生结合自己的真实测试数据，对自己的学习情况制订学习计划。

（五）教学重难点

1. 教学重点

引导学生通过分析数据、进行评价等活动，发现在平面解析几何模块中存在的知识漏洞，并找到各题考查的知识要素。

2. 教学难点

完成自我评价，制订合理的学习方案。

二、学习目标及解析

（一）学习目标

1. 通过分析自己和他人的基础测试题解答情况，对平面解析几何模块的学习质量进行自我评价、他人评价，明确自身在基础知识中的优势和不足，提升对自己认知水平的了解。

2. 依据平面解析几何模块的具体内容，明确每道题考查的知识要素，提升解决问题的能力。

3. 依据平面解析几何模块知识内容分布图，从基础知识、学习习惯、核心能力、规划时间四个角度制订下一阶段的个人学习计划表，明确改进方向。

4. 在分析、评价、创造的过程中，学会合作，增强自己学好数学的自信心。

（二）目标解析

达成目标1的标志是：学生能够完成平面解析几何内容分布图，

并且能够计算出自己在每个模块的正确率；学生对比自己和班级各模块的正确率，能够概括出自己对于各模块内容的掌握情况。

达成目标 2 的标志是：学生以"平面解析几何测试题"中的 1—10 题为研究对象，针对错题，能够逐题分析自己的错因并记录下来；并且能够在课标中找到这十道题对应的语句。

达成目标 3 和 4 的标志是：学生能够在小组同学的帮助下，制订出自己下一阶段的学习计划。

三、方法策略

（一）综合分析

本节课是高三复习课的一种类型，平面解析几何模块的内容繁多，综合题考察得比较复杂，学生容易失分。因此课前给学生发了本模块的基础测试题，同时采取启发式教学方式，借助数字教材，重视问题链的设置，在引导的过程中为学生思考问题搭设合理台阶。

（二）突破方法

1. 独立思考

本节课为学生设置了五个任务，每个任务都需要先由学生进行独立思考。在独立思考的过程中，学生借助数字教材明确平面解析几何模块的学习内容及分类，并发现自己在平面解析几何模块与班级其他同学的差异，找到自己学习的薄弱点，制订适合自己的学习计划。

2. 小组讨论

小组讨论交流，共同归纳出本组同学的学习情况，找到本组同学在基础测试题前十道题目中的错因；归纳并汇总出前十道题目考察的知识点，最后小组合作，帮助组内同学制订出适合自己的学习计划。

小组成员互相监督，在发现问题的同时也锻炼了学生的数学表达能力，为学生在课堂上表达自己想法提供了机会。

3. 展示分享

不同小组利用数字教材交互资源及投影进行小组展示分享，增强学生交流讨论的意识。学生之间不同想法的碰撞可以发展学生的创新意识。

四、教学活动设计

（一）课前学习活动

1. 背景说明

平面解析几何位于数字教材选择性必修一中的第二、三章节，同属于"几何与代数"模块，包含了"直线与方程""圆与方程""圆锥曲线与方程"三个模块，是渗透数形结合思想的重要章节。在高三复习阶段，评价学生的学习质量是教学中的关键环节。教育测量学认为，评价最重要的意图不是为了证明，而是为了改进。

2. 具体活动

为评价学生对于平面解析几何模块的掌握情况，并对下一阶段学习方式进行改进，教师在本节课前让学生完成一份平面解析几何测试题。该试题是由教师根据《普通高中数学课程标准（2017 年版 2020 年修订）》以及数字教材中的相应内容，提取出该模块知识要素，按照"每题包含单一知识要素"的原则命制的，命制过程中也参考了数字教材中的补充练习题，测试卷一共包含 43 道选择题（见附录）。

（二）课堂教学活动

【环节一】明析复习内容

〔**师生活动**〕教师出示高中总复习模块图，帮助学生明确必修、选择性必修和选修课本的定位是什么。接着，由学生阅读数字教材选择性必修一的"导引"内容（图 4-32），总结平面解析几何模块的内容分布情况。

> "直线和圆的方程""圆锥曲线的方程" 属于解析几何的内容。解析几何是数学发展过程中的一个标志性成果，是微积分创立的基础。我们将在平面直角坐标系中探索确定直线、圆、椭圆、双曲线、抛物线等几何图形的几何要素，并利用几何要素建立它们的方程；再通过方程，运用代数方法进一步认识直线、圆、圆锥曲线的性质以及它们之间的一些位置关系；通过运用解析几何方法解决简单的数学问题和实际问题，感悟解析几何中蕴含的数学思想和方法。

图 4—32 数字教材选择性必修一"导引"节选

设计意图：帮助学生明确平面解析几何内容的构成。

【环节二】核对答案，明确正误

教师下发平面解析几何测试题的参考答案，发布任务一：

（1）核对平面解析几何测试题的答案。

（2）根据自己的答题情况，在内容分布图中将做对的题目方格涂红。

（3）计算自己在"直线与方程""圆与方程""圆锥曲线与方程"三个模块中的正确率（正确率＝该模块做对题目数量／该模块题目总数 ×100%），填入分布表中（表 4—11）。

表 4—11 平面解析几何测试题试卷内容分布表

直线与方程	圆与方程	圆锥曲线与方程
01　02　02　03　04　05 06　07　08　14　15　17 18　22　24　26　36	09　10　11　16　19　20 21　23　42	12　13　25　27　28　29 30　31　32　33　34　35 37　38　39　40　41　43
正确率: %	正确率: %	正确率: %

学生自主核对答案并按要求填写知识内容分布图，教师展示学生填涂结果。

设计意图：通过收集并处理数据，帮助学生明确各知识模块中自己做对、做错的题目。

【环节三】分析数据，明确优劣

教师发布任务二：

对比自己和班级各模块的正确率，请你概括出自己对于各模块内容的掌握情况。（填写学案上的以下内容）

直线与方程掌握情况：
圆与方程掌握情况：
圆锥曲线与方程掌握情况：

教师通过智慧教学平台及时统计班级学生的正确率并予以反馈。学生对比正确率后，分析自己三个模块的掌握情况，并在班级交流。

设计意图：通过分析并汇总数据，帮助学生明确个人情况与班级情况的共同之处和差异之处。

【环节四】分析题目，明确错因

教师发布任务三：

（1）以平面解析几何测试题中的1—10题为研究对象，针对错题，每位同学逐题分析自己的错因并记录下来。

（2）以小组为单位，交流各自错题及错因，统计汇总，选出代表做分享汇报。

同组学生进行交流，明确自己错误原因。

设计意图：帮助学生明白自己的错误原因，并借助同伴互助改正自己的问题。

【环节五】对照教材，明析题目

教师发布任务四：

利用手持 Pad 技术支持，从数字教材选择性必修一的标题、正文（蓝体字）、章节小结的结构图里选取适当的词句填入表格，完成 1—10 题的对应内容；以小组为单位，统一并汇总 1—10 题的对应内容，选出代表做分享汇报。

学生对照数字教材，填写每道题相应的考查内容。

设计意图：帮助学生明白每道题对应教材中的哪些内容要求，再次明确自己的弱项。

【环节六】制订计划，明确方向

教师发布任务五：

结合自己对于"直线与方程""圆与方程""圆锥曲线与方程"三个模块的掌握情况，从明确知识、培养习惯、提升能力、规划时间四个方面制订下一阶段的学习计划，填在个人发展表中。

学生结合自己的测试数据和掌握情况，制订接下来对于平面解析几何部分的学习计划。教师通过智慧教学平台及时了解学生的学习计划，并投屏展示部分具有代表性的个人发展表，学生上台分享交流。

设计意图：任务五是学生创造的环节，帮助学生明确未来改进方向。

【环节七】课堂小结，教师建议

学生谈本节课的收获，不同于以往复习课的方面。教师建议学生掌握明细课中对于测试题的分析方法，在后续复习过程中加以尝试。

设计意图：对本节课的内容及学习方法进行总结反思。

五、课后反思

（一）教学环节改进

作为一名青年教师，面对高三复习课会有诸多困惑，不知道采取什么样的复习方式能帮助学生进行有效学习，更多的是模仿自己上学时候老师的复习方式，先梳理知识点再配以大量练习。面对新高考、新课标、新教材和新一代的学生，我们认为需要对传统的复习课方式进行改进。非常幸运参与了市基教研中心的培训活动，在活动中我们了解到温习课、数据分析课、析题课、明细课四种新的课型。明细课作为复习课的一种，我们在了解之初也做了一些教学设计尝试，课程构想完全基于自己的浅层理解。

首先是对题目的编制。最初我们的目标是全面而详细地考查学生对于平面解析几何章节知识点的掌握情况，以及应用知识点解决问题的能力，于是设计的题目大多包含多个知识要素，且主要围绕"应用"这一认知层次进行考查。但专家老师指出这样的测试题不利于考查学生对于知识本质的理解。学生综合题目做得不好常常是因为对于某一个或若干个基础知识点掌握不好，或者对于知识的基础认知（记忆、理解）不够到位。为了使学生能够真正找到自己在该章节中的弱势，抽丝剥茧，我们采取"每题包含单一知识要素"、围绕"记忆"和"理解"认知层次出题的原则重新编制了试题。

接着是对题目的调整。最初我们计划直接将按知识点顺序编排的测试题发给本班学生做测试，未曾想到题目编排顺序的不合理也会间接影响学生的答题效果。专家老师提醒要让题目遵从"由易到难"的认知顺序，于是我们将题目发给了其他班级做测试，获得了前测数据。根据学生答题的得分率划分每题的难易程度，重新编排了试题顺序。然后根据专家建议设置了题目的分类——根据课标中对于平面解析几何模块的划分，将测试题归属到"直线与方程""圆与方程""圆锥曲线与方程"三个模块中，做好分类。因为题目只包含单一知识要素，所以分类十分清晰、没有异议。这一点也是之前没有想到的。

然后是课上环节的改进。教师首先介绍了高中数学内容分布图，帮助学生明确必修、选择性必修和选修课本的定位是什么，同时明确平面解析几何模块的地位与内容分布情况。这一开场白体现了明细课中"明白数学学科的构成"的要领，清晰而自然，为后续试题分析做好铺垫。但我们最初的教学构想中没有设置介绍知识模块的环节，引入非常突兀，学生上完课依然不能明确该章节在高中数学课程中的地位及其内容构成，效果就可想而知了。

任务一、二是学生核对试题答案，明晰自己在"直线与方程""圆与方程""圆锥曲线与方程"各模块中的掌握情况，体现了明细课"明白自我学习的状态"的要领。这两个任务也是在专家老师的提醒下加入的。任务三是学生逐一分析每道题目的错因，但在我们最初的设想中是根据答题情况提前选出几道典型错题交由学生分析，选出的错题显然不能涵盖学生的所有问题，就比较片面了。

任务四是学生逐一分析每道题目的知识要素，这里专家老师指出要给学生提供数字教材。学生站在出题人的角度，从数字教材的标题、正文、章节结构图等找到每题对应知识的具体内容，从而能够体会到每个知识要素最原始、最清晰的表述，这个过程对于学生而言受益匪浅。而我们最初的想法是由教师提供整理好的现成的知识要素表格，反而让学生丧失了思考斟酌、挑选语言的机会。

经过专家老师的悉心指点和对课程的不断打磨，我们才得以呈现一节更为规范、清晰的明细课。

（二）教学设计特点

明细课作为一种复习课，课型较为新颖。以本节课的教学流程为例（图 4-33），明细课教学环节大致如下：课前学生完成一份单元模块的测试题；课上教师帮助学生明确该模块的内容构成，明白数学学科的构成（要素及类别）；学生根据测试题作答情况，评价自己在该模块中的优劣势，明白自我学习的状态（强项与弱项）；学生分析自己的错题及错因，明白学习难点的成因；学生根据教材分析各题对应考查的知识要素，后续可以再分析各题考查的认知方式，明白数学学科的构成（要素及类别）以及数学学习的策略（多种认知方式）；最后学生制订下一阶段的学习计划，明白学习难点的改进方式。如还有后续课程，可再设计教学环节，使学生明白单一要素对综合任务的影响。以上提到的几个"明白"正是明细课所突出强调的方面。上述教学环节需要学生调动评价、分析、创造的认知方式，这有助于学生对自我认知过程进行反思与调节，意识到自己的思维误区和思维盲点，从根本上解决问题。

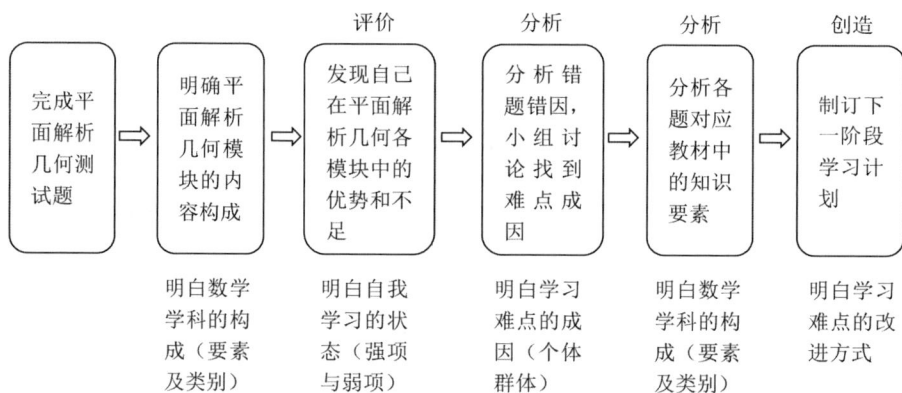

图 4-33 《平面解析几何明细课》教学流程

该复习课不同于以往传统的复习课，在一定程度上对于学生理解知识本质、认识自我状态、培养学习方法可能有更好的效果。

从以上教学流程可以看到，明细课十分关注教材中对于知识模块的划分以及对于知识点的原始表述，是倡导学生回归教材的一种复习课型。基于此，数字教材的应用也是本节课的一大教学特色。借助数字教材，学生能够高效、精准地找到各题对应的知识要素，提高了学习效率。在教材中查找原始知识表述的过程也锻炼了学生分析、提炼、归纳、概括的高阶思维能力。

附录

平面解析几何测试题

1. 对于下列条件：①直线上一个点的坐标，②直线的方向，③直线上两个不同的点的坐标，④三个不同的点，能够用来确定一条直线的方程的条件是（　　）。

    A. ①　B. ②　C. ③　D. ④

2. 如果直线 l 的倾斜角为 $\alpha(\alpha \neq \dfrac{\pi}{2})$ 对于 ① $\sin\alpha$，② $\cos\alpha$，③ $\tan\alpha$，④ α 这四个式子，表示直线 l 的斜率的是（　　）。

    A. ①　B. ②　C. ③　D. ④

3. 已知直线 l_1 的斜率为 k_1，直线 l_2 的斜率为 k_2，且直线 l_1 与 l_2 互相平行，对于下列四个式子：① $k_1+k_2=0$，② $k_1=k_2$，③ $k_1 \cdot k_2=1$，④ $k_1 \cdot k_2=-1$，一定成立的式子是（　　）。

    A. ①　B. ②　C. ③　D. ④

4. 已知直线 l_1 的斜率为 k_1，直线 l_2 的斜率为 k_2，且直线 l_1 与 l_2 互相垂直，对于下列四个式子：① $k_1+k_2=0$，② $k_1=k_2$，③ $k_1 \cdot k_2=1$，④ $k_1 \cdot k_2=-1$，一定成立的式子是（　　）。

    A. ①　B. ②　C. ③　D. ④

5. 已知四条直线的方程分别为：① $y=2x-4$，② $y+2=2(x-1)$，

③$\frac{x}{2}-\frac{y}{4}=1$，④ $2x-4y-4=0$，其中表示点斜式的是（　　）。

　　A. ①　B. ②　C. ③　D. ④

6. 对于直线 $y=2x-1$ 的斜率 k 和它在 y 轴上的截距 y_0，有四个结论：① $k=2$，$y_0=1$；② $k=2$，$y_0=-1$；③ $k=1$，$y_0=2$；④ $k=-1$，$y_0=2$，正确的结论为（　　）。

　　A. ①　B. ②　C. ③　D. ④

7. 已知直线 l：$Ax+By+C=0$ 和直线外一点 $P(x_0,y_0)$，对于下列四个式子：① $\frac{Ax_0+By_0+C}{\sqrt{A^2+B^2}}$，② $\frac{|Ax_0+By_0+C|}{\sqrt{A^2+B^2}}$，③ $\frac{|Ax+By+C|}{\sqrt{A^2+B^2}}$，④ $\frac{Ax+By+C}{A^2+B^2}$，能够用来求解点 P 到直线 l 的距离的是（　　）。

　　A. ①　B. ②　C. ③　D. ④

8. 已知直线 l_1：$Ax+By+C_1=0$ 与 l_2：$Ax+By+C_2=0$，对于下列四个式子：① $\frac{|C_1+C_2|}{\sqrt{A^2+B^2}}$，② $\frac{|C_1-C_2|}{\sqrt{A^2+B^2}}$，③ $\frac{|C_1-C_2|}{\sqrt{A^2-B^2}}$，④ $\frac{\sqrt{A^2+B^2}}{|C_1-C_2|}$，能够用来求解两直线之间距离的是（　　）。

　　A. ①　B. ②　C. ③　D. ④

9. 在解析几何中，已知以下条件：①已知圆上两个点的坐标，②已知圆上三个点的坐标，③已知圆心坐标和半径，④已知圆心坐标及圆上一点的坐标，⑤已知圆的周长和面积，其中无法用来确定一个圆的方程的条件是（　　）。

　　A. ②和③　　　B. ③和④　　　C. ②和④　　　D. ①和⑤

10. 在解析几何中，已知圆上三点 A、B、C 的坐标，用待定系数法求解该圆的方程时，常常会用如下步骤：①设圆的一般方程为 $x^2+y^2+Dx+Ey+F=0$，②解出 D、E、F 的值，③根据题目信息，选择用圆的一般方程进行求解，④得到圆的一般方程，⑤代入 A、B、C 三点的坐标，列出关于未知数 D、E、F 的方程组，正确的操作顺序是（　　）。

A. ①⑤②③④　　B. ③⑤①②④　C. ①⑤②④③　D. ③①⑤②④

11. 已知圆 C_1：$x^2+y^2+2x+8y-8=0$，圆 C_2：$x^2+y^2-4x-4y-2=0$，判断 C_1 与 C_2 位置关系时，常常用到以下步骤：①消元得到方程 $x^2-2x-3=0$，②证明方程 $x^2-2x-3=0$ 的根的判别式 $\triangle > 0$，③两圆相交，④将 C_1 与 C_2 的方程联立，得到方程组 $\begin{cases} x^2+y^2+2x+8y-8=0 \\ x^2+y^2-4x-4y-2=0 \end{cases}$，正确的操作顺序是（　　）。

A. ①②③④　　B. ④①③②　　C. ①③②④　　D. ④①②③

12. 对于下列四个方程：① $y^2=2px\,(p>0)$，② $y^2=-2px\,(p>0)$，③ $x^2=2py\,(p>0)$，④ $x^2=-2py\,(p>0)$，能够表示焦点在 x 轴的正半轴，焦点是 $F\left(\dfrac{p}{2}, 0\right)$，准线是 $x=-\dfrac{p}{2}$ 的抛物线标准方程是（　　）。

A. ①　B. ②　C. ③　D. ④

13. 对于下列四个方程：① $\dfrac{x^2}{3}-\dfrac{y^2}{2}=1$，② $\dfrac{y^2}{2}-\dfrac{x^2}{3}=1$，③ $\dfrac{x^2}{3}+\dfrac{y^2}{2}=1$，④ $\dfrac{x^2}{2}+\dfrac{y^2}{3}=1$，表示焦点在 x 轴上的双曲线方程的是（　　）。

A. ①　B. ②　C. ③　D. ④

14. 已知点 $A(x_1, y_1)$ 和 $B(x_2, y_2)$，对于下列四个点：① 点 $M\left(\dfrac{x_1+y_1}{2}, \dfrac{x_2+y_2}{2}\right)$，②点 $N\left(\dfrac{x_1+x_2}{2}, \dfrac{y_1+y_2}{2}\right)$，③点 $P\left(\dfrac{x_1-y_1}{2}, \dfrac{x_2-y_2}{2}\right)$，④点 $N\left(\dfrac{x_1-x_2}{2}, \dfrac{y_1-y_2}{2}\right)$，表示 A 和 B 中点的是（　　）。

A. ①　B. ②　C. ③　D. ④

15. 在求解两条直线的交点坐标时常常用到以下步骤：①解二元一次方程组，②联立两直线方程得二元一次方程组，③此解为交点坐标，④二元一次方程组有唯一解，正确的操作顺序是（　　）。

A. ①②④③

B. ④②①③

C. ②①③④

D. ②①④③

16. 已知圆的圆心坐标为 (a, b)，半径为 r，对于下列四个方程：
① $(x+a)^2+(y+b)^2=r^2$，② $(x-a)^2+(y-b)^2=r$，③ $(x-a)^2+(y-b)^2=r^2$，
④ $(x-a)^2-(y-b)^2=r^2$，能够用来表示这个圆的标准方程是（　　）。

    A. ①　B. ②　C. ③　D. ④

17. 已知点 $A(x_1, y_1)$ 和 $B(x_2, y_2)$ 在直线 AB 上，对于下列四个式子：
① $\frac{x_1-y_1}{x_2-y_2}$，② $\frac{x_1+x_2}{y_1+y_2}$，③ $\frac{y_2-y_1}{x_2-x_1}$，④ $\frac{x_2-x_1}{y_2-y_1}$，表示直线 AB 的斜率的是（　　）。

    A. ①　B. ②　C. ③　D. ④

18. 已知两点 $P_1(x_1, y_1)$，$P_2(x_2, y_2)$，对于下列四个式子：
① $|x_2-x_1|$，② $|y_2-y_1|$，③ $|x_2-x_1|+|y_2-y_1|$，④ $\sqrt{(x_2-x_1)^2+(y_2-y_1)^2}$，表示两点间距离的是（　　）。

    A. ①　B. ②　C. ③　D. ④

19. 已知一个圆的圆心坐标 $M(8, -3)$ 以及圆上一点 $N(5, 1)$，用待定系数法求解该圆的方程时，常常会用如下步骤：①根据题目信息，选择用圆的标准方程进行求解，②代入 M、N 两点的坐标，列出关于未知数 a、b、r 的方程组，③得到圆的标准方程，④解出 a、b、r 的值，⑤设圆的标准方程为 $(x-a)^2+(y-b)^2=r^2$，正确的操作顺序是（　　）。

    A. ①⑤②④③　B. ③①⑤②④　C. ①⑤②③④　D. ③⑤①②④

20. 根据方程判断直线与圆的位置的关系时，常常会用到以下操作流程（图4-34），给出下列的分类顺序：①相切，相交，相离；②相交，相离，相切；③相交，相切，相离；④相离，相切，相交，与词语甲、

乙、丙正确对应的是（ ）。

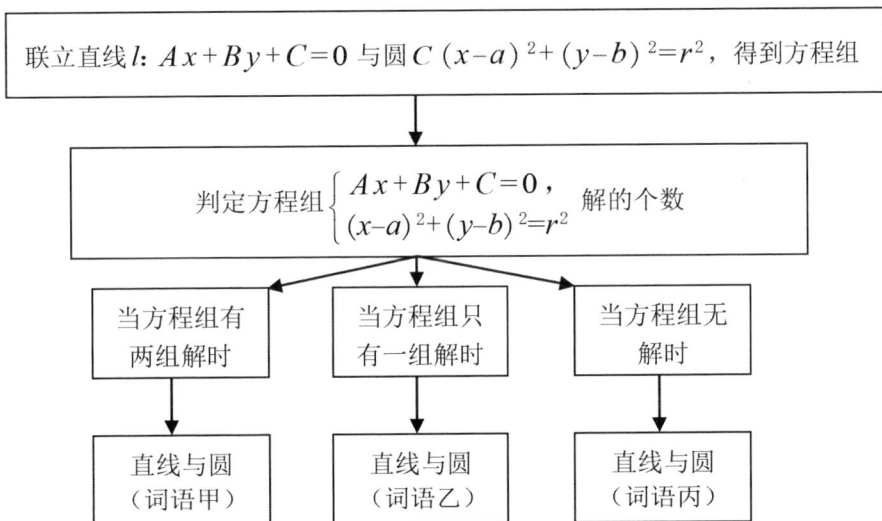

联立直线 l：$Ax+By+C=0$ 与圆 C $(x-a)^2+(y-b)^2=r^2$，得到方程组

判定方程组 $\begin{cases} Ax+By+C=0, \\ (x-a)^2+(y-b)^2=r^2 \end{cases}$ 解的个数

当方程组有两组解时

当方程组只有一组解时

当方程组无解时

直线与圆（词语甲）

直线与圆（词语乙）

直线与圆（词语丙）

图 4-34

A. ①   B. ②   C. ③   D. ④

21. 根据方程判断直线与圆的位置关系时，常常会用到以下操作流程（图 4-35）。

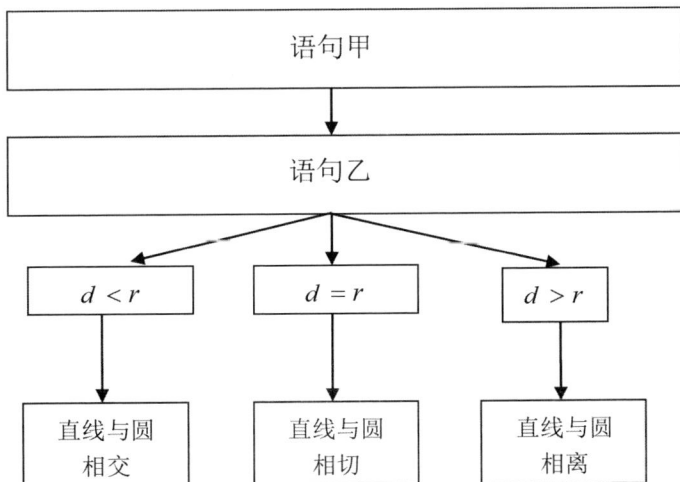

语句甲

语句乙

$d < r$

$d = r$

$d > r$

直线与圆相交

直线与圆相切

直线与圆相离

图 4-35

给出下列四组语句：

①根据圆的方程求得圆的半径，求出原点到直线的距离。

②根据圆的方程求得圆心到 x 轴的距离 d 和圆的半径 r。

③根据圆的方程求得圆上任一点到直线的距离 d 和圆的半径 r。

④根据圆的方程求得圆心坐标与半径 r，求出圆心到直线的距离 d。

与语句甲、乙正确对应的是（　　）。

  A. ①　B. ②　C. ③　D. ④

22. 四条直线的特征如下：①l_1 平行于 x 轴，②l_2 平行于 y 轴，③l_3 平行于坐标轴，④l_3 与坐标轴不平行，其中可以用两点式表示的特征是（　　）。

  A. ①　B. ②　C. ③　D. ④

23. 已知直线 l 和圆 C 交于 M，N 两点，需要求解 $|MN|$ 的值，对于下列四个条件：①圆心坐标，②直线方程，③直线斜率，④圆的半径，需要知道的条件是（　　）。

  A. ①②③　　　B. ①③④　　　C. ①②④　　　D. ②③④

24. 直线 l 与 x 轴的交点为 $A(a, 0)$，与 y 轴的交点为 $B(0, b)$，其中 $ab \neq 0$，对于下列四个式子：①$\dfrac{x}{a} - \dfrac{y}{b} = 1$，②$\dfrac{x}{a} + \dfrac{y}{b} = 1$，③$\dfrac{a}{x} + \dfrac{b}{y} = 1$，④$\dfrac{a}{y} + \dfrac{b}{x} = 1$，表示直线 l 的截距式的是（　　）。

  A. ①　B. ②　C. ③　D. ④

25. ①圆，②抛物线，③椭圆，④双曲线都是平面内具有某种特征的点运动形成的轨迹，平面内与一个定点 F 和一条定直线 l（l 不经过点 F）的距离相等的点的轨迹叫作（　　）。

  A. ①　B. ②　C. ③　D. ④

26. 对于直线方程的四种形式：①点斜式，②斜截式，③截距式，

④一般式，能够满足"平面直角坐标系中的任意一条直线都可以用这个方程表示，反之，任意一个这样的方程都表示一条直线"这样的条件的形式是（　　）。

A. ①　B. ②　C. ③　D. ④

27. 给出下列四个方程：① $\frac{x^2}{4}+\frac{y^2}{4}=1$ ，② $\frac{x^2}{4}+\frac{y^2}{2}=1$ ，③ $\frac{x^2}{4}-\frac{y^2}{2}=1$ ，④ $y^2=2x$ ，其中表示椭圆的是（　　）。

A. ①　B. ②　C. ③　D. ④

28. ①圆，②抛物线，③椭圆，④双曲线都称为圆锥曲线，是由于它们可以看作是"圆锥被一些平面截取所得到的"。如果我们依次用平行于母线的平面、平行于轴的平面、垂直于轴的平面、夹在平行于母线的平面和垂直于轴的平面之间的平面这四类平面（图4-36）去截图4-37中的圆锥，可以得到的圆锥曲线依次是（　　）。

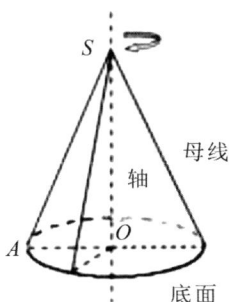

图 4-36

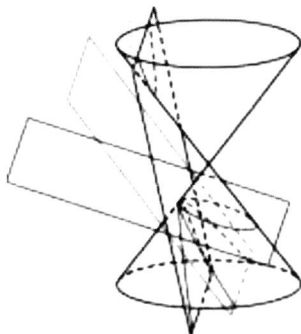

图 4-37

A. ②④①③　B. ④③①②　C. ①②③④　D. ②④③①

29. 对于抛物线 $y^2=2px\,(p>0)$ 对称性的解释，四位同学提出了以下叙述：①在抛物线方程中，对于任意一个 $x>0$ ，都有两个 y 与其对应，因此抛物线 $y^2=2px\,(p>0)$ 关于 x 轴对称；②在抛物线方程中，对于任意一个 $y>0$ ，都有两个 x 与其对应，因此抛物线 $y^2=2px\,(p>0)$

关于 y 轴对称；③当任意一点（x, y）满足抛物线方程时，容易验证（x, $-y$）也满足方程，因此抛物线 $y^2=2px$（$p>0$）关于 x 轴对称；④当任意一点（x, y）满足抛物线方程时，容易验证（$-x$, y）也满足方程，因此抛物线 $y^2=2px$（$p>0$）关于 y 轴对称，正确的解释是（　　）。

  A. ①　B. ②　C. ③　D. ④

30. 在平面内有两个定点 F_1 和 F_2，动点 M 满足 $|F_1F_2|=4$ 和 $|MF_1|+|MF_2|=10$，动点 M 的轨迹是①椭圆，②双曲线，③抛物线，④线段这四个图形中的（　　）。

  A. ①　B. ②　C. ③　D. ④

31. 对于椭圆 C_1：$\dfrac{x^2}{4}+\dfrac{y^2}{3}=1$ 和 C_2：$\dfrac{x^2}{16}+\dfrac{y^2}{4}=1$ 形状的叙述，四位同学提出了以下四个判断：① C_2 比 C_1 更接近于圆，因为其短半轴 b 更长；② C_2 比 C_1 更接近于圆，因为其离心率 $e=\dfrac{c}{a}$ 更接近 1；③ C_1 比 C_2 更接近于圆，因为其长半轴 a 更短；④ C_1 比 C_2 更接近于圆，因为其离心率 $e=\dfrac{c}{a}$ 更接近 0，正确的判断是（　　）。

  A. ①　B. ②　C. ③　D. ④

32. 对于下列四个方程：① $\dfrac{y^2}{4}-\dfrac{x^2}{3}=1$，② $\dfrac{y^2}{2}-\dfrac{x^2}{3}=1$，③ $\dfrac{x^2}{3}-\dfrac{y^2}{4}=1$，④ $\dfrac{y^2}{3}-\dfrac{x^2}{4}=1$，表示以直线 $y=\dfrac{\sqrt{3}}{2}x$ 为渐近线的双曲线方程是（　　）。

  A. ①　B. ②　C. ③　D. ④

33. 已知直线 l：$y=2x+3$，椭圆 C：$\dfrac{x^2}{4}+\dfrac{y^2}{2}=1$，当使用联立方程的办法推断直线 l 与椭圆 C 相交时，四位同学分别得到以下判断：①判别式 $\triangle>0$，②判别式 $\triangle=0$，③判别式 $\triangle<0$，④判别式 $\triangle\geqslant0$，正确的判断是（　　）。

  A. ①　B. ②　C. ③　D. ④

34. 已知一条直线过一条抛物线的焦点，对于该直线与抛物线有四个判断：①直线与抛物线有一个公共点，②直线与抛物线有两个公共点，③直线与抛物线有一个或两个公共点，④直线与抛物线可能没公共点，正确的判断是（ ）。

    A. ①　B. ②　C. ③　D. ④

35. 对于曲线 C 和方程 $F(x, y)=0$，有以下四个判断：①存在曲线 C 上一点的坐标是方程 $F(x, y)=0$ 的解，②方程 $F(x, y)=0$ 的解与曲线 C 上点的坐标一一对应，③方程 $F(x, y)=0$ 的解都在曲线 C 上，④曲线 C 上点的坐标都是方程 $F(x, y)=0$ 的解，其中可以作为推断方程 $F(x, y)=0$ 表示曲线 C 的理由是（ ）。

    A. ①　B. ②　C. ③　D. ④

36. 关于一条直线的倾斜角有以下判断：①倾斜角是指横轴的正方向与直线的夹角，②倾斜角是指横轴的正方向与直线向上方向的夹角，③倾斜角是指横轴的正方向与直线向上方向的夹角且小于直角，④倾斜角是指横轴的正方向与直线向上方向的夹角且小于平角，其中正确的判断是（ ）。

    A. ①　B. ②　C. ③　D. ④

37. 在用坐标和方程研究曲线时，常常用到以下具体的操作：①用方程定量研究曲线的性质，②利用轨迹的特征建立平面直角坐标系，设动点为 P，③用公式（如两点间距离公式等）表示等量关系式，得到方程，④明确曲线的轨迹特征，即找到动点运动的规律，⑤用等式表示动点 P 运动的规律，得到等量关系式，⑥化简方程，正确的操作顺序是（ ）。

    A. ②⑤④③⑥①　　　　B. ④②⑤③⑥①

C. ④⑤②③⑥①　　　　D. ②④⑤③⑥①

38. 在利用抛物线的概念画抛物线时，常用到一种方法——轨迹交点法，即动点 P 具备条件甲和条件乙，先作出符合条件甲的轨迹 C_1，再作出符合条件乙轨迹 C_2，那么 C_1 和 C_2 的交点即为所求。图 4-38 显示了应用这种方法画抛物线的构想：

图中点 F 为定点，直线 a 为定直线，M 为直线 AB 上的一个动点，如果移动动点 M，可以得到动点 P 所形成的抛物线。

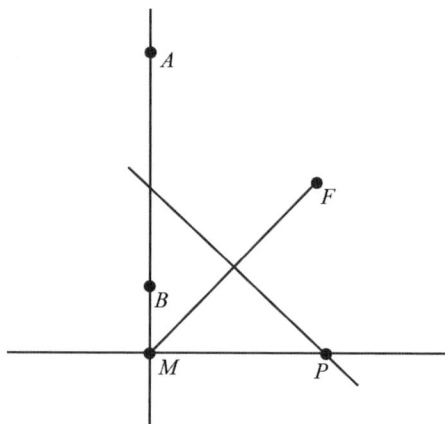

图 4-38

四位同学对于动点 P 提出了四种判断：①直线 AB 的垂线与线段 MF 的平分线相交得到的，②直线 AB 的垂线与线段 MF 的垂直平分线相交得到的，③线段 MF 的垂线与直线 AB 的垂直平分线相交得到的，④线段 MF 的垂线与直线 AB 的垂线相交得到的，正确的判断是（　　）。

A. ①　B. ②　C. ③　D. ④

39. 如图 4-39，在直线 l 上取两个定点 A，B，P 是直线 l 上的动点，让点 P 在线段 AB 外运动。在平面内，取定点 F_1，F_2（满足 $|F_1F_2| > |AB|$），以点 F_1 为圆心、线段 PA 为半径作圆，再以 F_2 为圆心、线段

PB 为半径作圆，对于两圆交点 M 始终满足的几何条件，四位同学提出了以下判断：

① $|MF_1|+|MF_2|=|AB|$，② $|MF_1|-|MF_2|=|AB|$，

③ $||MF_1|-|MF_2||=|AB|$，④ $|MF_1|>|MF_2|$，正确的判断是（　　）。

    A. ①　B. ②　C. ③　D. ④

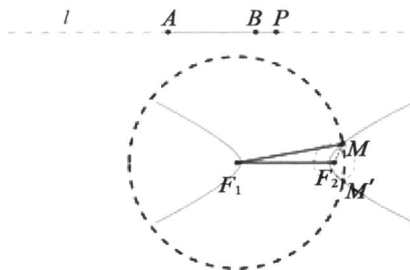

图 4—39

40. 在平面内有两个定点 F_1，F_2，动点 M 满足 $|F_1F_2|=10$ 和 $|MF_1|-|MF_2|=8$，动点 M 的轨迹是①椭圆，②双曲线，③抛物线，④双曲线的一支这四个图形中的（　　）。

    A. ①　B. ②　C. ③　D. ④

41. 在平面内有两个定点 F_1 和 F_2，满足 $|F_1F_2|=4$，线段 AB 上有一动点 P，满足 $|AB|=10$。以 F_1 为圆心，$|AP|$ 长为半径作出 $\odot F_1$，再以 F_2 为圆心，$|BP|$ 长为半径作出 $\odot F_2$，描出两圆交点位置。让点 P 在线段 AB 上运动，则描出的点形成的图形是①圆，②椭圆，③双曲线，④抛物线这四个中的（　　）。

    A. ①　B. ②　C. ③　D. ④

42. 已知方程 $x^2+y^2+Dx+Ey+F=0$ 可以表示一个圆，对于下列四个判断：① $D\cdot E\cdot F$ 均为正数，② $D^2+E^2-4F>0$，③ $D^2+E^2-4F\geqslant 0$，

④ $D \cdot E \cdot F \neq 0$，一定成立的是（ ）。

    A. ①　B. ②　C. ③　D. ④

43. 已知（3，4）为双曲线 $\dfrac{x^2}{9} - \dfrac{y^2}{16} = 1$ 的渐近线上的一点，要判断过该点且与双曲线只有一个公共点的直线条数，四位同学的判断如下：①一条都没有，②有一条，③有两条，④有三条，正确的判断是（ ）。

    A. ①　B. ②　C. ③　D. ④

第十一节　高斯函数零点问题

一、背景分析

（一）课标分析

1. 核心素养

《普通高中数学课程标准（2017 年版 2020 年修订）》中指出，函数是现代数学最基本的概念，是描述客观世界中变量关系和规律的最为基本的数学语言和工具，在解决实际问题中发挥着重要作用。函数是贯穿高中数学课程的主线。

直观想象这一核心素养水平划分中提出要求：能够在熟悉的数学情境中，借助图形的性质和变换（平移、对称、旋转）发现数学规律；能够描述简单图形的位置关系和度量关系及其特有性质；能够通过图形直观认识数学问题；能够用图形描述和表达熟悉的数学问题、启迪解决这些问题的思路，体会数形结合；能够通过想象对复杂的数学问题进行直观表达，反映数学问题的本质，形成解决问题的思路；在交流的过程中，能够利用直观想象探讨问题的本质及其与数学的联系。

本课设计是基于函数应用部分培养直观想象核心素养。

2. 学业要求

能够从两个变量之间的依赖关系、实数集合之间的对应关系、函数图象的几何直观等多个角度，理解函数的意义与数学表达；理解函数符号表达与抽象定义之间的关联。

3. 内容要求

高斯函数 $y=[x]$，又称取整函数，在教科书必修一已有涉及，其身影也多次出现在高考试题、模拟试题、竞赛试题中，该符号早在十八世纪即为德国数学家 J. C. F. 高斯所采用，因此得名为高斯函数。其具备着数与形的两面性，研究该函数，是培养数学素养的重要途径，又与生活联系紧密，蕴含着巨大的教育价值。教材中以课后习题的方式呈现。

（二）学情分析

北京市第一七一中学是北京市示范中学，生源很好，学生能力较强，本节课为函数零点学完之后设置的一节探究课，旨在提升学生分析问题、解决问题的能力，并使其体会一些数学的思想方法。

学生的数学学习方式不应只限于接受、记忆、模仿和练习，还必须倡导自主探索、动手实践、合作交流、阅读自学等学习数学的方式，力求发挥学生的主动性，使学生的学习过程成为在教师引导下的"再创造"探究式学习方式。

经过反复研磨，笔者将本节课设置为五个部分，分别是情境设置、新知学习、典例分析、课堂反馈、应用拓展。

（三）教学重难点

通过数形结合研究零点问题，并进行简单的性质应用。

二、学习目标

1. 初步认识高斯函数与小数部分函数的图象与性质，通过图象解决简单的函数零点问题。

2. 体验归纳猜想证明的研究过程，利用性质进行高斯函数的简单运算变形、关注分类讨论、换元法及转化与化归的思想。

3. 了解简单的数学史，了解蔡勒公式在历法中的作用，体会"数学有用""数学好玩"。

三、方法策略

教师的专业知识结构理论是美国斯坦福大学教授、著名的教育家 L.S. 舒尔曼于 1986 年提出的，简称为 PCK 的学科教学内容知识是其核心要素。

后有学者认为，数学教师开展常规教学所具备的知识有三类：数学学科知识（mathematics knowledge, MK）、一般教学法知识（pedagogical knowledge, PK）、有关数学学习的知识（content knowledge, CK，这里把学习对象——学生、学习背景、学习环境、教育宗旨等方面的知识全部归入这类知识）。在实际开展教学时，教师往往需要综合运用这三类知识，才能够把科学形态的数学知识有效转化为教育形态的数学知识，才能够帮助学生理解数学。而这三类知识的综合与融合就是数学教学内容知识（mathematical pedagogical content knowledge, MPCK），即数学教师从事数学教学所应具备的核心知识。

为了方便研究和突出重点，对于中小学数学教师而言，MPCK 是由数学学科知识（MK）、一般教学法知识（PK）、有关数学学习的知识（CK）以及教育技术知识（TK）融合而成，其本质是教师如何将数学知识的学术形态转化为教育形态，以促进学生对数学的理解，提高学生的数学能力，提升学生的数学素养。

课堂 MPCK 主要体现在两次"转化"之中：第一次"转化"体现于教学准备中，表现为教师在把握教学目标、教学内容、教学对象（学生的已有知识经验、思维特点、学习、误解、学习疑难点、学习能力、学习动机、学习兴趣、学习风格等）的基础上，如何选择"组织、呈现和调整"的方式；第二次"转化"主要体现于教学实施中，表现为教师对"组织、呈现和调整"方式的灵活运用。

MK 有四个维度：数学观念（主要是指对数学学科的看法和认识）、学科内容知识（主要包括数学概念、数学定理、数学法则、数学公式、数学题目等）、数学思想方法以及数学史知识。

本课设计的内容是高斯函数的图象及性质、函数零点的方程解法及数形结合解法。高斯函数中蕴含着大量的数学思想与解题方法，有助于扩展学习者的思维，培养学生的数学抽象、逻辑推理、直观想象、数学运算，发现数学的简洁美。高斯函数蕴含着很大的教育价值，所以使学生真正理解是非常有必要的。

本节教学是在学生人教 A 版必修一学完后，已经学过函数的概念、性质、零点，虽然教学对象学习能力较强，但分析综合能力、数形结合能力尚需加强，所以设计本课可使学生获得比较系统的函数知识与处理零点问题的基本方法，进一步认识函数在实际生活中的应用。

PK 有四个维度：教育观念（主要指对教育的看法和认识）、教育理论知识（主要包括教育本质、教育目的等方面的知识）、课程知识（主要包括课程编排、课程内容等方面的知识）以及教学知识（主要包括教学目标、教学原则、教学内容、教学方法、教学评价、教学管理等方面的知识）。

CK 有三个维度：学生发展的知识（主要包括学生的心理发展、思维发展、已有的知识经验和学习疑难点等方面的知识）、学生学习的认知因素与非认知因素知识（主要包括学习策略与方法、学习态度与能力、学习动机与风格等方面的知识）以及学习环境的知识（主要包括社会、政治、文化等外在大环境以及课堂学习的物理环境和心理环境等方面的知识）。

结合教学内容，以及教师起主导作用、学生是学习主体的原则，本课设计为启发探究与合作实践结合的教学方法，学生借助人教数字教材的辅助，探究函数图象与处理零点问题的方法。

四、教学活动设计

【环节一】情境设置

教学内容：zeller 公式

实施过程：

1. 课前表演（出奇、激疑、生趣）

师（故弄玄虚状）：老师最近练成一项新技能，我随随便便就把近十年的日历背下来了！

学生马上七嘴八舌议论纷纷，全都表示不相信、不可能。

师：既然大家不信，让我们来测试一下吧。

随机选择了同学甲，请他在黑板上写下自己的生日（2006 年 8 月 13 日），

老师经过短暂思考，说道："祝贺你呀今年过生日时正好是周末，可以庆祝一下啦。"说着在黑板上写下 2023 年 8 月 13 日星期日。

同学们面面相觑，笔者打开数字教材中日历（需要在我的资源处提前上传），调整到 2023 年 8 月，果然是星期日，"老师牛""太神奇了"……学生报以热烈的掌声。

师：现在你们相信我能背下十年的日历了吧？

学生们又七嘴八舌地说起来："不信不信，您肯定有特殊的办法""快教教我们""学生甲是您的托儿吧"……

师：同学们，这可是老师从从小学到大学，每年的新年联欢会保

留节目啊。你们想学吗？

生："啊，我们也能行吗""想学、想学"，课堂气氛渐入佳境。

师：好的，其实没什么神秘的，这就是著名的 zeller 公式。

2. 公式登场引出课程

德国数学家 C. 蔡勒在 1886 年推导出了一个解决星期几问题的公式，即 zeller 公式，如下：

$$W=Y+\left[\frac{Y}{4}\right]+\left[\frac{C}{4}\right]-2C+\left[\frac{26(M+1)}{10}\right]+D-1$$

式中 Y 为年份后两位，C 为年份前两位，M 为月份，D 为日期。

特别的，对于任意实数 x，符号 $[x]$ 表示"不超过 x 的最大整数"；在数轴上，当 x 是整数，$[x]$ 是 x，当 x 不是整数时，$[x]$ 是 x 左侧的第一个整数，这个函数叫作取整函数，也叫高斯函数，如 $[-2]=-2$、$[-1.5]=-2$、$[2.5]=2$。

3. 动手操作，尽展公式魅力

在本环节中，教师带领学生一同计算了 2022 年 8 月 9 日是星期几，目的是熟悉高斯函数应用，获得成功的体验。

根据 zeller 公式参数意义可知，Y=22，C=20，M=8，D=13，

所以 $W=22+\left[\frac{22}{4}\right]+\left[\frac{20}{4}\right]-2\times20+\left[\frac{26(8+1)}{10}\right]+13-1$

$=22+5+5-40+23+13-1$

$=27$

又因为 27=3×7+6，余数是 6 就是星期六，同学们现在可以快速算算自己明年的生日是星期几啦。

同学们马上开心地计算起来……

学生乙："老师，我发现 1949 年 10 月 1 日开国大典那天是星期

六……"学生一片哗然，好像发现了新大陆，想必接下来的一段时间里，历史书中的各种日期会成为孩子们关注的热点了吧。

设计思路：

中国古代思想家孔子曰："知之者不如好之者，好之者不如乐之者。"美国物理学家 A. 爱因斯坦说："兴趣是最好的老师。"教师最基本的策略应当是使自己的课生动有趣。生动有趣意味着学生的自觉参与和主体性的真正解放。

通过心算星期几，让学生觉得神奇，产生强烈的学习兴趣。给出日期，心算星期几，是很多综艺节目和新闻的常客，通过老师的表演，让学生萌发求知欲，并通过学习本课知识实现这一技能，用数学解释生活，解释神奇现象。

【环节二】新知学习

师：刚刚的心算星期几的问题中，我们初识了高斯函数。高斯大家耳熟能详，他是德国著名数学家、物理学家、天文学家、大地测量学家，是近代数学的奠基者之一，被认为是历史上最重要的数学家之一，并享有"数学王子"之称。以其命名的函数究竟是什么样子呢？今天这节课，让我们共同探究一下吧。

1. 分段讨论，初识函数

引例1：人教版普通高中教科书A版必修一（电子教材）第74页第13题。

函数 $f(x)=[x]$ 的函数值表示不超过 x 的最大整数，例如，$[-3.5]=-4$，$[2.1]=2$。当 $x \in (-2.5, 3]$ 时，写出函数 $f(x)$ 的解析式，并画出函数图象。

通过认真阅读并理解函数概念，学生容易得到解析式，调取数字教材中学科工具GGB的表格区，绘制函数散点图（图4-40）。

$$解：f(x)=\begin{cases} -3, & x\in[-2.5，-2) \\ -2, & x\in[-2，-1) \\ -1, & x\in[-1，0) \\ 0, & x\in[0，1) \\ 1, & x\in[1，2) \\ 2, & x\in[2，3) \\ 3, & x=3 \end{cases}$$

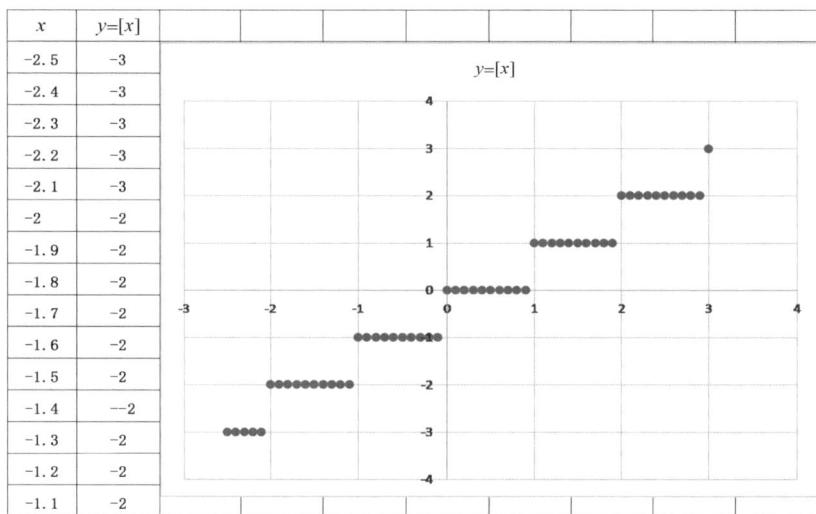

x	y=[x]
-2.5	-3
-2.4	-3
-2.3	-3
-2.2	-3
-2.1	-3
-2	-2
-1.9	-2
-1.8	-2
-1.7	-2
-1.6	-2
-1.5	-2
-1.4	--2
-1.3	-2
-1.2	-2
-1.1	-2

图 4—40　绘制的函数散点图

设计意图：

引例选用课本习题，不仅是为了让学生从图象的角度认识高斯函数，更是要表明题在书外、根在书中的道理，课本一道平平无奇的习题，竟然可以帮我们成为心算小达人，这样的教科书学生能不爱吗？能不认真研读、推敲吗？

2. 选项导思，归纳性质

引例2：阅读下列材料，然后解答问题：对于任意实数 x，符号 $[x]$ 表示"不超过 x 的最大整数"，在数轴上，当 x 是整数时，$[x]$ 是 x，

当 x 不是整数时，$[x]$ 是 x 左侧的第一个整数，这个函数叫作"取整函数"，也叫高斯函数，如 $[-2]=-2$、$[-1.5]=-2$、$[2.5]=2$，定义函数 $\{x\}=-[x]$，给出下列五个命题，正确的是（　　）。

①函数 $[x]$ 的定义域是 R，值域为 $[0，1]$；②方程 $\{x\}=\dfrac{1}{2}$ 有无数个解；③函数 $\{x\}$ 是周期函数；④ $\{x+1\}=\{x\}+1$；⑤ $[x+1]=[x]+1$。

结合函数图象，学生容易得到正确答案（②③⑤）。

通过与学生共同归纳得到以下性质（本节课以高斯函数为主，未深入研究小数部分函数，但性质证明需要用到，故在引例 2 提及）。

性质 1：$f(x)=[x]$ 的定义域为 R，值域为 Z，单调不减。

性质 2：$x-1 < [x] \leqslant x < [x]+1$。

性质 3：$[x]=[y] \rightarrow |x-y| < 1$。

性质 4：$[n+x]=n+[x]$，$n \in Z$。

性质 5：$[x]+[y] \leqslant [x+y]$，特别的 $[nx] \geqslant n[x]$，$n \in N$。

由于课堂时间有限，仅与学生共同完成两个性质的证明。

（1）性质 2 的证明

因为 $x=[x]+\{x\}$，且 $\{x\} \in [0，1)$，所以 $[x]+\{x\} < [x]+1$，

即 $x < [x]+1$，移项可知 $x-1 < [x]$ 成立。

（2）性质 5 的证明

因为 $[x+y]=[[x]+\{x\}+[y]+\{y\}]$，

由性质 4 可知 $[x+y]=[x]+[y]+[\{x\}+\{y\}]$，

因为 $[\{x\}+\{y\}] \geqslant 0$，

所以 $[x]+[y] \leqslant [x+y]$。

设计意图：

引例 2 是引例 1 的补充，通过问题的形式，引出学生对于高斯函

数性质的思考，从而完成对基础知识的积累。

从整个新知学习的环节来看，是情境引入与典型例题研究两个部分的重要衔接，知识较为简单，课堂实施时学生可以顺利完成解析式与函数图象绘制。对于函数性质归纳，由于学生是初次接触，方向性不强，则需以教师启发、学生证明的方式进行。数学史是数学文化的重要组成部分，通过介绍数学家，让学生认识到数学是人类智慧的结晶，学习是和大师的精神交流，将数学课堂植根于数学文化之上，带给学生能力与精神的盛宴。

特别的，数字教材配备的 GGB 软件可以画函数图象，但为了贴近学生认知，本节课的图象采用了操作麻烦、图象也不精美的表格区描点作图，是因为初入高中的学生，更容易接受这样的图象表达，学生熟悉软件操作，方法可以复制，便于学生们回家之后的再探究，避免了直接出图、无法解释过程的弊端。不便之处是需要和学生重点强调边界点的取舍问题。

【环节三】典型例题 提升能力

例 1：研究函数 $y=x^2-[x]$，$x \in [-2，2)$ 的零点个数。

为了强化分段讨论的思想，设置了这个问题，预设学生会有三种解题方法。

预设解法 1：直接分段讨论，逐段画图（图 4-41）寻找零点，显然有两个，即 $x=0$ 或 $x=1$。

$$f(x)\begin{cases} x^2+2, & x \in [-2，-1) \\ x^2+1, & x \in [-1，0) \\ x^2, & x \in [0，1) \\ x^2-1, & x \in [1，2) \end{cases}$$

x	$y=x^2-[x]$
−2	6
−1.9	5.61
−1.8	5.24
−1.7	4.89
−1.6	4.56
−1.5	4.25
−1.4	3.96
−1.3	3.69
−1.2	3.44
−1.1	3.21
−1	2
−0.9	1.81

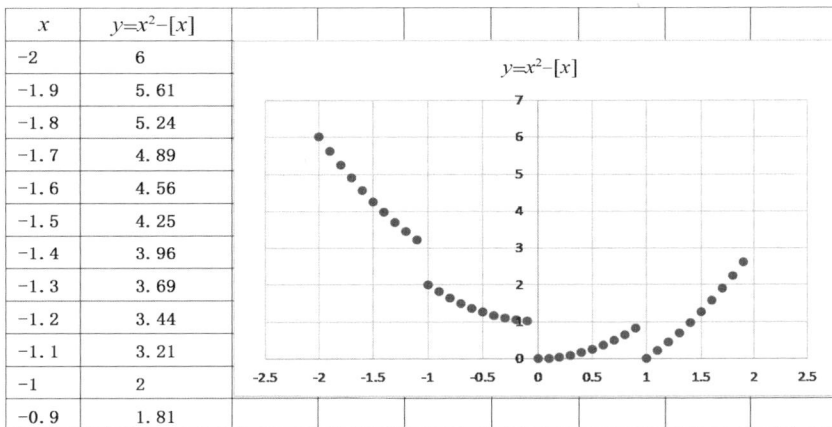

图 4—41 逐段画图寻找零点

设计意图：

本解法生成比较自然，与研究引例的思路相同，分段讨论去掉取整符号，在讲解时可以类比绝对值的分段讨论方式。

在课堂完成时，选择此方法的同学最多。其弊端是求解析式和画图工作量较大，需要给学生充足的时间。

预设解法 2：$y=x^2-[x]$ 的零点个数即为 $x^2=[x]$ 解的个数，可以转化为二次函数与高斯函数交点的问题（图 4-42）。

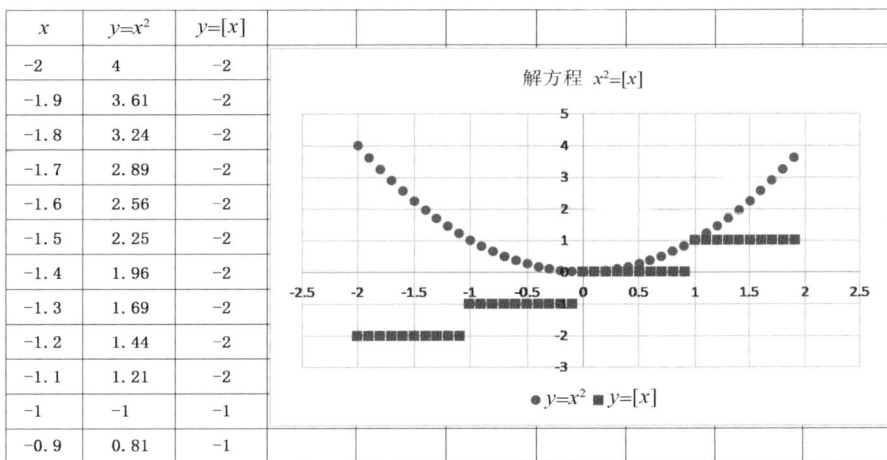

x	$y=x^2$	$y=[x]$
−2	4	−2
−1.9	3.61	−2
−1.8	3.24	−2
−1.7	2.89	−2
−1.6	2.56	−2
−1.5	2.25	−2
−1.4	1.96	−2
−1.3	1.69	−2
−1.2	1.44	−2
−1.1	1.21	−2
−1	−1	−1
−0.9	0.81	−1

图 4—42 转化为二次函数与高斯函数交点的问题

291

设计意图：

本解法为了渗透零点问题中比较常见的处理方法，即将一个函数的零点问题，转换为两个函数的交点，体现化归思想，回到最基本的高斯函数，以不变应万变，为下面更加复杂问题的解决进行铺垫。

预设解法 3：预设可能会有学生用到取整函数性质，产生如下解法。

因为 $[x]=x^2$，所以 $x^2 \in Z$，所以 $[x]-x^2=[x-x^2]=0$，

所以 $0 \leqslant x-x^2 \leqslant 1$，

又因为 $[x] \leqslant x$，所以由 $[x]=x^2$ 可得 $x^2 \leqslant x$，即 $x^2-x \leqslant 0$，

即 $0 \leqslant x \leqslant 1$，且 $x^2 \in Z$，所以 $x=0$ 或 $x=1$。

实施过程中，学生只是呈现了前两种方法，由于本课重点也是定位于数形结合，所以老师并没有补充解法 3。

例 2：求函数 $y=[2x]-x-1$ 的零点。

本题设计力求在例 1 的基础上增加变化，一是对取整符号讨论的深化，二是希望通过数形结合再落实零点问题，三是适当渗透一些高斯函数性质的应用。

预设解法 1：画函数 $y=[2x]-x-1$ 图象（图 4-43）探寻零点。

x	$y=[2x]-x-1$
-2	-2
-1.9	-3.1
-1.8	-3.2
-1.7	-3.3
-1.6	-3.4
-1.5	-2.5
-1.4	-2.6
-1.3	-2.7
-1.2	-2.8

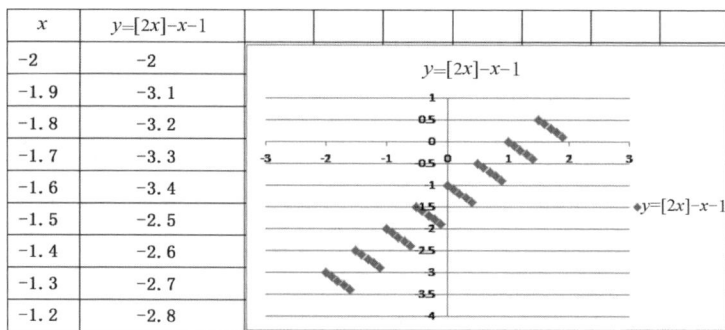

图 4-43　函数 $y=[2x]-x-1$ 的图象

设计意图：

依据取整符号讨论方法，将原高斯函数的区间一分为二继续讨论，

预设有了例题 1 的铺垫，学生们应该不会选择该解法，但实际完成时，还是有 1/3 的学生选择，说明例题 1 的转化为两个函数的方法落实不到位，还需要练习加以熟悉。

预设解法 2：讨论 $y=[2x]$ 与 $y=x+1$ 的交点问题（图 4-44）。

$$y=\begin{cases} \cdots \\ -x-1, & x \in \left[1, \dfrac{1}{2}\right) \\ -x, & x \in \left[\dfrac{1}{2}, 1\right) \\ \cdots \end{cases}$$

x	$y=[2x]$	$y=x+1$
-2	-4	-1
-1.9	-4	-0.9
-1.8	-4	-0.8
-1.7	-4	-0.7
-1.6	-4	-0.6
-1.5	-3	-0.5
-1.4	-3	-0.4
-1.3	-3	-0.3
-1.2	-3	-0.2

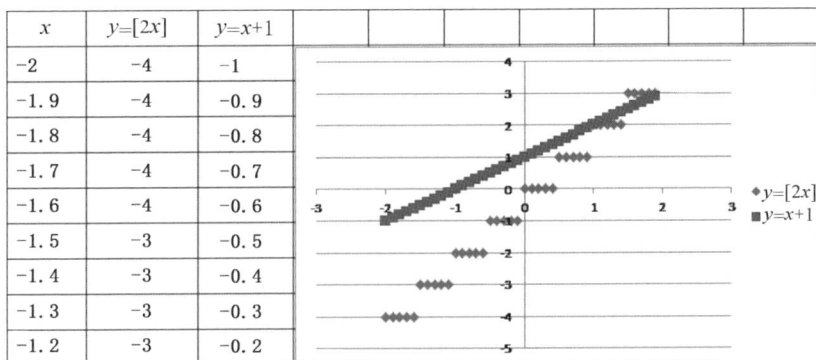

图 4-44 $y=[2x]$ 与 $y=x+1$ 的交点

设计意图：

本解法是例题 1 解法 2 的延续，将零点问题转化为两个函数的交点问题是这类题目的常见处理方式。在课堂实施过程中，大部分学生选择的是本方法，$y=[2x]$ 的图象绘制比较容易，只需要在 $y=[x]$ 的基础上调整取值区间即可。值得一提的是，选择本解法的同学画图很快，但是在寻找交点时遇到阻碍，缘于对图象斜率比较的认识还不到位，反而解法 1 的图象绘制虽然复杂，但寻找零点却容易得多，这也体现了辩证统一的哲学思想。

预设解法 3：通过换元法令 $2x=t$，将原题转化为 $[t]=t/2+1$，通过取整函数直接画图（图 4-45）。

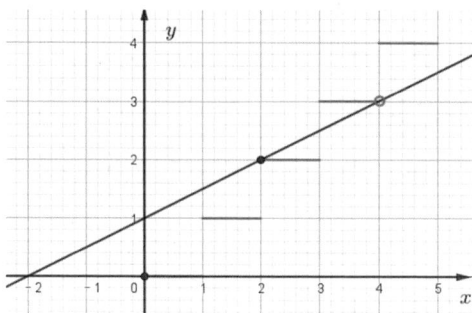

图 4-45　取整画图

设计意图：

本解法体现了转化与化归的思想，将新函数转化成熟悉的高斯函数，从而简洁地处理问题，这是该解法的重要价值；课堂呈现时，该解法也受到了同学们的交口称赞。另外，描点画图虽然易于学生接受，但其图象较为粗糙，故解法 3 之后的图象均采用数字教材的 GGB 画板工具直接绘制。

预设解法 4：

因 $[2x]=x+1$，$[2x] \in Z$，所以 $x+1 \in Z$，所以 $x \in Z$，所以 $[2x]=2x$，即 $2x=x+1$，所以 $x=1$。

设计意图：

本节课的重点是通过数形结合研究函数零点问题，但是预设本解法是希望学生深刻理解取整符号的作用，通过函数性质简化问题，实施过程中，也确实有学生找到了该解法。

课堂生成解法 5：

因为 $[2x]=x+1$，由性质 2 可知，$[2x] \leqslant 2x$，即 $x+1 \leqslant 2x$，即 $x \geqslant 1$，由性质 5 可知，$[2x] \geqslant 2[x]$，所以 $x+1 \geqslant 2[x]$，即 $[x]+\{x\}+1 \geqslant 2[x]$，即 $\{x\}+1 \geqslant [x]$，所以 $[x] \leqslant 1$，又因为 $x \geqslant 1$，所以 $[x]=1$，且 $x \in Z$，所以 $x=1$。

课堂生成解法 6：

因为 $[2x]=x+1$，所以 $[[2x]]=[x+1]$，所以 $[2x]=[x+1]$，由性质 3 可知 $|2x-x-1|<1$，即 $|x-1|<1$，所以 $0<x<2$，且 $x \in Z$，所以 $x=1$。

解法 5、6 并未在老师预设中，都是课堂生成的解法，利用了高斯函数性质进行了变换，应用了解法 4 中的 $x \in Z$ 条件，且没有解法 4 简洁，但这是学生初次尝试用高斯函数性质解决问题，应给予肯定。

【环节四】课堂反馈 了解学情

（1）研究方程 $\log_2 x-[x]+1=0$ 的解的个数为 _____。

（2）研究方程 $2^x-[x]-2=0$ 的解的个数为 _____。

参考答案：（1）3 个（图 4-46），（2）2 个（图 4-47）。

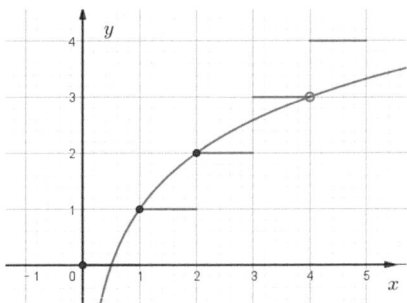

图 4-46

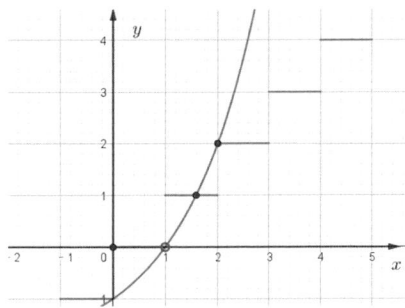

图 4-47

设计意图：

对课堂教学内容的及时检查反馈是教师适时调整教学策略的重要依据，本课选取的两道例题，既是对高斯函数零点问题的再落实，又是对前面学过的指数函数与对数函数的回顾，题目较易，体现了数形结合思想。

【环节五】应用拓展 贴近生活

同学们，高斯函数不仅能算星期几，还和我们的生活息息相关：北京轨道交通（不包括机场）计价为 6 千米（含）内 3 元；6 千米至 12 千米（含）4 元；12 千米至 22 千米（含）5 元；22 千米至 32 千米

（含）6元；32千米以上，每增加1元可乘坐20千米。地面公交计价为10千米内2元，10千米以上每增加1元可乘5千米。这些计价规则中都能看到高斯函数的身影。请同学们课后查阅北京市出租车5:00—23:00计价规则，忽略等候与低速行驶的影响，写出其函数解析式。

设计意图：通过学以致用，引导学生体会数学的应用价值，学会查阅资料进行自主的研究性学习，并对文字规则进行数学抽象，获得成功的体验。

五、课后反思

作为必修一函数应用的延续，本节课选题很好，紧扣教材、合理深化，而且高斯函数的讨论方法、应用性、零点问题体现的研究思路，都将使学生受益匪浅。大家一致的评价是导入精彩，时间很短，但冲击很强烈，能够迅速激发学生的学习热情，也给听课教师耳目一新的感觉，关键是和课程内容的契合度很高。对于两道例题的选择，老师和同学们都认为梯度设置合理，学生探究路径清晰，并且解法多样，给优秀学生的发展留下空间。抓住契机，渗透一点数学文化，介绍了数学家高斯、蔡勒，让学生感觉数学的发展过程中，有无数前人的工作，全方位认识数学知识。从最开始的心算日期到最后的地铁公交票价设置，本课处处体现了应用，也使学生认识到函数的现实意义。

但是，本课在学生讨论画图环节给了过多时间，所以在落实检测环节时间较紧张，有的学生没有做完，通过即时反馈功能并没有得到所有同学的答案，落实检测的两道题，本质相同，设计得不好，应该仿照例1和例2，设计出梯度，或者只保留一个，检验学生是否掌握函数零点的研究方法即可。对于延伸拓展的环节，本课只是提到了应用，过于单薄，如果能将该内容重点设计，展开讲解，对于培养学生数学抽象和数学建模的素养大有裨益。

第五章

新课标视域下 "备授评一体化" 平台 教学需求研究

新课标明确提出了各学科的核心素养，并对教师开展核心素养导向的教学和评价提出了要求和建议。新一轮教学改革正在推动信息技术与教学融合，但目前教学平台效能与教学实际需求仍有距离，更谈不上引领新课标理念下的教学创新。本章以数学学科为例，对教学变革的方向进行梳理，分析教师对备授课平台的需求，提出"备授评一体化"教学平台的理念，形成六项需求，即支持建构结构化课程、提供备课参考、兼容多类型的学习资源、自动生成教学课件、提供深层多向互动、支持开展基于证据的教学评价，以助力备授课平台的研发，促进教学变革。

一、新课标引领下的教学变革方向

（一）制订核心素养导向的教学目标

新课标明确了义务教育阶段各学科的核心素养，并体现在教学目标中。教师在制订教学目标时，要参照新课标中核心素养的内涵以及教学内容、学业要求和教学提示，梳理出具体单元或具体课时要培养的学生核心素养，设计教学活动，设定核心素养导向的教学目标。

（二）结构化组织教学内容

新课标强调教学内容的结构化，倡导教师基于主题或者大概念开展单元整体教学，突出整体意识。一方面，教师在教学设计时，要注重教学内容的结构化组织与联系；另一方面，教师带着整体意识进行教学设计，确定单元整体教学目标和对应的评价任务之后，再分解课时，设计活动内容。

（三）创新教学方式，促进学生自主学习

新课标建议教师创设具有真实性、多样性和意义化的情境，丰富

教学场景，激发学生的学习兴趣和探究新知的欲望。教师可以利用信息技术对文本、图象、声音、动画等进行综合处理，将抽象的知识直观化，促进学生对概念的理解和知识的建构。新课标还建议教师设计教学活动时，多关注复杂情境中的劣构问题，引导学生综合、灵活地运用已学知识进行辨析、探究和解决问题，可以有效地发展学生的科学思维能力。

（四）加强学科实践，开展跨学科主题学习

新课标要求各学科原则上要用不少于10%的课时设计跨学科主题学习，以某一研究问题为核心，以某一学科课程内容为主干，运用并整合其他课程的相关知识和方法，以主题式或项目式的活动方式，引导学生开展实践活动，着力培养学生的创新意识、实践能力、社会担当等品质。

（五）开展核心素养导向的教学评价

新课标提倡以促进学习、提升素养为导向的评价，要求教师注重对学生正确价值观、必备品格和关键能力的考查，倡导教师注重以评价引领学习过程，加强交流，开展基于证据的评价，促进"教—学—评"有机衔接。

二、教学平台现状分析

对常见的备授课平台调查后发现，平台普遍存在三个方面的不足：（1）现行教学平台多支持授课，而不支持备课。从撰写教学设计到制作教学课件，重复性的操作较多。（2）教学课件兼容其他软件和资源的能力不足，无法清晰地呈现课程结构。（3）课堂上的生成性成果无法收集，教师的评价和指导无法记录，不利于开展基于证据的过程性评价。新课标理念下的教学需要优质的教学平台：从教学实际需求出发，功能齐备、简单便捷，让教师备课更轻松，让教学更高效。

三、教学变革对备课平台的需求

为了更好地引领和支撑教学变革的进行，在上述分析的基础上，笔者从教学的推进和实施流程出发，梳理相关需求，提出"备授评一体化"设计的思路。以下需求是按照教师和学生均使用平台进行同步或异步互动，开展线上和线下混合式教学的场景作为前提进行预设的。

（一）搭建课程结构，引领课程结构化

课程是育人的核心与载体，课程既有"学什么"的内容价值，也有"怎样学"的方式要求，依据现代课程论理念，规范的课程内涵必须具有四个要素：目标、内容、实施和评价。可见课程是对教学的设计，教学是对课程的实施。

所谓结构化，是指将逐渐积累起来的知识加以归纳和整理，使之条理化、纲领化，做到纲举目张。

课程结构化是指课程要有结构，要有整体架构。在宏观层面体现在学年、学期的教学内容和教学目标制订上，通常是在学期之初，教师按照课程标准和教材的内容进行制订，学期中间进行微调。在中观层面体现为单元整体教学设计，包含单元主题、教材分析、学情分析、单元目标、评价任务、课时规划、分课时学习过程等。其中分课时学习过程就是微观上的某一课时的教学活动设计，包含课时目标、多个教学活动、效果评价和反思总结；每个教学活动中又包含活动目标、活动步骤、学习资源、成果要求、学习评价表 5-1。

表 5-1 　课程结构

学期规划	教学内容	教学目标			
单元整体教学设计	单元主题*	教学内容			
		先行分析*	教材分析		
			学情分析		
			课时规划		
		单元教学目标*			
		单元评价任务*			
		分课时教学设计*			
课时教学设计	教学目标*	评价方案（含自评及互评）*			
		教学环节*	活动目标*		
			活动描述或实施步骤*		
			学习资源		
			成果要求		
			成果收集	学生提交入口	
				教师评价反馈（师评）	
				教师推荐成果（学生互评）	
		其他教学环节*			
		学习评价（综合学生自评、教师评价与学生互评）*			
		反思总结*			
		巩固练习*			

　　如果备课平台提供以上的单元整体教学课程框架，就可以引导教师规范填写相关内容，在平台上完成单元整体教学设计。考虑到不同教师实践新课标的进度不同，笔者做了弹性设计。课程框架中的诸要素，除带 * 的部分为必填之外，其他均为选填项，支持教师逐渐形成结构化的意识。另外，考虑集体备课的需求，平台应支持教师将结构化的课程导出为本地文件，或者支撑教师在群组内共享和协作。

（二）提供备课参考内容，资料查阅便捷化

　　新课标明确提出了学科核心素养的课程目标，表述形式也有较大的改变。除教学内容外，还提供有学业要求和教学提示。如果能够在备课环节，按照单元主题提供课标的相应内容，可以帮助教师精准地制订教学目标，设计适合的教学活动。此外，教师备课时还需要教学参考书（教参）、教科书和数字化教学资源等内容，笔者建议一并提供。

需要说明的是，提供课标或教学参考书，是为了帮助教师快捷地找到所需要的内容。笔者建议，将课标或教学参考书的内容切成片段，并按照教学的逻辑配置到各个单元、各个备课环节中。以初中数学学科为例，平台可集中提供课程总结介绍的内容，包括课程性质、课程理念、课程目标、学业质量和课程实施部分的内容；将不同教学主题的教学内容、学业要求和教学提示，分散安排在各单元的教材分析环节，帮助教师了解教学内容的整体结构，并根据学业要求设置评价任务；对于核心素养在初中阶段的九个主要表现及要求，在设计教学目标的环节呈现。

（三）兼容多类型资源，助力创新教学活动

常见的教学资源类型有 PDF 文本、图片、视频、PPT 课件等，也有可能是 H5、GGB 课件、虚拟实验等需要特定软件才能打开的资源。特定软件通常要安装完整版本才能够顺利运行，而且对运行环境和处理速度也有要求，备授课平台要全部嵌入这些软件是不现实的，所以只要能够引导用户安装或者打开相应的软件即可。

数字教材是基础教育资源，是教师开展数字化教学的重要支撑。教师运用数字教材主要是为了备课和授课。教材内容和内嵌资源被分享给学生，它们亦是学习资源。备课场景中，为了了解教材的设计顺序和逻辑，掌握某一教学主题在不同年级和册次中的教材内容和难度要求，教师需要查看本学科的所有教材，建议对数字教材内容分区块设置主题标签，并按照学科逻辑组织成结构，支持精准地跳转到相应的区块，帮助教师快速梳理本学科的所有教学内容。授课场景中，教师按照学习主题组织的教学内容，会跨学科、跨册次、跨章节地调用数字教材及其内嵌资源，能截取部分数字教材文本内容，或仅使用数字教材的内嵌资源，也可能是两者嵌套在一起使用，建议平台支持教师将数字教材添加到具体教学环节的学习资源板块中。

（四）支持自动生成课件，简化备课流程

根据教学设计制作授课用的课件，其实质是将教学设计中的相关内容"搬运"到 PPT 或其他类型的课件中。教师"搬运"属重复性劳动，建议简化，以减轻教师负担。根据第一项需求的设计，教师在备课时已经将所有的教学内容、教学环节、活动要求等填写到了平台上，制作课件将变得简单，教师将教学设计的教学目标（学习目标）、评价方案、全部的教学活动、总结反思、巩固练习，以及教师认为有需要的其他内容组合在一起，形成类 PPT 或者类 PDF 文件，在上课时播放展示。系统生成的课件最好可以下载为本地 PDF 文件，也可以导出为本地文档，还可以共享到群组。如果平台能够实现这些功能，那么教师仅仅需要完成教学设计，再进行简单的勾选，即可由系统自动生成课件，备课的工作量将大大减少。

（五）支持多形式交流，实现互动多元化

课堂上，师生互动主要表现为：教师将含有探究任务的教学活动推送给学生，跟进学生的探究过程，收集并整体了解学生探究的结果，挑选学生的结果进行展示交流，集中点评。课堂外，师生互动也需要有平台的支持和记录。学生利用课余时间完成巩固练习、上网查阅资料、实地调研考察、撰写研究报告或者手工制作作品之后，提交学习成果到平台上，接受教师在线上点评指导，可能还要根据教师的指导意见进行修改并再次提交。教师还可能会将具有借鉴价值的作品推送给班级或年级的所有学生。笔者建议由教师设置是否需要互评或者是否允许评论，促进交流，实现共同进步。平台需满足任务发放、回收、指导、展示及评价等需求，支持师生之间的互动。

教研活动通常是以集体备课、磨课的形式进行。集体备课时，一般是教研组内的教师分工协作完成整个学期的备课工作。按照需求（一）

的方式设计备授课平台,教师可以将整个单元的教学设计,包含教学资源和评价任务,一并分享到群组里。每位教师对资源进行个性化的修改调整,用于自己的教学。在磨课环节,多位教师会对一个教学设计进行修改,或者是协作完善文档,又或者是补充教学资源。借助备授课平台,便捷地协作完成和共享传递教学设计文件,这是教师之间的互动需求。

备授课平台应在教师用户和学生用户之间搭建起沟通的桥梁,并记录下沟通的过程。

(六)评价的设置和数据的收集汇总,实现评价证据化

新课标强调以提升学生核心素养为导向实施教学评价。教师应将学生的核心素养转换为可观察的表现,注重对学习过程的观察、记录与分析,倡导基于证据进行评价。

评价方案的设计要周密,不仅要考查学生的学习结果,而且要考查学生的学习过程。评价标准要科学,不仅要考查学生对知识掌握的情况,而且要考查学生对解决问题策略的理解掌握程度、交流表达的清晰准确、面对挫折和质疑时表现出的意志品质等,这些表现综合构成学生的能力和素养的评判依据。评价要把握时机,有对某一教学活动的实时评价,也有课时和单元学习效果的评价。评价方式要多元,有基于评价量表的学生自评、互评和教师评价,还有教师的课堂观察和交流座谈。所有的评价反馈最终汇总在课时或单元的评价环节,作为过程性证据,由教师对学生学习做出最终的评价。

评价量表包含知识、方法、能力、交流表达和学习品质等多个维度,每个维度下设置不同等级,并有相应的评分标准。学生自评和互评的量表也可能会有不同。为了便于快捷地设计量表,建议备课平台提供表格工具和评价量表样例,由教师进行修改完善。评价量表要允许教

师添加在单个学生作品、某个教学活动、某课时或某单元等任何需要的地方，系统回收评价数据后，进行基本的数据统计和分析，为教师做评价提供依据。以下是两种评价量表的样例（表5-2—表5-3）。

表5-2 评价量表的样例1

维度	等级				
	5	4	3	2	1
数学知识	理解数学概念和原则；运用合适的数学术语和符号；正确完整地运用运算法则	基本理解数学概念和原则；能基本正确地运用数学术语和符号；完整使用数学运算法则，计算基本正确，允许些小错误	理解数学概念和原则；出现严重的计算错误	对数学概念和原则理解很有限；误用或错用数学术语和符号；绝大部分计算是错误的	无法理解数学概念和原则
方法策略					
交流表达					
……					

表5-3 评价量表的样例2

考察维度	评价指标	好	较好	一般
动手操作能力	1. 能利用信息工具尝试用多边形镶嵌平面			
	2. 能动手设计多边形镶嵌图案			
探究交流能力	3. 能在小组内合作探究哪些多边形能镶嵌平面			
	4. 能与同学交流观察发现多边形镶嵌平面需要满足的条件			
	5. 能够严谨、准确地表达自己的观点，并能较好地理解他人的思考方法和结论			
知识运用能力	6. 能理解平面镶嵌需要满足的条件			
	7. 能用多边形镶嵌平面的条件得出：用相同正多边形镶嵌平面，只能有正三角形、正四边形、正六边形三种情况			
	8. 能用多边形镶嵌平面的条件推断出：用形状、大小相同的任意三角形和任意四边形能镶嵌平面			
数学学习品质	9. 能够回顾解决问题的思考过程，反思解决问题的方法和结论			
	10. 能够克服困难，树立学好数学的信心，感受数学在实际生活中的应用			

除了上述六种需求外，平台还应提供遮罩、聚光灯、画笔、尺规、虚拟黑板、计时器等小工具，满足教师授课之需。开发者应基于上述需求对备课、授课和评价三个板块功能进行一体化贯通设计，教师授课用的资料、评价量表的发放和数据收集分析等工作均由平台系统完成（图5-1）。

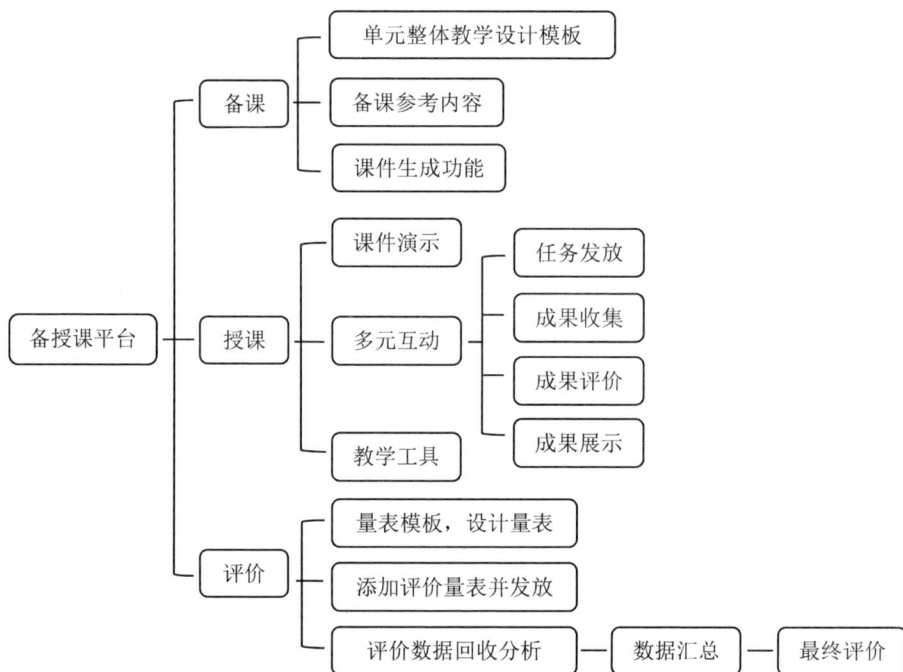

图 5-1 平台系统

四、对"备授评一体化"平台的期望

备授课平台是教学中最重要最基础的工具平台，各项功能的设计要充分贴合教师的工作实际，符合用户的使用情况和工作习惯，能够支持教师的备授课行为，还要能够简化其流程和环节，这是产品的功能性，也是研发设计的前提和出发点。在此之上，产品设计还要做到：

（1）理念要前瞻。要深刻理解课程改革的要求，精准把握教学变革的方向，努力走在教学的前面，引领教学进行变革。（2）模块可定制。要充分考虑教师用户教学能力、教学风格、区域教育水平等差异，备授课平台因为面向的是全体教师用户，因为有不同的背景，可能在教学方面存在较大的差异，允许用户按照自己的使用习惯和实际情况进行功能定制。（3）多终端融合。随着教育技术的飞速发展，备授课平台要能够与其他软件建立关联，接收其他测量设备的数据等，打造开放兼容的平台。

以上需求是基于数学学科梳理的。尽管不同学科课程标准的教学建议和要求有所不同，但是按照大单元、大概念或任务群等方式设计结构化的教学课程，创新教学方式、引导学生自主学习，以及开展基于证据的过程性、多元化评价，这些是共同和共通的要求。笔者提出的"备授评一体化"平台是模块化、可定制的工具，可支持自由地添加模块、确定模块主题、添加模块中的教学内容，基本构想和建议方案对其他学科也是适用的。

参考文献

[1] 马云鹏.如何在课堂教学中培养学生核心素养——以小学数学课堂教学为例 [J].中国德育，2018（8）:45-50.

[2] 钟志贤.信息技术作为学习工具的应用框架研究 [J].电化教育研究，2008（5）:5-10.

[3] 魏俊杰，魏国宁，解月光.高阶思维培养取向的信息技术有效应用评价指标体系研究——以初中数学课堂教学为例 [J].现代教育技术，2012，22（1）:29-33.

[4] 任小平.初中数学课堂运用数字教材助力学生高阶思维的培养——以"分割等腰三角形"的教学为例 [J].数字教育，2019，5（4）:64-68.

[5] 高艳玲，周舜莹，邱仲军.基于数字教材的主题探究教学——以"车轮做成圆形的数学道理"为例 [J].中小学数字化教学，2020（8）:63-66.

[6] 鲍建生，章建跃.数学核心素养在初中阶段的主要表现之五：推理能力 [J].中国数学教育，2022（19）:3-11.

[7] 巩江源，郝建江.教学数字化转型下逻辑推理素养培养策略研究——以初中几何为例 [J].教育与装备研究，2023，39（10）:78-84.

[8] 史宁中.试论数学推理过程的逻辑性——兼论什么是有逻辑的推理 [J].数学教育学报，2016，25（4）:1-16.

[9] 季素月.创新意识的培养与数学学习环境的重建 [J].数学教育学报，2001（4）:21-24.

[10] 郑毓信.努力培养学生提出问题的能力——从"在数学课中培养创新意识"一文谈起 [J].数学教学通讯，2000（6）:1-4.

[11] 江玮. 初中数学教学过程中培养学生创新意识初探 [D]. 重庆: 西南师范大学, 2002.

[12] 刘利民. 课堂教学中培养学生数学创新意识的三条途径 [J]. 中学数学教学参考, 2000 (7):4-5.

[13] 黄毅英, 许世红. 数学教学内容知识——结构特征与研发举例 [J]. 数学教育学报, 2009, 18 (1): 5-9.

[14] 李渺, 宁连华. 数学教学内容知识 (MPCK) 的构成成分表现形式及其意义 [J]. 数学教育学报, 2011, 20 (2):10-14.

[15] 崔允漷. 新课程呼唤什么样的"新"教学 [J]. 教育家, 2023 (2):6-8.

[16] 郭华. 落实立德树人根本任务——2022 版义务教育课程标准修订解读 [J]. 中国民族教育, 2022 (6):10-13.

[17] 周文叶. 中小学表现性评价的理论与技术 [M]. 上海: 华东师范大学出版社, 2014.